李迅雷

李迅雷◎著

经济数据背后的财富密码

灿土金服联合推广

中国财经出版传媒集团

经济科学出版社
Economic Science Press

图书在版编目（CIP）数据

经济数据背后的财富密码/李迅雷著 . —北京：
经济科学出版社，2017.6（2017.9 重印）
ISBN 978 - 7 - 5141 - 8168 - 5

Ⅰ . ①经⋯　　Ⅱ . ①李⋯　　Ⅲ . ①中国经济－研究
Ⅳ . ①F12

中国版本图书馆 CIP 数据核字（2017）第 126988 号

责任编辑：王红英
责任校对：杨　海
责任印制：邱　天

经济数据背后的财富密码

李迅雷　著

经济科学出版社出版、发行　新华书店经销
社址：北京市海淀区阜成路甲 28 号　邮编：100142
总编部电话：010 - 88191217　发行部电话：010 - 88191522
网址：www. esp. com. cn
电子邮件：esp@ esp. com. cn
天猫网店：经济科学出版社旗舰店
网址：http : //jjkxcbs. tmall. com
固安华明印业有限公司印装
710 ×1000　16 开　21. 25 印张　280000 字
2017 年 6 月第 1 版　2017 年 9 月第 2 次印刷
印数：20001—26000 册
ISBN 978 - 7 - 5141 - 8168 - 5　定价：68. 00 元

目　录
CONTENTS

序

　　2005 年的时候，我已经在国泰君安证券研究所所长的岗位上做了第六个年头，算得上驾轻就熟，研究所也在《新财富》最佳分析师评选中连续三年拿下本土最佳研究团队第一名。公司又让我兼任销售交易总部的总经理，这意味着个人职业生涯要定位为企业管理者的角色了。

　　心里有所不甘——儿时的梦想是成为一名作家，写出能让千万人心灵为之震颤的小说，但岁月早已无情地吞噬了我的文学梦。大学毕业后，就一直从事经济研究工作，虽有所建树，但随着年龄的增长，管理研究团队的担子就落到了我的肩上。于是，我逐渐从一个研究员的角色转变为管理者的角色。

不甘在管理岗位上自废武功，虽然不能成为作家，但至少要保持我的学者本色。想明白了这一点，我便约了《新财富》杂志的主编薛长青女士，提出在其杂志上开设一个专栏，逼着自己写文章。在她的鼓励下，我每月交出一篇专栏作业，包括颇受好评的《买自己买不起的东西》《百年前的盈利模式能否盈利百年》《A 股高估值之谜》等文章。十余年过去了，仍有当年的读者来电或留言感谢我，说正是读了我那篇《买自己买不起的东西》，才鼓足了勇气借钱买了别墅，如今早已财务自由。

萨伊说，供给创造需求。自从在《新财富》上开设专栏，便有越来越多的媒体向我约稿，但人的精力毕竟有限，我仅同意了华尔街日报中文网的专栏邀请。华尔街日报中文网有一个"热门文章排行榜"，会显示当天最热门的前十篇文章，我的每篇文章几乎都能排入前十，这也成为我笔耕不辍的一大动力。如果文章无法在社会上获得一定反响，不能让读者产生某种共鸣，那意义也就不大了。就像如今信息大爆炸的时代里，不仅证券业 90% 的研究报告没人看，全社会每天产生的海量文章也有着同样的遭遇。

互联网技术的不断发展和广泛应用，促进了自媒体的壮大。2010年，我跟随这一时代潮流开通了博客，把自己公开发表的文章放在上面，之后又开通了微博。那时，微信尚未流行，微博则是中国受众最广的自媒体，用户量过亿。仅就微博显示的数据来看，我在新浪和腾讯两家的粉丝数量累加达到了一千万人。尽管我发微博的频率并不高，但在2015 年之前，发一条微博有时会有几百万次的阅读量。之后，微信因其在社交便利性、互动性和私密性等方面的优势快速发展，现在更是集多重功能于一身，独霸天下。

我是到了 2015 年末才建立微信公众号的，由于我的名字与"迅雷"下载软件名称相同，尽管我的名字"出生"时间远早于它，但它的工商"注册"时间比我早，所以，我只好用自己姓名的全拼注册"lixunlei"。

自媒体的影响力能够如此快速地超过"公媒体"，靠着互联网技术下来自民间或市场的原动力。开设自己的微信公众号后，我就逼迫自己不断撰文。随着原创作品不断推出，粉丝数量也迅速增长，尽管仍然远少于微博，但质量却提高了很多，其中不少人是我的朋友和同事，这又成为激励我写作的更大动力。从 2005 年我在公开媒体上开设专栏，到十年之后开始在自媒体上写作，虽然形式发生了变化，但实质是一样的，即都是在表达自己对现实世界新的认知。

思考是一种享受，所谓的"身未动，心已远"。而写作呢，完全没有思考那么自在，但它可以把你从漫无边际的思考中拉回至一条"轨道"上运行，把思想的果实转化为文字加以记录。十年前，我思考的"点"很多，但属于散点，如《从电闪雷鸣看投资逻辑》《用情商来投资》《跟着温州人赚钱》等。随着"点"的增加，我对经济金融领域的思考逐步形成了自己的理论框架，慢慢地"由点到线"，如我根据人口流、货币流、商品流和信息流来研究中国经济增长过程中的非体制性因素，用"广义流动性"来解释和判断经济拐点。

同样，我们还可以从人口年龄结构和人口流向来分析经济的发展阶段，分析产业结构、房地产周期和城镇化进程的快慢与消费升级。不过，研究要再从"线"到"面"，难度就更大了。我始终认为，国人做研究时存在一定的逻辑陋习，即辩证思维比较发达，抽象思维比较薄弱。所以，我主张对事物的分析不能仅限于一分为二，而应采取多维度分析的方法。于是，今年初我写了一篇《从六个维度看中国经济》。

所谓的"六维度分析法"，是一种短中长期因素交织在一起的分析方法，第一个和第二个维度分别为国际因素和国内因素，或称为外部变量和内部变量，指重大事件的发生或政策的变化，故这两个维度也可以视为短期因素；第三个维度是人口，包括人口年龄结构与人口流动性变化，这应该是影响经济增长的中长期因素；第四个维度是投资，这些年来，中国经济增长主要靠投资拉动，固定资产投资占 GDP 的比重越来越高；第五个维度是货币，高投资—货币膨胀—资产泡沫—抵押贷款—高杠杆，这种循环往复的模式导致中国经济结构的扭曲；第六个维度是居民收入结构，这与中国特有的高投资和货币过量现象密切相关。

当然，任何研究都离不开统计数据，统计数据质量的好坏又会影响到研究结论。我的本科专业是统计学，这使得我对统计数据的质量更为关注，当我在研究过程中发现数据与现实存在明显差异时，我便研究差异究竟有多大，如当我在 2010 年感觉中国的城镇化率被低估时，便试着通过农村化率来推算真实的城镇化率；当我发现居民的现实购买力超过我的想象时，我便开始研究居民可支配收入被低估的程度。最终，我在 2012 年完成了一篇颇具影响力的报告《中国经济结构存在误判》，结论是城镇化率被低估、农业人口数量被高估、固定资产投资规模被高估、居民可支配收入与消费被低估。

如果把经济学区分为理论经济学和实证经济学，前者主要回答经济应该怎样治理，后者则回答经济将会怎样变化。我从事经济研究近三十年，研究重心还是放在后者。比如，中国经济将如何发展，究竟是新一轮经济周期崛起，还是会出现金融危机，这是人们都非常关心的问题。很多学者会就中国经济存在的问题提出政策建议，我则倾向于去评估在经济增长不同阶段政策作用的差异，以及考察不同项目的政策执行情况的差异。

　　研究的乐趣在于获得新的发现，发表研究报告的意义在于自己的研究结论与众不同。本书中，我对于中国的城镇化率、居民可支配收入、农业劳动人口数量等都提出了与官方统计数据不同的依据，并探讨人口规模大小与基尼系数的相关性、股票流动性大小对估值的影响等。经济学的研究应该与自然科学一样，崇尚理性，始终要相信逻辑、相信大数据，而不是去相信奇迹。

　　研究的独立性和客观性是我始终坚守的底线。在商业机构里长期从事研究工作，有时难免会被认为有"代表某方利益"的嫌疑。但在本书中大家不难发现，没有任何一篇文章是"歌颂式"的，或者出于商业利益目的，或者去迎合什么。即便作为商业机构的分析师，同样需要严格遵守咨询业务的相关法律法规，更何况我自身所追求的目标又是独立和客观，因此，本书对中国经济和资本市场中存在的问题有不少揭示，如对于经济社会中存在的短期化行为、贫富差距、投资低效率、货币超宽松等很早就表示了担忧；对于资本市场在制度设计中的不合理现象、中小投资者保护缺失等也提出了改进建议。

　　当然，尽管中国经济和资本市场存在诸多问题，但包括美国、欧盟和日本在内的全球绝大部分国家存在的问题可能比中国更多、更难解决。中国的潜在经济增速尽管在下行，但与发达国家相比，依然要高出一大截。中国在很多领域已经成为全球老大，中国经济真正成为全球龙头也指日可待。经济增速下行带来的是经济结构转型和消费升级的机会，这无论对于实业还是资本投资，都带来很多机会。

　　本书中有多篇文章，从人口流向变化与房地产投资、投资拉动模式与奢侈品消费关系、实业投资与金融投资之间的此消彼长等来揭示投资线索。不少人认为，我国资本市场不能体现经济的大好形势，所以股市是扭曲的，这恐怕是对宏观经济或资本市场的认识不够深入引起的。我认为，宏观经济与资本市场之间没有隔阂。本人从 20 世纪 90 年代初就开始研究国内资本市场，尤其对当年的国债期货市场有过非常深入的研究。通过二十多年来对资本市场的观察，我发现经济政策、经济走势与股市、债市之间的关系确实非常密切。GDP 只是流量指标，不能把 GDP 增速与股价指数进行简单关联，还需要考虑固定资产投资结构、信贷结构、财政货币政策等对股市的影响，这也是本人一直倡导的多维度分析方法。

不过，多维度分析方法并不是增加几个影响因子那么简单，需要建立模型，进行相关分析。这也涉及到今后宏观研究与策略研究方法如何改善的问题了。如今，人工智能的广泛应用，同样将挑战传统的研究模式，这正如人工智能在被称为变化最为复杂的围棋赛中获胜一样。

在未来十年，我相信人工智能将应用于很大一部分研究领域，尤其是宏观研究工作。其实，即便是借助现有的计量技术，也可以把很多目前看来似是而非的问题剖析得一清二楚——这也是本人当前组织实验的全新研究方法，即宏观经济、FICC、股票策略和金融工程四大研究领域"四位一体"的研究模式。

未来的宏观研究或策略研究，不需要有多年的经验积累，不需要太多的灵感或顿悟，只需要输入数据，人工智能就可以利用巨量的历史数据，帮助你对未来做预测，或者提供行业配置策略。

我今天所做的一切，就是为了将来把自己淘汰。正如我一篇文章的标题——观念就是被用来打破的。只有不断地否定，社会才会不断地进步。历史太漫长，生命太短暂，一百年后再回看今天，就会发现当今的我们在很多方面都很无知。

这本书所记录的，是过去十多年来我对经济现象背后原因的发现和粗浅认知。感谢这十余年来给我的研究报告提供数据支持和思想素材的朋友们和同事们，如王晓东、姜超、王虎、李明亮、于博等，恕不全部列出。最后，感谢经济科学出版社和灿土金服为本书顺利出版所付出的辛劳。

李迅雷

2017 年 6 月 9 日

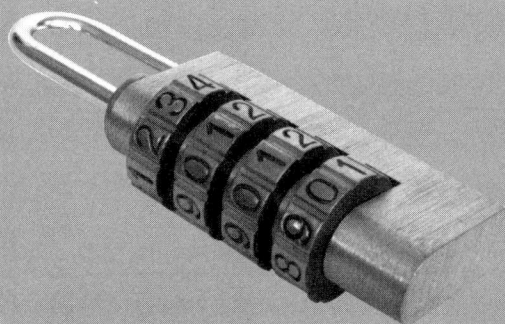

THE WEALTH CODE

第一章

中国经济的真实数据究竟怎样

　　谁也不能否认，在过去的三十余年，中国经济取得了史无前例的发展。

　　但是，不少人对官方公布的统计数据持有质疑。李迅雷认为，数据不够准确有多方面原因，并不一定是有意而为之，比如大家怀疑中国的GDP高估了，但实际反而是有所低估。此外，有些数据确实存在明显的偏差，不少是由于统计质量造成的。如果作为分析基础的统计数据不准确，则会导致对中国经济的误判。

　　如今，中国经济已经进入转型发展阶段：GDP增速持续减缓，过剩产能日益扩大，金融系统性风险不断积累……这些问题，表面上看是需求不足的结果，而深层次看则是经济结构扭曲所致。

　　中国能否实现经济结构转型，我们的认知是否存在误判？李迅雷通过分析不同指标间的逻辑关系，发现了不少大家普遍认同的数据与真实情况存在明显的偏差，从而揭示出一个更加真实的经济全景图。

　　未来的经济将会怎样？经济学家不能像政治家那样满怀信心地称颂未来，李迅雷预测未来中国经济的增速还会继续下行，全社会杠杆率水平将逼近300%，这与中国去杠杆的目标背道而驰，孰对孰错，未来见分晓。李迅雷始终坚持"相信逻辑，不要相信奇迹"的理念，认为为了实现经济高增长所采取的短期行为和拖延改革的思想，最终都要付出沉重的代价。

周期崛起还是趋势下行：
六个维度透析 2017 年中国经济

影响经济的因素众多，若只从一两个因素去分析和预测经济走势，往往会有失偏颇，作者从外部环境、人口、投资、货币、收入和政策这六个维度对中国经济进行分析，虽然也未必全面，但力求更客观。在这六个维度中，人口、投资、货币和收入这四个维度存在很强的因果关系，它们作为影响经济的中长期因素，对当期经济走势不会产生显著影响；而外部环境和政策这两个维度分别是外生变量和内生变量，作为影响经济的短期因素，对当期经济走势影响较大。

中国经济的长期趋势，更多取决于中长期因素，这是中国经济增速将继续下台阶的原因所在。就 2017 年而言，国内稳增长政策的力度会继续加大，估计 GDP 增速在 6.7% 左右；固定资产投资增速将比 2016 年有所回落，主要是因为房地产投资和基建投资增速均会回落；但在中游产品价格上行的趋势下，下游产品价格也将有所回升，从而使得制造业投资和其他投资增速略有回升；在 PPP 落地比例上升、外汇管制趋严和海外投资受限的背景下，民间投资增速有望回升。通胀率应该有所上升，但 CPI 估计不会超过 2%。

2017 年，我国政策导向的总原则是"稳中求进"，在底线思维下，货币政策不会收得过紧。2017 年最要严控的是房价上涨，但不用担心房价会下行，不过市场会趋淡。由于巨量可投资资金要寻找出路，在外汇流出受阻、海外投资受限的情况下，权益类资产将成为为数不多的可配置资产，港股市场尤其值得看好。

下面从"六个维度"分析 2017 年中国宏观经济。

第一维度：外生变量——因特朗普新政而放大

"六个维度"的第一个维度：外生变量，也就是通常所说的外部环境。2017 年外部最大变量就是特朗普新政。

2017 年，欧美日经济均处于复苏之中，这对中国借助外需是有利的。其中，美国的情形相对最好，2010 年以来一直保持同比正增长；而欧元区在 2011～2013 年曾经历衰退；日本则几经反复，最近的这次持续正增长始于 2015 年（见图 1－1）。IMF 预测欧元区、日本 2017 年的 GDP 增速分别是 1.6%、0.8%，与 2016 年 1.7%、0.9% 的增速大致相当。

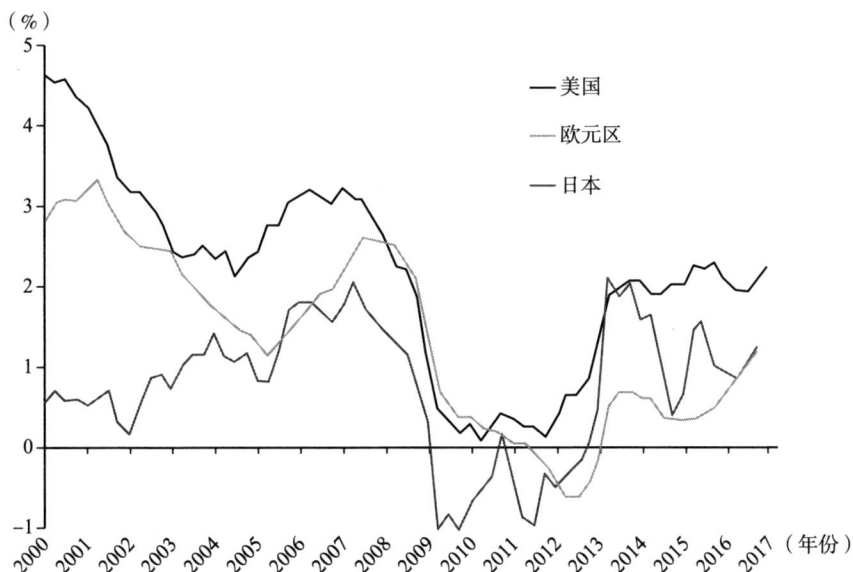

图 1－1　美国、欧元区与日本的 GDP 增长率

注：GDP 增长率系四年期复合增长率。

资料来源：Wind，中泰证券研究所。

2017 年美联储会继续加息，美国的失业率达到了历史的低点，具备加息的条件。IMF 预测美国 2017 年 GDP 增速是 2.3%，较 2016 年的 1.6% 有明显提升，但仍然低于 2015 年的 2.6%。就过往 20 年的历史经验来看，如此之低的失业率背景下，美联储加息的空间不小。但如果全球经济环境表现得不佳，对其加息肯定是一个掣肘。

外部环境对于我国经济的影响主要体现在出口方面，2017 年中国的出口不容过度乐观。近两年来中国的出口都是负增长，且 2016 年中国出口在全球出口份额的占比首次出现了下降（见图 1－2）。从出口的明细项看，2016 年出口降幅高达 7.7%，虽然第四季度降幅收窄至 5.2%；加工贸易的降幅继续扩大，2016 年降幅达到 10.2%（2015 年下降 9.6%）；而非加工贸易 2016 年降幅达到 6.4%，相对于 2015 年 1.1% 的正增长，更需关注。

图 1－2　出口增幅明显回落

注：统计数据为美元口径。

资料来源：Wind，中泰证券研究所。

此外，中国对美出口顺差占到美国贸易逆差总额近50%，在这种情况下，特朗普极有可能要求中国减少对美贸易顺差，这将对中国出口顺差产生较大的负面影响。特朗普新政将是2017年难以预期的因素，他到底会从哪些方面和方向上采取何种措施，以及这些措施会对全球和中国的经济产生什么样的影响？我们在下文将做出分析。

第二维度：人口——老龄化与流动性下降不可逆

大家知道，在过去30多年中国经济高速增长过程中，人口起了很大的作用。充裕且廉价的劳动力是支持中国大量引进外资和出口导向型经济得以长期维持的重要因素。我们目前面临的问题是，人口老龄化和流动性的减少是不可逆的，中国不是一个小国，也不可能有大量移民来改变中国的年龄结构，在欧盟与日本经济都处在不断走向老龄化的过程中，中国也同样面临着这样一个不利因素。

经济增长从某种意义上讲，就是一个人口现象，劳动人口平均年龄与经济增速之间存在一定的相关性：日本劳动人口的平均年龄为47岁，对应的是极低的经济增速；中国劳动人口的平均年龄为37岁，对应的是中国GDP从高速增长变为中速增长；印度劳动人口的平均年龄只有27岁，对应的是经济高增长。

回顾20世纪70年代以来的经济史不难发现，国别之间经济的盛衰实际上就是全球产业转移和格局再调整的过程。70年代日本和80年代"四小龙"经济的崛起就是欧美制造业向其进行转移的结果。从20世纪80年代末开始，制造业又开始大规模向中国转移，使得中国成为了全球制造业的大国。

全球经济的竞争格局很少有"合作共赢"的结果出现，更多的就是优胜劣汰、非上即下。从图1-3可见，中国的崛起伴随着日本的衰

落和"四小龙"经济的走弱，连拥有廉价劳动力的东南亚各国也不能
幸免。这不仅因为中国有巨大的劳动人口优势，有每周工作时间远高于
发达国家以及女性劳动参与率远高于所有国家的优势，有大量的农业人
口不断向城市转移的优势，还有国内庞大的消费市场，使得制造业发展
容易实现规模经济。

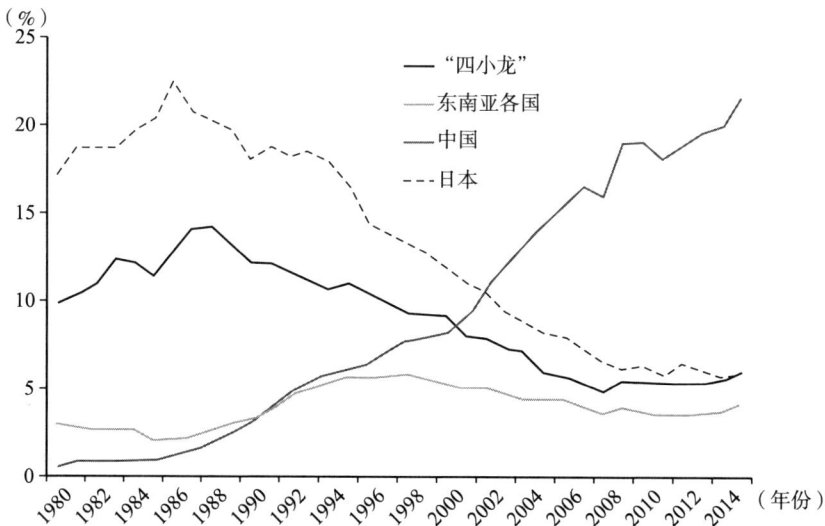

图 1-3　中国、日本、"四小龙"、东南亚各国的美国进口份额

资料来源：Wind，中泰证券研究所。

　　尽管从 2007 年之后，中国劳动生产率增速的下行也已经显现出来
了，不仅是全要素劳动生产率在下降，劳动生产率总水平的增速也开始
下降，但优势依然存在。需要说明的是，劳动生产率通常以单位劳动时
间产出衡量，中国无劳动时间数据；以就业人数及 GDP 衡量的劳动生
产率之增长率，过往 20 年间，美国的中位数水平是 2.0%、日本大致是

1.7%，而中国则超过了 8%。中国劳动生产率增速比日本和美国明显高很多（见图 1 – 4）。

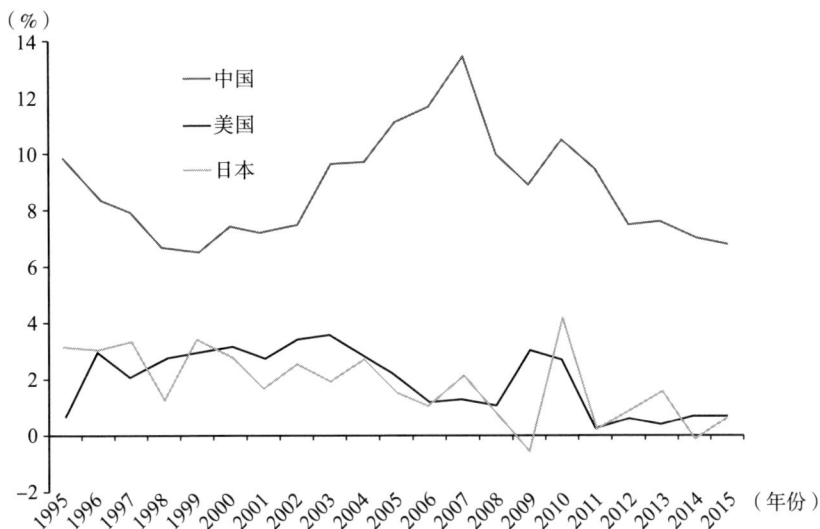

图 1 – 4 中、美、日以产出衡量的劳动生产率增速

资料来源：Conference Board，世界大型企业联合会，中泰证券研究所。

到目前为止，中国劳动生产率的优势依然存在。当然，对劳动生产率贡献最大的还是资本投入。中国是投资拉动型经济，大量高速公路、高铁的修建支持了基础设施完善。过往 20 年间，中国劳动生产率的巨大提升，主要得益于资本深化的贡献，平均水平高达 6.3%，其中来自 ICT 投资（指信息设备、通信设备、软件投资）的贡献是 0.5%，其他资产的贡献是 5.8%。

而美国资本深化的贡献水平只有 1.5%（ICT 资产贡献 0.7%，其他资产贡献 0.8%），日本仅为 1.3%（ICT 贡献 0.6%，其他 0.7%），差异显然源于中国在高铁、高速公路等基础设施的惊人投资。

尽管中国过去经济发展是粗放型模式，在过去 20 多年中，中国劳动力素质还是得到了很大提升。2015 年，美国有近 40% 的人受过大专以上教育，而中国只有 12%，相当于美国 1972 年的水平。虽然中美劳动力素质差距巨大，但中国劳动力素质的改善幅度却非常惊人：2000年，中国大专以上学历者仅占全国人口的 3.6%，相当于美国 20 世纪30 年代中期水平；2010 年，该比例上升至 9.0%，相当于美国 1959 年的水平，即 10 年走过了美国 24 年的路。这也是中国制造业和出口能够在全球市场份额当中持续上升的重要原因。

但是，中国目前已面临劳动人口下降、劳动参与下降和农业转移人口减少的压力，同时，人口流动性也开始下降。此外，人口从三四线城市向一二线城市流动的趋势逐渐加强，如流向北上广深及二线城市。有数据显示，2016 年人才净流入城市占比最高的是杭州，占 8.9%，远远超过北上深（户籍管理严格），表明杭州经济的发展和人才流入也是有很大的相关性。

除直辖市之外，中国大专以上学历的人口分布区域基本还是集中于长江三角洲和珠江三角洲等经济发达地区，这和人均 GDP 有很大的相关性。

2000 年，中国每 10 万人中受过大专以上教育的人数约为 3600 人，2015 年约 12300 人，人口素质有很大提升，但各省区的提升状况差别甚大，如江苏吸纳了全国 7.4% 的新增大专以上人口，其人均 GDP 高达8.8 万元（见图 1 - 5）。

这些年来，中国区域经济发展速度的分化和人口流向的变化，相互促进，互为因果，如东北经济的回落伴随着人口的大量流失。以农业人口转移为特征的城镇化已到后期，但大城市化还是方兴未艾。目前，中国百万以上人口的城市占总人口的比重只有美国的一半左右，比日本、欧盟等也低很多。

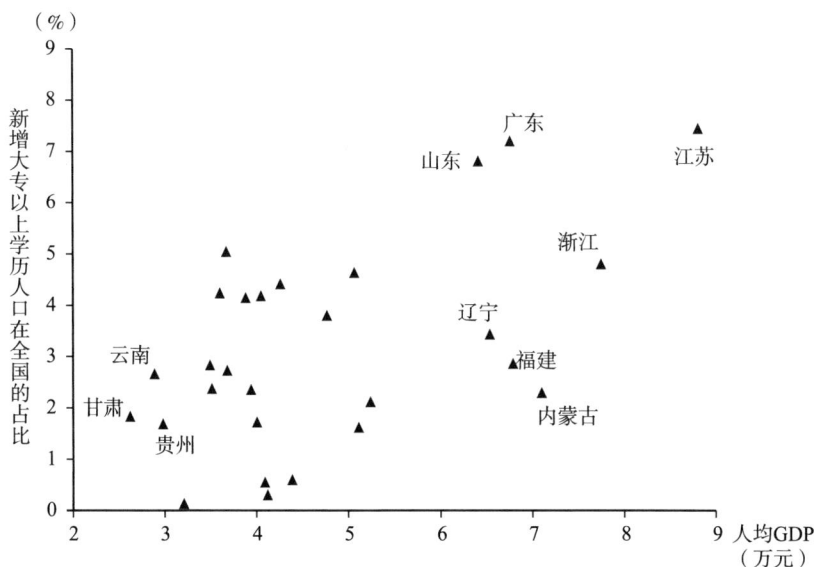

图 1-5　人均 GDP 与大专以上人口增量占比

资料来源：Wind，中泰证券研究所。

　　这也可以用来解释 2016 年二线城市房价涨幅较大的原因，就是因为人口在向省会城市集中。由于超大人口城市采取了限制人口流入的政策，所以人口往省会城市流动的现象非常明显（见图 1-6）。

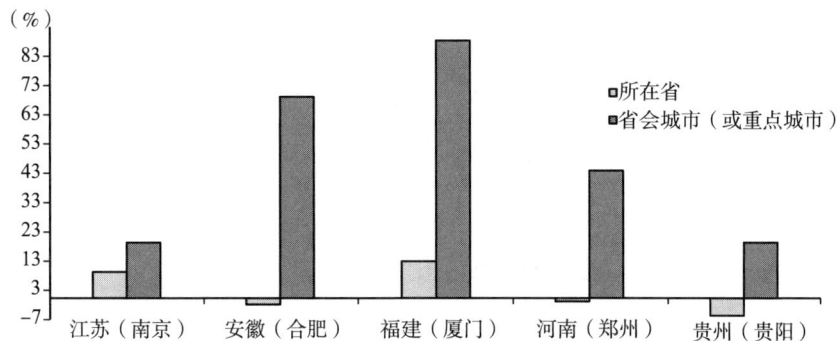

图 1-6　2000～2015 年部分二线城市人口变化

资料来源：Wind，中泰证券研究所。

据统计，2016年全球房价涨幅第一的是合肥，第二是厦门。研究这两座城市的人口流入数据，可以发现在过去15年中，厦门的人口增加了90%，合肥增逾60%，远超其他城市。尽管很多欠发达省份的人口在减少，但其省会城市的人口却在增加，如2010年之前安徽、河南、贵州等省的人口在减少，其省会城市合肥、郑州、贵阳的人口都在增加。

大城市化进程是市场配置人口资源的结果，同样会对各地的房价产生影响，这在全球都一样，同时，也会影响经济的增速。总体来看，中国的城镇化进程已到了后期，而人口老龄化也是不可逆的，故经济增长下台阶是必然趋势。

从历史来看，发达经济体的经济减速，也对应着城市化率增速的不断下降。第二次世界大战之后崛起的发达国家，无论是德国、日本还是韩国，当它们的城市化率增速大幅下降之后，经济增速也出现了大幅度的回落，如德国的城市化率从1950～1969年1.02%的年增速，降至1970～1979年的0.16%，GDP增速则从7.9%降至3.1%。

第三维度：投资——人口红利消减下资本推动型经济模式强化

人口老龄化、劳动年龄人口和农业转移人口的减少，导致劳动力成本不断上升，潜在经济增速下降。中国经济稳增长如何实现的呢？仍然靠投资拉动和资本深化。这是第三个维度——投资，由于人口红利的减少，使得资本推动型经济模式得到了强化。

我们可以比较一下中美固定资产投资总额占GDP比重的差异，当然，这个数据有不尽合理之处（GDP中不包含土地涨价因素，而固定资产投资总额包含了土地涨价带来投资额的增加），但至少可以帮助我们做出一些基本判断。2016年，中国固定资产投资总额占GDP的比重为80%（见图1-7），美国等发达经济体该数值只有20%左右。虽然这样简单的比较有失偏颇，但至少可以说明，美国等发达经济体的经济增长模式均为消费驱动型，而中国则为投资驱动型。

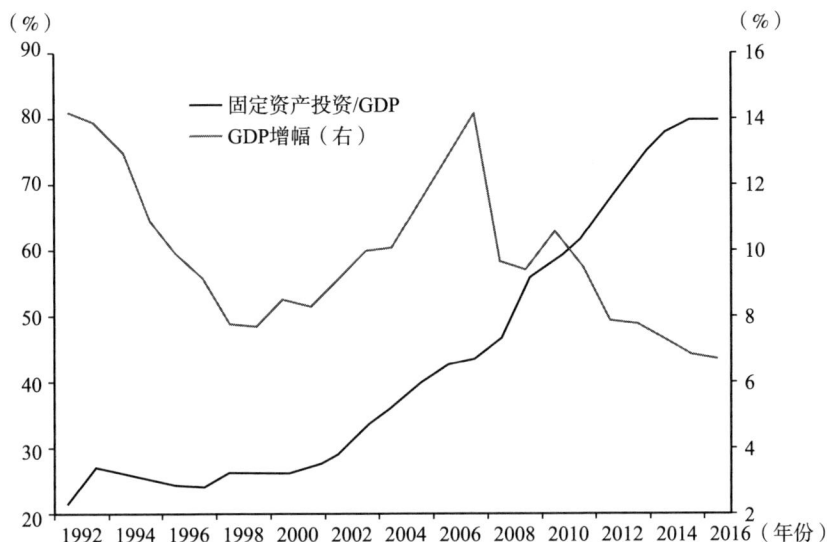

图1-7　中国固定资产占比GDP、GDP增幅

资料来源：Wind，中泰证券研究所。

国内全社会固定资产投资额占GDP的比重在不断上升，从1992年的不到30%提升到2006年的50%，2015~2016年该比例高居80%，其中非民间（政府和国企）投资额占固定资产投资额的近40%，占GDP的30%；美国及欧元区的固定资产投资额占GDP的比重只有20%，其中美国政府投资占比GDP为4%，欧元区不到3%；日本的占比分别是23%和不到5%。

2007年之后，尽管中国固定资产投资规模继续攀升，但GDP增速却出现了下行，说明经济效率开始下降。同时，地区间经济分化现象也日渐明显。经济比较发达的地区，其"工业加地产"发展势头就比较良好。"工业加地产"的本质还是投资拉动。

这一轮大宗商品价格上涨和中游崛起，背后也是投资拉动。以钢铁行业为例，其固定资产投资增速从 2012 年之后一直是负增长的，产能压缩，产量降低，随着近几年基建投资持续高增长、汽车和房地产销量的高增长，全社会又大幅增加了对钢铁的需求（见图 1 - 8）。

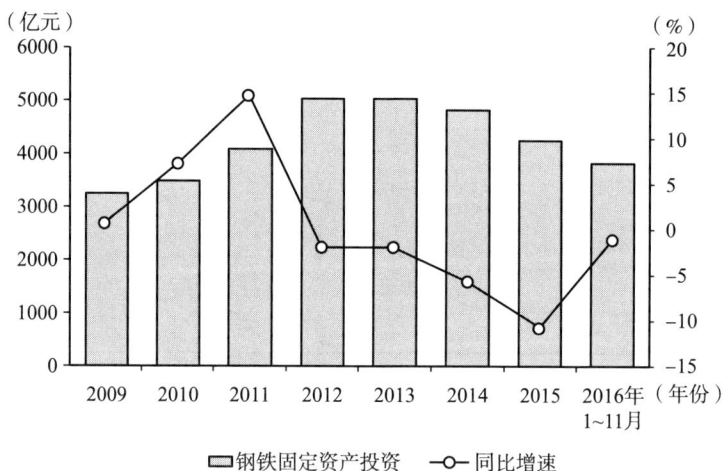

图 1 - 8　"钢铁冶炼及压延固定资产"投资规模及增速

资料来源：Wind，中泰证券研究所。

因此，在中游制造业产能增速下行的同时，基建投资和房地产投资增速却在高位走稳或低位反弹。2014～2016 年，虽然固定资产投资增速持续回落，其中制造业的投资增速从 2014 年的 13.5% 降到 2015 年的 8.1%，再降到 2016 年的 4.2%，但基建投资增速维持了 17%～20% 的高增长。制造业投资减速，不少原材料行业投资负增长，而基建投资超高速增长，这就很容易解释中游产业商品价格崛起的原因。

　　当然，大宗商品价格的上升不是以全社会投资回报率提升为前提的，也不以消费增速上升为结果，所以，从长期来看投资拉动模式不可持续，因为投资持续高增长的背后是全社会杠杆率的大幅上升。

　　尽管 PPP 搞得热火朝天，"一带一路"也是风起云涌，但民间投资增速却在大幅下降。PPP 里面第一个"P"原本应该是指私人资本，即应该吸引民间投资来参与，实际上却是不少地方政府或国有企业在参与。那么，为什么 PPP 投了那么多，但在国家统计局的数据中，民间投资占固定资产投资总额的比重却从过去的 66% 降至 60% 了呢？或因为整个社会的回报率下降，最市场化的民间投资参与实业投资的积极性就下降了。

　　同时，政府的投资支出大幅增加，表现为政府杠杆率大幅上升，尽管从政府杠杆率的国际比较看并不高，大约在 45% 左右，但过去 7 年内上升的幅度却是全球领先。

　　数据表明，2014 年全国财政赤字 1.13 万亿元、赤字率 1.8%，均低于政府预期，积极财政政策有名无实。2015 年财政赤字率目标调高，即财政赤字率目标从 2.1% 提升至 2.4%，但实际执行的却达到 3.4%（见图 1 - 9）。尽管 2015 年和 2016 年官方口径的财政赤字都没有突破预算，但这与官方的财政赤字统计方法有关，即：

　　财政赤字 = 支出总量（财政支出 + 补充中央调节基金 + 地方结余结转下年支出）- 收入总量（财政收入 + 使用中央调节基金 + 使用地方结余资金）

　　因此，财政收支的主要调节工具是"中央调节基金"和"地方结余"这两类，可以用来"以丰补歉"，使得名义财政赤字不超预算，但随着这两类基金结余大幅减少，今后财政赤字率突破 3% 大有可能。

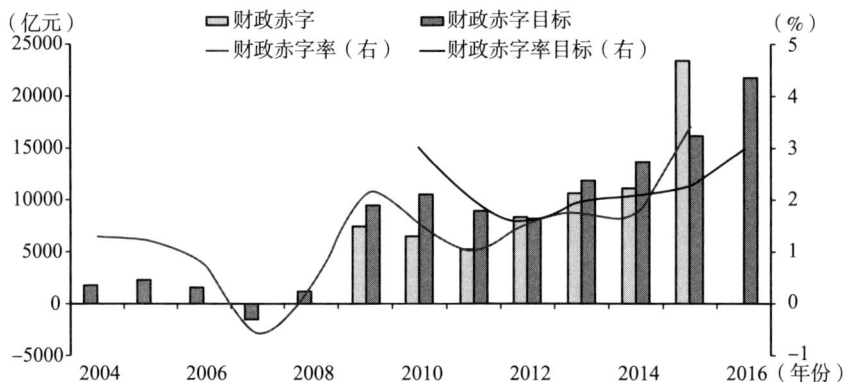

图1-9 我国财政赤字的目标情况与实际情况

资料来源：Wind，中泰证券研究所。

除此之外，地方政府的产业引导基金、PPP中的国家出资部分等也应视作是广义赤字，还有国家发改委通过国家开发银行和农业发展银行定向发行长期专项建设债券，建立专项基金，用于基础设施建设的投入，实际上也应该看成是广义赤字。总之，按宽口径统计的财政赤字，会远超目前官方统计的赤字水平，估计最近两年财政刺激的力度要远超2009年的水平。

同时，国有企业的杠杆率也大幅上升。2016年，全国固定资产投资增速降至8.1%，其中，民间投资增速只有3.2%，国有企业的投资增速却上升接近19%，这就是全社会杠杆率快速增长的原因。

民间投资增速的下降，表明了民企去杠杆的意愿，但国有企业还是在加杠杆。财政部数据显示，2016年末国有企业资产负债率达到66%，而民企只有50%多一点。

2016年，中国经济主要靠基建投资与房地产投资来维稳，估计2017年基建投资增速和房地产投资增速都会有所回落（见图1-10、图1-11），当然，回落幅度应该不会过大，因为2016年审批下来的一大批 PPP 项目还会继续拉动基建投资增长，包括 2016 年房地产销量大幅增加之后，对 2016 年偏低的房地产投资增速还有一定的推升作用，这是惯性使然，或称之为"无动力滑翔"。估计 2017 年上半年的投资增速依然会维持在一个相对高的水平上，包括民间投资增速也可能继续上行，但惯性过后，下半年投资增速或会有所回落。如房地产销量的持续回落，最终也会带来房地产投资增速的回落，而基建投资的长期低回报是不可持续的。

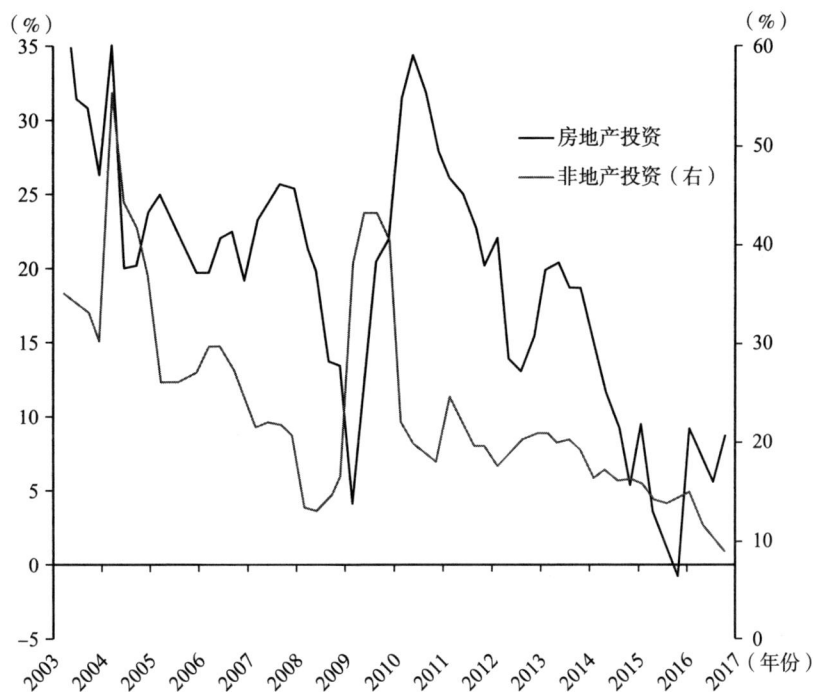

图 1-10　投资实际增速：地产、非地产

注：数据为季度同比、实际增速。

资料来源：Wind，中泰证券研究所。

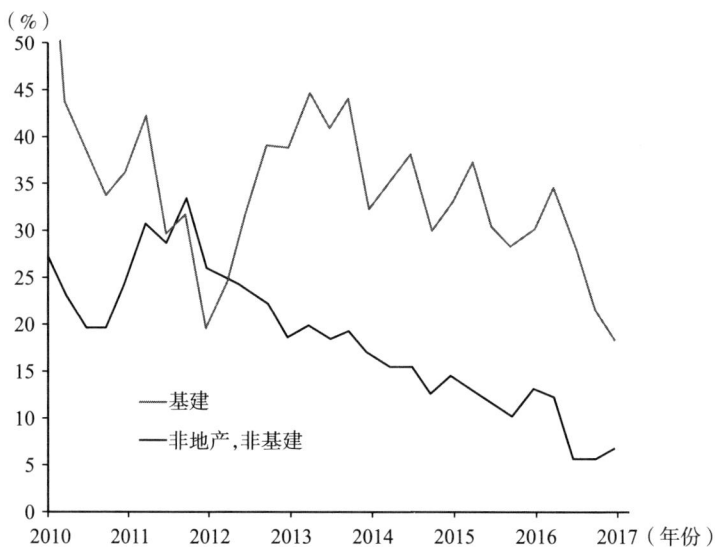

图 1-11　非地产投资实际增速：基建、其他

资料来源：Wind，中泰证券研究所。

第四维度：货币膨胀——既是果又是因

国内长期以来投资增速非常高，最终导致的结果就是货币膨胀。中国的货币创造经历了引进外资、出口导向、"商业银行＋企业"三个阶段。截至 2016 年末，中国 M2 总量为 22.34 万亿美元，超过美国和日本的 13.28 万亿美元、8.19 万亿美元之和（见图 1-12）。

货币膨胀，是投资拉动经济增长模式下长期形成的结果，同时，又是导致资产价格上涨和资产荒的一个重要原因。如有人提到企业资产负债率下降是企业经营状况好转的表现，从一方面看，是可以解释为负债的下降，但从另一方面看，也可解释为资产规模增大，资产规模的增大是可以通过资产价格的上升来实现的。钱多了出现资产荒，资产价格自然就上升了。我们不妨用以下公式表示：

（万亿美元）

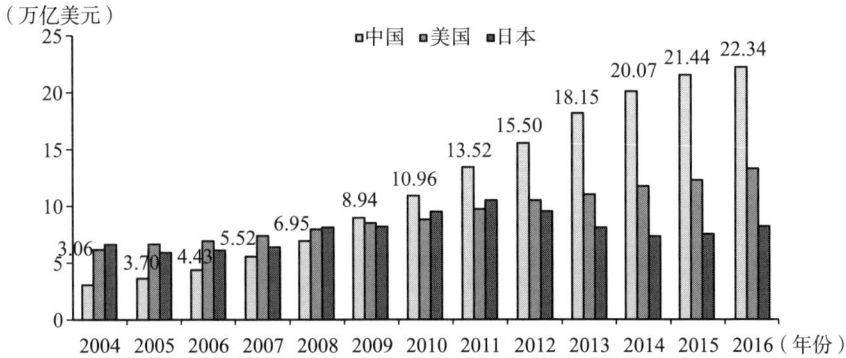

图 1 – 12　中国、美国、日本 M2 总量

资料来源：Wind，中泰证券研究所。

企业资产负债率 = 总负债/总资产 = （总负债/GDP）·（GDP/总资产）

= 杠杆率·资产回报率

在货币膨胀的情况下，资产回报率下降是必然趋势，故不应简单认为资产负债率下降就是好事情。

货币规模的膨胀也与"稳增长"政策有关，比如，20 世纪 90 年代以来，第一轮"稳增长"发生在 1997 年，当时为了应对东亚金融危机，政府在基建投资上发力，使得政府负债水平大幅上升，固定资产投资规模大幅增加；第二轮发生在 2009 年，当时为了应对美国次贷危机，推出两年 4 万亿投资规划，2009 年中国的 M2 规模增加了 2 万亿美元，一举超过了美国和日本，成为全球第一。

但这种稳增长模式下的货币创造也导致了诸多问题，如 M2 增速在今后几年也很难低于 8%，简单推算，到 2020 年中国的 M2 大概要超过 200 万亿元，至今仍没有看到 M2 增速大幅回落的迹象，这也是国内资产荒现象挥之不去的问题所在。中国的第三产业增加值占 GDP 的比重在 2015 年才超过 50%，但金融业增加值占 GDP 的比重在过去两年里都达到了 8.3%，超过金融发达且本币早已国际化的英国、美国和日本金融业占比。

此外，货币超发会导致本币贬值压力提高。至于人民币合理的汇率水平应该是多少，实际上很难估算，我们可以基于历史上本币汇率、M2 和 GDP 的相互对比模式来推算。此外，也可以通过中美相对通胀水平来计算（见图 1 – 13），即可以将中美每年相对的通胀水平进行换算，从而取得一个对应的值，这也仅供参考。

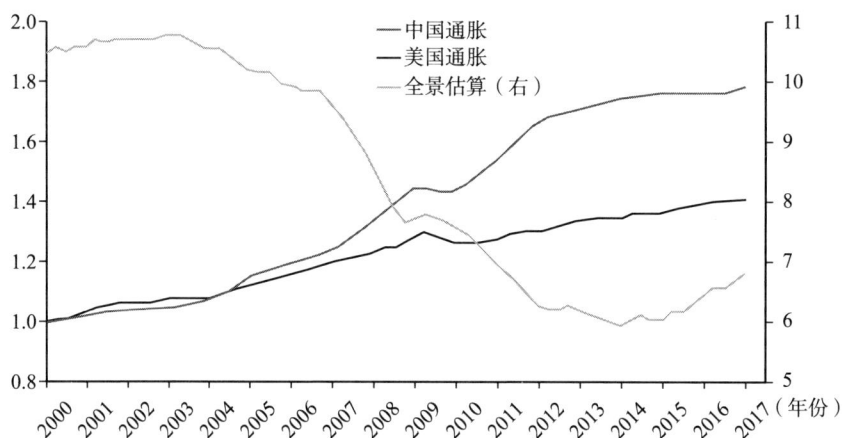

图 1 – 13　中美通胀定基指数、汇率全景估算

注：通胀取 GDP 平减指数口径，以 2000 年初为 1.0 起点，全景估算系以任何时点作为基准点水平所对应的汇率估算水平。

资料来源：Wind，中泰证券研究所。

通胀水平可以用名义 GDP 与实际 GDP 的增速之差来表示，从 2000 年初至今，中国实际 GDP 增长了 360%，名义 GDP 增长了 720%，美国的实际 GDP 和名义 GDP 则分别增长了 36% 和 92%，由此估算出人民币的"合理"汇率（若以 2000 年初的 8.28 作为基准）。当然，也可以任选一个年份作为基准，得出的"合理"汇率均有所不同。

　　不管采用哪种计算方法，都无法回避这样的事实：货币超量发行肯定导致人民币贬值压力上升，除非今后几年 M2 增速有一个比较大幅度的回落。此外，外汇流出压力依然巨大。虽然我国在资本项目下对外汇的管制已经非常严厉，但研究发现外汇可以通过贸易项下流出，比如在人民币升值阶段可以通过高价出、低价进的方式，让更多的外汇流入国内换为人民币。当人民币有贬值趋势时，采取低价出、高价进的方式，使得一部分外汇滞留国外。之所以把加工贸易作为一个观察窗口，是因为加工贸易的进出利差受本币的升值或贬值影响很小。

　　在人民币升值阶段，加工贸易的毛利率就变得很高，而在人民币贬值阶段，其毛利率一下子降了很多，说明由于经常账户项目下人民币的可自由兑换，使得目前为止外汇流出的渠道依然存在（见图 1 – 14）。

（亿美元）

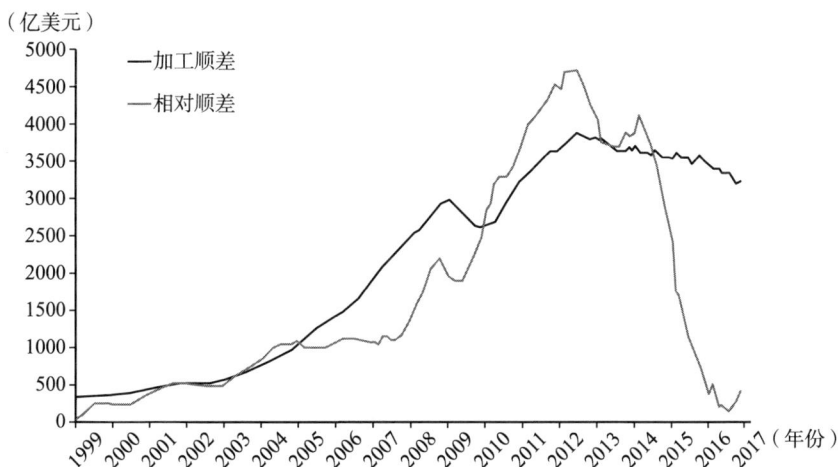

图 1 – 14　加工顺差、加工顺差扣减一般顺差

注：12 月移动累计。

资料来源：Wind，中泰证券研究所。

由于货币超发，中国经济逐步脱实向虚，金融同业业务的发展非常迅猛。银行、保险、信托、券商间的同业资金链、多层次高杠杆的形式依然存在。

低利率为套利提供了土壤，除了用作资金周转外，银行间形成了从同业存单流向同业理财的链条，中间夹杂了用存单的钱买存单、用存单的钱买货币基金、用货币基金的钱买理财、用理财的钱买理财这样层层叠叠的操作，银行同业理财产品资金余额占所有理财产品资金余额的比重在两年内从不足4%到超过15%，资金每经过一层机构就会叠加一层杠杆，以期获得更高的预期收益来覆盖成本。

央行自2016年10月重启28天逆回购，其缩短放长、提价格、去杠杆的意图明确（见图1-15），加之监管加强如将表外理财纳入广义信贷、美联储加息兑现等因素，使得过长的资金链条和高企杠杆的脆弱性显露无遗，债券市场受到重创，如以国债期货的惨烈跌停为醒目标志。2017年2月初，央行又上调7~28天逆回购利率和SLF利率，引导资金脱虚向实的意图很明确。

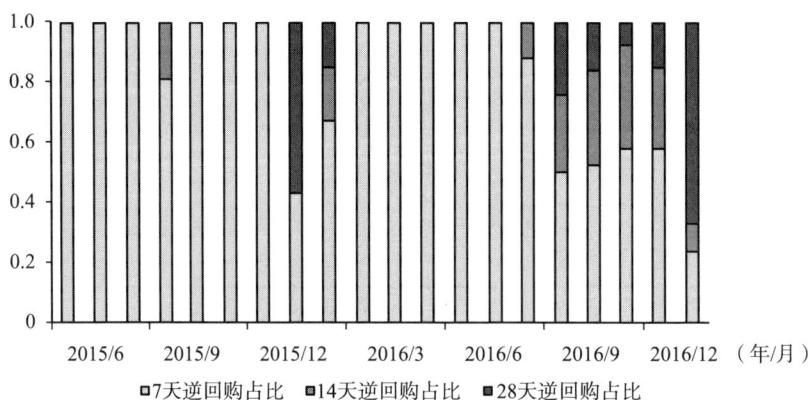

图 1-15　央行缩短放长并上调货币市场利率

资料来源：Wind，中泰证券研究所。

第五维度：居民收入结构——对资本品与消费品价格的影响

如前所述，2007 年之后中国经济日益依赖于低效的投资拉动模式，而投资拉动经济增长的模式又带来货币的超发，为什么要靠投资拉动经济增长呢？因为劳动生产率增速下降、人口红利消减和人口流动性减少。

货币超发会带来诸多问题，如资产荒、经济脱实向虚、贬值压力加大等。从收入分配的角度看，货币超发还会导致居民收入差距扩大，如根据国家统计局的抽样调查数据推算，2014 年城镇居民的可支配收入总额为 21.61 万亿元，农村居民可支配收入为 6.49 万亿元，加总之后为 28.1 万亿元，但 2014 年国家统计局的"住户部门可支配总收入"达到 39.11 万亿元（国家统计局资金流量表（实物交易）—住户部门实物交易资金来源），则住户部门可支配收入要超过居民部门可支配总收入 11 万亿元（见图 1 – 16）。

（万亿元）

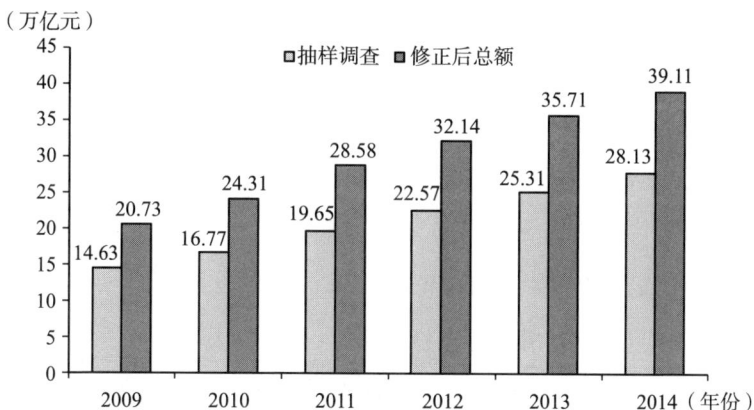

图 1 – 16　我国居民可支配收入被低估

资料来源：（1）国家统计局资金流量表（实物交易）—住户部门实物交易资金来源；（2）国家统计局居民可支配收入抽样调查加总。

当然，住户部门比居民部门的范围更大些，包括住户和为其服务的非营利机构，但应该有 80% 以上与居民部门的涵盖范围是对应的。这可以演绎出两个结论：一是居民可支配收入总体被低估；二是主要被低估的是高收入群体。当然，由于高收入群体的消费溢出，也导致部分中低收入群体的收入水平比统计的要高，如保姆等家庭服务业从业人员的收入往往不纳税。

这些年来，美国的货币扩张也导致了其国内贫富差距的扩大，基尼系数长期上升，如今全部住户的基尼系数已经达到 0.48。考虑到中国迄今仍未征收房产税或资本利得税，故实际的贫富差距可能比公布的要大。据 BCG 咨询公司测算，2015 年底中国个人可投资资产总额大约为 110 万亿元人民币，其中，全国 20 万户高净值家庭（家庭可投资资产 600 万元人民币以上，占全国家庭户数不足 0.5%）财富约占全部可投资资产的 41%，即占总人口 0.5% 的居民拥有全国 40% 以上可投资资产。

由于居民可投资资产高度集中在高净值群体中，导致各类资产价格普遍偏高，如以城镇居民人均可支配收入为收入口径，以住宅销售金额及销售面积核算的单价为房价口径，若购买 100 平方米的住房，就全国平均而言，需要一个城镇居民至少 20 年的收入，若考虑可支配收入被低估的因素，则实际房价收入比或许会低些。再看一下美国的情况，若以新屋（独栋别墅）的平均售价和人均可支配收入为测算依据，在过往 50 多年间，居民置房的负担稳定在 7~9 年收入水平。

资产价格偏高在各大类资产中都有所体现，如尽管当前 A 股市场的估值水平已经较 2015 年年中大幅回落，但 A 股目前市盈率（扣除非经常性损益）的中位数水平还在 60 倍左右，且超高的换手率表明资本市场资金非常充裕，流动性极好。

　　2017年政策上最要严控的应该是房价上涨，基本不担心房价会下行，但市场会趋淡。由于国内高净值群体的理财需求非常大，巨量可投资资金总是要寻找出路，在外汇流出受阻、海外投资受限的情况下，权益类资产成为为数不多的可选配置资产，当然，随着港股市场对境内机构投资者开放，港股的估值优势会使得越来越多的资金流向港股市场。

　　另外，尽管居民可支配收入存在低估，但可支配收入的增速下降却是不争的事实，同时，居民的消费增速也在下降（见图1–17）。靠投资拉动经济增长的模式最终要看中低收入群体的消费增速能否上升，最终消费在GDP中的比重若难以上升，则经济结构扭曲问题就难以解决。

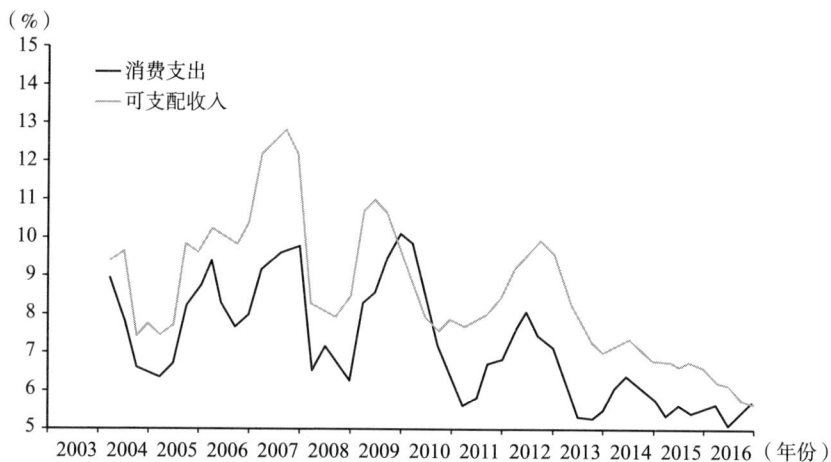

图1–17　居民可支配收入与消费增速的下降

资料来源：Wind，中泰证券研究所。

　　如2016年乘用车销量大幅增加，一方面，得益于低排量小汽车购置税减半征收的政策；另一方面，随着汽车保有规模的增长，更新换代的需求对销量的支撑作用越来越强。一般来讲，70%~80%的二手车使用年限在 6 年以下，汽车的平均更新换代周期约为 3 年，而当前处于一个更新换代周期的末尾，叠加汽车报废补贴政策与购置税优惠政策对需求的透支，故 2017 年汽车消费并不乐观。

因此，收入结构改革、缩小贫富差距是促进消费的重要手段，尽管国内近年来通过精准扶贫、增加政府在公共服务方面的支出等手段来改善收入结构扭曲问题，但这确实不是短期可以解决的问题。

此外，需要引起重视的是，这两年居民购房杠杆率明显上升，如 2016 年居民中长期贷款占商品销售额的比重已经接近 50%（见图 1-18）。

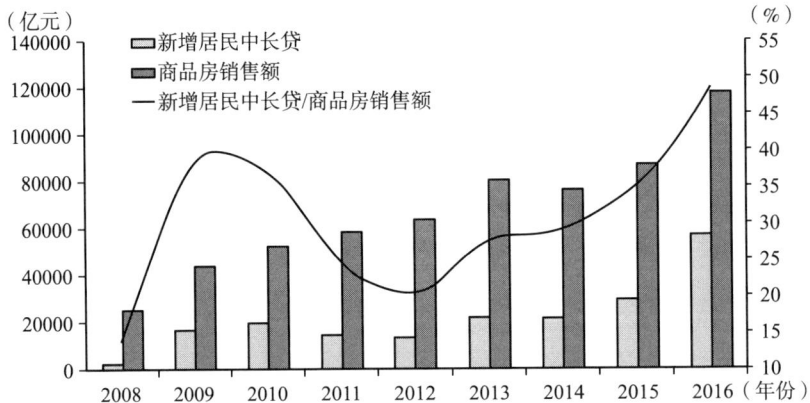

图 1-18　居民房贷/商品房市值总体不高

资料来源：Wind，中泰证券研究所。

2017 年 1 月，新增居民中长期贷款达到 6293 亿元，创历史新高，估计这是各商行延缓房贷发放审批速度导致的数据滞后反应，因为销售同比大幅下降。当然，部分三四线城市房地产销售额有所回升，但

2017 年居民房贷再要大幅提高，恐怕有难度。

　　当前，社会普遍对通胀预期较高。对于通胀的预测，应从价格形成体系和传导机制入手进行分析。图 1－19 表明中美 PPI 之间的裂口是在 2012 年发生的，之前它的波动非常一致，裂口出现的原因就是中国出现了产能过剩和需求下降。

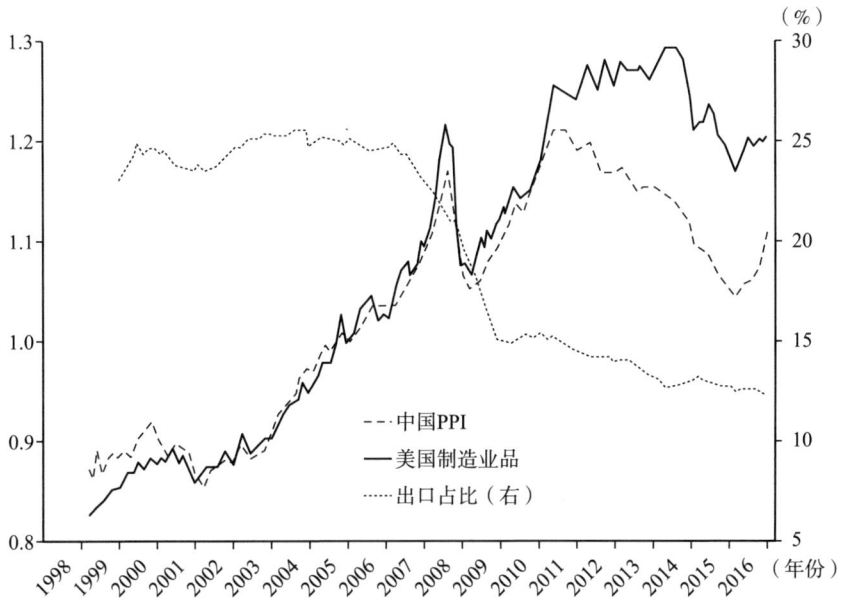

图 1－19　中美 PPI 分叉表明国内产能过剩

资料来源：Wind，中泰证券研究所。

　　2016 年发生的重要变化之一，就是去产能导致的多种商品价格上涨对通胀带来了不可忽视的影响。一般来讲，产业链上的价格传导是决定通胀变化最重要的内在机制。为了判断价格链传导的逻辑是源于成本推动还是需求拉动，作者从产业链上不同行业的涨价幅度、盈利状况，以及向下游进行成本转嫁的能力这三个角度进行观察，发现这一轮价格回升一方面是因为政策主导的基建地产相关领域的需求拉动；另一方面为上游行业向下游消费品领域的成本推动，且总体来说仍以成本推动为主。

那么，这一轮通胀究竟能走多远？代表需求的消费其名义增速虽然上升，但实际增速却在回落，剔除价格因素之后，2016 年第四季度降幅接近 1 个百分点。消费需求的低迷削弱了中下游行业进行成本转嫁的能力，成本的高企对部分中下游行业形成利润挤占，一部分成本涨价压力被企业内部消化，终端消费所承受的价格推动力相对有限。

如果把 CPI 划分为消费用品和服务，从 2012 年至今，剔除劳动力成本因素的消费物品并没有涨价，这几年的基本趋势是走平，而服务价格的攀升更为显著，反映了货币供应膨胀背景下人工、房租、流通等成本的提升（见图 1 – 20）。其中，货币超发的影响固然不可低估，但不可贸易部门对货币的过度吸纳是更为重要的原因。在可贸易部门，原料成本与成品价格都要被动接受国际定价，套利空间不充分，故货币超发主要进入不可贸易部门并推动价格飙升，也就是说，大量资金还是集中在资本领域，而没有在消费品领域。

近期以来，作为服务价格中重要因素的人工成本开始发生新的变化，这一变化经历了三个阶段：在人口红利时期，劳动力供给过剩，人力成本便宜；跨越刘易斯拐点之后，劳动力市场供不应求，人工成本显著提高；随着城镇化潜力逐渐释放，劳动收入相对稳定、增速下滑，对价格的推升也有所削弱。所以，在今后 CPI 走势中，人工成本的推升作用较为稳定，很难出现超预期的影响，但服务价格的整体回升仍将对消费品价格形成温和推动，估计 2017 年 CPI 不会超过 2%。

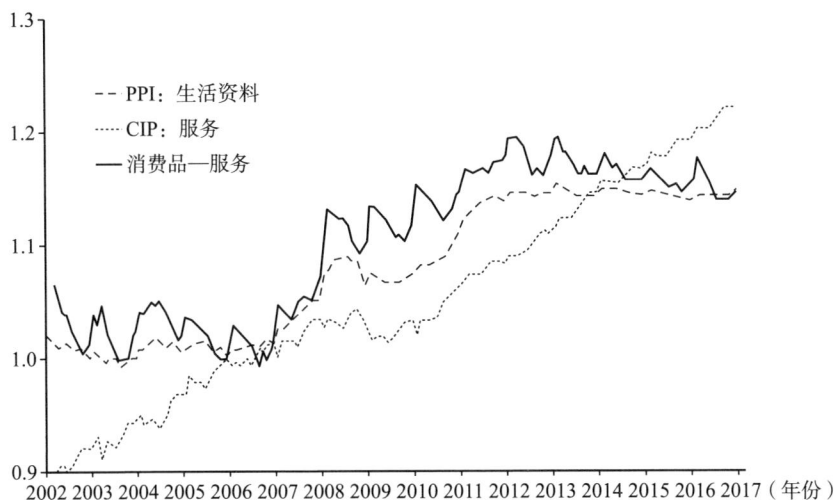

图 1 - 20　CPI：消费品剔除服务；PPI：生活资料

注：价格定基指数取 2006 年初为 1.0。

资料来源：Wind，中泰证券研究所。

第六维度：政策——2017 年"稳中求进"下的底线思维

党的十九大是 2017 年中国即将迎来的一个重大事件，属于内生变量和短期变量。前文提到过的人口、投资、货币和收入四个维度，是影响经济的中长期因素，也就是说，这些因素或许已经反映在社会各阶层人士的预期中了，按股市的通俗讲法，利好或利空已经反映在股价之中，且短期内难以改变，不会对股价产生大的影响。而国内政策属于新增变量，往往容易超出人们的预期，预期差会对价格产生影响。

例如，不少人认为央行调整基准利率会对房价产生影响，从逻辑上可以这样解释，但通过相关性分析，却发现导致房价波动的最大因素并不是基准利率的调整。数据表明，房地产政策对房价的影响十分明显，根据"金融机构贷款加权利率"，计算"个人住房贷款"与"一般贷

款"之间的相对水平,可以解释房价的每一次拐点(2008年末才开始
有相关数据)的出现都与政策出台有关——这正是房价对政策变化的充
分反应:"利率相对水平"提升背后反映了政策收紧,表明房贷利率打
折幅度缩减,二套房不予支持、外地户籍限购等一揽子调控政策开始升
级(见图1-21)。

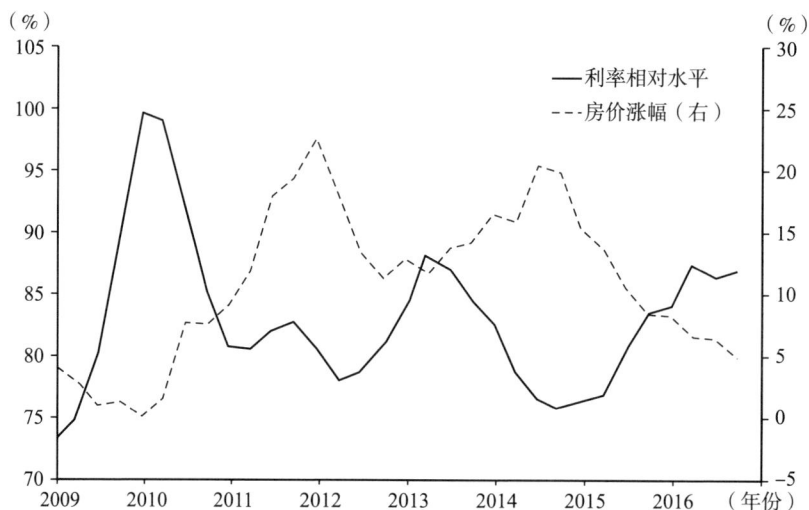

图1-21 政策对房价的影响"权重"很大

资料来源:Wind,中泰证券研究所。

　　因此,我们经常讲中国股市是政策市,实际上不仅股市如此,
其他市场也如此。在第三维度——投资这一节里曾提到,2016年中
国政府和国企在固定资产投资中的占比达到30%,但欧美、日本等
发达国家政府投资在固定资产投资中的占比只有3%~4%的水平,
这至少从一个层面反映中国政府部门对经济的影响力几乎是发达国
家的10倍。

那么，2017年的政策有什么特点呢？中央经济工作会议将"稳中求进"工作总基调从经济领域提升到治国理政重要原则的高度，这是值得关注的。"稳中求进"作为经济政策的总基调，早在2011年就已经提出，到现在已经连续提了6年。

"稳中求进"意味着有两条底线一定要守住，一条是稳增长底线，另一条是不发生系统性金融风险的底线，只有在经济和金融相对稳定的前提下，才能推进改革。由此对应的是两方面的重要改革，一是国企改革，二是金融监管体制改革，这两大改革比财税改革、农业供给侧结构性改革等更为迫切。而国企改革中，混合所有制应该是最主流的模式，其次是债转股、股权融资等。

在加强金融监管方面，2017年把防控金融风险放到更加重要的位置，下决心处置一批风险点。监管的面很广，如把表外理财纳入"广义信贷"范围受MPA（全称宏观审慎评估体系）考核。对资本市场监管更加严厉，可能会促使更多的资金南下至香港市场，也有利于释放大量资金集聚内地的风险。

总体来看，在杠杆率居高不下、资产泡沫未破的情况下，加强房地产市场、资本市场和汇率市场的管制，属于必然的选择，但随着受管制标的增多，管制难度也会日益增加，即所谓的按下葫芦浮起瓢。

在货币政策方面，2017年强调的是回归中性，这与过去几年稳健加灵活的政策相比，所给的变通空间就更窄了。2017年2月初，央行上调逆回购利率和SLF利率，这并不属于传统意义上的加息。通过公开市场操作来上调央行利率，其意图主要是通过金融市场去杠杆，这符合中央经济工作会议提出的引导资金"脱虚向实"的逻辑，如果是传统意义上的上调存贷款利率，则会对实体经济雪上加霜，这是中央不希望看到的。当然，货币市场利率的上行早晚会影响到信贷市场的利率水平，只是目前的同步性较差。

迄今为止，还没有看到上调银行存贷款基准利率的必要性和迹象，如果要坚持货币政策回归中性，那么，降准似乎也无必要。在外汇管制加强下，稳定汇率预期也成为货币政策的一项目标。

从 2017 年 1 月份新增贷款的数据看，尽管超过 2 万亿元，但比 2016 年同期还是少了些。估计 2017 年的市场利率会比 2016 年略有上行，但幅度不会大。这对于债券的发行不是太有利，但对股市和楼市的影响不大。从过去两年看，货币政策呈现前松后紧的态势，但 2017 年可能会前紧后松，下半年经济走势若不出现大幅下滑，则"松"的程度非常有限。

2017 年的财政政策会"更加积极"，其实，2015～2016 年的财政政策已经非常积极了，在此基础上还要更加积极，恐怕是考虑到 2017 年供给侧结构性改革因素对稳增长存在短期的负作用，尤其是去杠杆和去产能这两大因素对经济增速的影响，同时也可能考虑到房地产投资增速的回落和汽车销量增速的回落这两大因素。

过去很长时间以来，中国经济的高增长中"欠账"过多，如今，随着人口老龄化和经济下行压力增加，财政政策将肩负"欠账还债"和稳增长的双重任务，这是我们对"更加积极"财政政策的理解。

从政府的杠杆率来看，宽口径估算在 45% 左右，离 60% 的警戒线尚有一定的空间，这也是财政政策可以更加积极的底气所在，只是通过动用中央预算稳定调节基金和地方政府的结转结余资金来求得财政赤字率会计意义上达标的空间越来越窄了，因为过去两年这两块基金的余额在不断减少。因此，2017 年的财政赤字率估计还会定在 3%，但政府的债务水平仍会继续上升。

总结

以上从六个维度对 2017 年中国经济做了较为全面的分析，其基本逻辑就是，由于中国已经成为一个开放型、市场化的经济超级大国，作为一个世界工厂，中国受外部经济的影响非常大，如 1997 年的东亚金融危机和 2007 年美国次贷危机，对中国经济带来的冲击都是递增的。

特朗普执政后，他的民粹主义思想、贸易保护政策和重振美国的政治抱负，势必会对中国经济造成偏负面的冲击。但特朗普将如何出牌、他的政策执行效率如何、中国将如何应对等，尚存在不确定性并需要评估。无论如何，特朗普新政估计将成为 2017 年中国所面对外部环境中最主要的一个变量。

因此，外部环境是分析 2017 年中国经济的第一个维度，而人口、投资、货币和收入结构这四个维度，均为影响中国经济的中长期因素，其中，第二个维度提及的人口老龄化和人口流动性下降是不可逆的趋势，这也是未来中国经济增速从中高速增长向中低速增长演进的核心逻辑。同时，人口流动也进一步促成了中国经济的区域分化。

第三个维度提及资本推动型增长模式。中国人口红利的消减，导致日益依赖资本深化来提高劳动生产率，在稳增长的目标下，投资对经济增长的贡献越来越大，但这也造成了低效和全社会杠杆率的快速提升。

第四个维度提及的货币膨胀，正是中国经济对投资高度依赖的结果，货币规模过大使得经济"脱实向虚"，资产荒之下，资产价格泡沫、贬值预期提升、金融过度繁荣等诸多问题挥之不去。

第五个维度提及的居民收入结构扭曲问题，正是货币膨胀的"果"，并对居民资产配置和消费带来影响。在这一部分，作者分析了资产价格高企和消费不振的原因，并对 2017 年通胀成因和幅度做了分析测算。

第六个维度，围绕 2017 年末将举行的党的"十九大"及一系列政策目标和方向做了分析。政策变量既是短期变量，又是新增的内部变量，它对 2017 年短期经济发展态势的影响无疑是最大的。

通过对以上六个维度的分析，作者认为，2017 年经济增速仍会继续下行，但下行幅度应该不大，总体来看，美欧日经济已走出金融危机的泥潭，增长率恢复至 2005 年时的水平，而国内稳增长政策的力度会继续加大，估计全年 GDP 增速在 6.7% 左右（见表 1 - 1）。

表 1 - 1 　　　　　　　　2017 年主要经济指标预测 　　　　　　　单位：%

指标	2014 年	2015 年	2016 年	2017 年 E
GDP 同比	7.3	6.9	6.7	6.7
工业增加值同比	8.3	6.1	6.0	5.7
固定资产投资同比	15.7	10.0	8.1	8
名义消费额同比	12.0	10.7	10.4	10.5
出口同比	4.9	- 1.8	- 2.0	2.5
进口同比	- 0.6	- 13.2	0.6	5
CPI	2.0	1.4	2.0	1.8
PPI	- 1.9	- 5.2	- 1.4	5.5
M2 增速	12.2	13.3	11.3	10

注：原文发表于 2017 年 2 月 18 日，系中泰证券研究所 2017 年度资本市场年会作者发言。

相应地，固定资产投资增速也比 2016 年有所回落，但幅度应该不大（约 8%），主要是因为房地产投资和基建投资增速均会回落；在中游产品价格上行的趋势下，下游产品价格也会有所回升，从而使得制造业投资和其他投资增速略有回升。在 PPP 落地比例上升的背景下，在外汇管制趋严和海外投资受限的背景下，民间投资增速有望回升。

通胀率将有所上升，但 CPI 估计不会超过 2%，预测全年增速为 1.8%；温和通胀有利于消费，故名义消费增速或略有上行，但不改消费增速长期下行的趋势，如 2017 年汽车销量增速将下行。在全球经济增速回升的背景下，外需也相应回升，出口增速会恢复到正增长，但中国出口的全球份额或会继续下行。

2017 年政策导向的总原则是"稳中求进"，在底线思维下，货币政策不会收得过紧，迄今为止，还没有看到上调银行存贷款基准利率的必要性和迹象，如果要坚持货币政策回归中性，那么，降准似乎也无必要。

2017 年政策上最要严控的应该是房价上涨，不担心房价会下行，但市场会趋淡。由于巨量可投资资金总是要寻找出路，在外汇流出受阻、海外投资受限的情形下，权益类资产成为为数不多的可选配置资产，尤其是港股通对境内机构投资者开放后，港股市场更值得看好。而债券市场在通胀水平上升、货币政策回归中性的情况下，交易趋淡、价格走弱的趋势会加强。

（原文发表于 2017 年 2 月）

宏观把脉：中国经济结构存在误判

目前，转变经济发展方式是社会上谈论最多的话题之一。大家对经济结构问题的共识是过度依赖投资而内需不足。问题真是这样吗？从已公布的官方统计数据来看的确如此，拉动 GDP 增长的"三驾马车"之中，投资总是一马当先，而高储蓄率也支持这种投资拉动模式的持续。不过，如果把这些关键性指标系统地做一个相关性分析，会发现彼此之间逻辑关系错乱，即便可以解释部分关系，却又引出别的逻辑矛盾。因此，作者认为中国经济结构存在误判，原因在于官方统计的偏失；所以，还原消费、投资以及储蓄率的真实面貌对于我们把握下一阶段的投资方向具有重要意义。

投资高估、消费低估与可支配收入被低估之间的逻辑关系

从统计局公布的数据看，过去十年的大部分时间里，资本形成对GDP的贡献均超过最终消费，即中国经济增长一直靠投资拉动。但作者通过对固定资产投资增速与GDP增速之间进行相关性分析，发现自2004年起投资增速与GDP增速之间发生了明显的背离现象（见图1-22）。

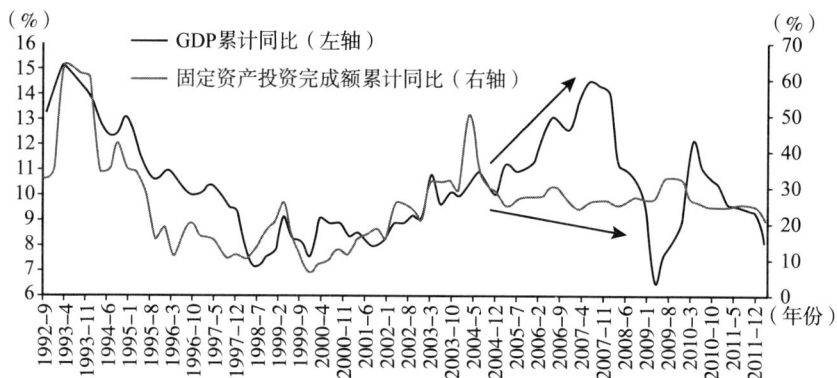

图1-22　固定资产投资增速与GDP增速剪刀差

资料来源：国家统计局，海通证券研究所。

譬如，在2005~2007年固定资产投资增速回落的过程中，GDP增速却出现了上升。既然大家普遍认为中国经济是靠投资拉动的，那么固定资产投资增速与GDP的背离现象就足以引起人们对投资规模数据可靠性的怀疑了。

固定资产投资规模被高估

若从增量资本产出比①来看，1994 年该指标约为 1.955，2009 年升至 6.09，2011 年升至 7.05，2015 年则达到 7.5，也就是说，每增加 1 元钱的 GDP，1994 年只要 1.955 元的增量投资，到了 2015 年则需 7.5 元的增量投资了（见图 1－23）。这虽然可以用边际投资效率降低来进行解释，但是否也可以理解为投资的"水分"越来越大呢？虽然说土地购置成本上升等价格因素也是造成固定资产投资增速虚增的原因，但即便用扣除价格因素后的实际增速来考察，也同样会发现固定资产投资规模有虚增嫌疑。必须要说明的是，作者研究发现的虚增现象主要发生在 2012 年之前，之后统计真实性有所提高。

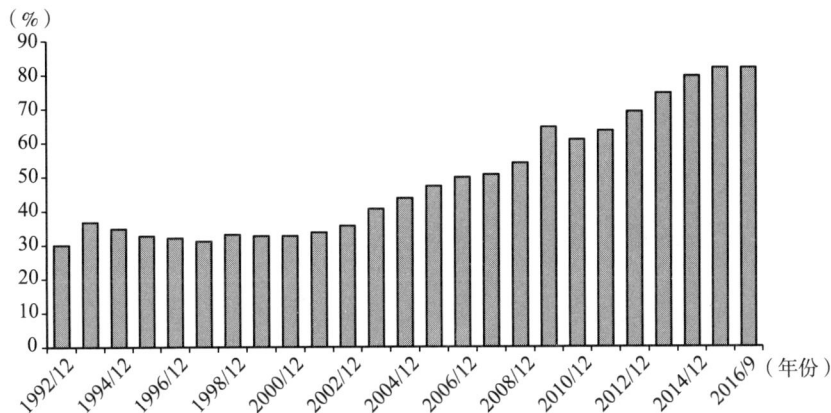

图 1－23　全社会固定资产投资完成额占 GDP 比重

资料来源：国家统计局。

---

① 增量资本产出比（ICOR），是反映投资效率的指标。增量资本产出率 = 投资占 GDP 比重／GDP 增长率，其数值越小表明投资效率越好。按照 2001～2003 年的平均值，中国将 GDP 的 40.5% 用于投资，实现了 8.0% 的增长率，由此可以算得增量资本产出率为 5.1（40.5／8.0）。也就是说，要提高 1% 的增长率，就必须实施相当于 GDP 5.1% 的新增投资，我们用固定资产投资完成额占 GDP 比重来除以 GDP 增速得到 ICOR。

再从投资过程的实物投入看，因为绝大部分的固定资产投资项目都需要用到钢材和水泥，即钢材和水泥在固定资产投资规模中占有一定的比例，那么，假如这个比例恒定的话，则固定资产投资规模增加 10%，钢材和水泥的用量也应该增加 10%。然而，从统计数据看，2004～2011年螺纹钢消费量平均增长率为 15.96%，但同期固定资产实际投资平均增速为 22.78%（扣除价格因素），每年两者的数值平均竟然相差近 7个百分点，说明螺纹钢消费量并没有随固定资产投资的增长而同步增长（见图 1－24），其在固定资产投资中的占比越来越小，如 2010 年螺纹钢消费量同比只增长 13.12%，但同期固定资产投资实际增速为 20.89%，超过螺纹钢消费量增速 7 个百分点。而更能说明问题的是水泥，因为水泥的保质期较短，不易储存及对外出口。据统计局数据，2001 年全社会固定资产投资额每亿元所含的水泥产量为 1.7 万吨，而到了 2011 年，每亿元所含的水泥产量仅为 0.67 万吨，即便考虑过去十年水泥价格的上涨因素（按普通硅酸盐水泥价格涨幅计），也要比十年前减少了一半左右。

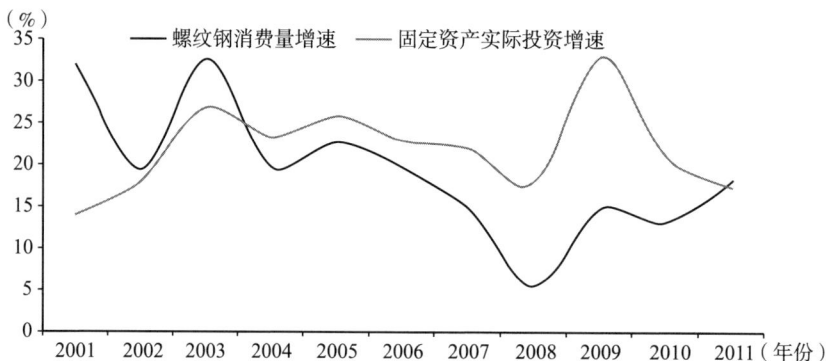

图 1－24 螺纹钢消费量增速和固定资产实际投资同比增速

资料来源：国家统计局，海通证券研究所。

钢材和水泥产量的实际增速远低于固定资产投资增速,说明固定资产投资规模在做统计时存在高估的可能。之所以会出现高估的情况,无非有三个主要路径:项目转包、统计报表虚报和偷工减料。项目转包是目前常见的现象,由于每转一次就会提取一定比例的管理费,如果转包5次,或许实际发生的工程费要比计划少掉一大半。此外,有些项目存在虚报价格、从事关联交易等财务欺诈行为的可能,以及为促使申报项目获批而支出的公关费用、招标过程中发包方得到的回扣等支出,往往也计入工程款项而被统计进固定资产投资中。至于把钢筋拉长拉细以降低成本等偷工减料的行为,更是屡有所闻。

2011年7月,审计署发布了2010年审计署绩效报告,提到"截至2010年6月底,全国审计机关共对京沪高速铁路等已投入资金1.9万亿元的5.4万个投资项目实施了审计或审计调查。通过审计,核减工程价款和挽回损失、节省工程投资283亿元,占相关项目投资总额的3.5%"。由此,我们认为固定资产投资总额被高估的概率很大,当然,被审计出来的只是冰山一角而已。

钢铁和水泥在固定资产投资额中占比下降,意味着固定资产投资总额被高估。这一推断可能会被某些人质疑,主要理由是固定资产投资总额中,土地成本的上升使得其他商品的占比相对下降。这或许是一个影响因素,但不能完全解释两者占比下降的原因。

另外,若固定资产投资被高估,那么被高估部分肯定会有流向。作者将新增固定资产投资增速与澳门博彩业收入增速以及内地奢侈品消费增速进行了比较(见图1-25),发现两个结论:一是博彩业收入增速与内地奢侈品消费增速之间存在很强的正相关关系,这很容易理解;二是内地奢侈品消费增速或博彩业收入增速约滞后固定资产投资增速两年,后期也呈现同步性加速迹象,印证了作者"部分高估的灰色投资需要阳光化"的观点。关于这种关系的解读，是被高估的投资部分转化为居民的灰色收入，其中一部分流向了博彩业和奢侈品市场。

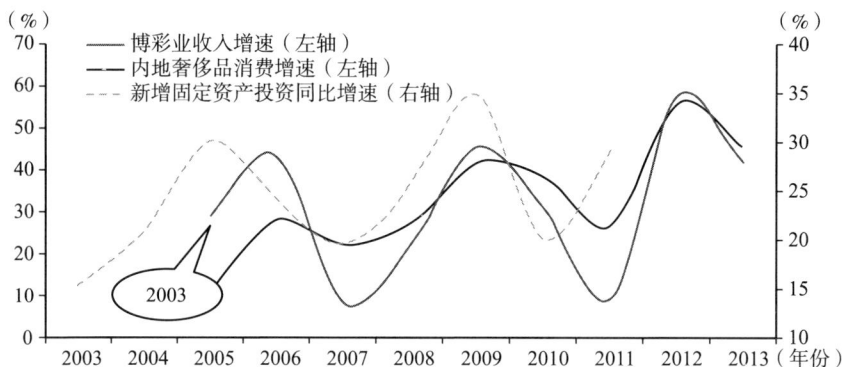

图 1 - 25　新增固定资产投资增速与博彩业收入增速、内地奢侈品消费增速比较

注：图中博彩业收入增速与内地奢侈品消费增速往后移动两年（这样可以看出固定资产投资增速与之的关系）。

资料来源：国家统计局，澳门特区政府统计署，海通证券研究所。

居民可支配收入总额被低估

投资被高估，不仅需要在统计上重新评估中国经济的增长模式，而且也需要对居民收入进行重估，因为国家统计局"居民人均可支配收入"数据是抽样调查数据，存在误差。抽样调查最大的弊端是高收入和超高收入群体出于保护自身利益的考虑，有低报自己实际可支配收入的动机，因此，由人均可支配收入乘以人口数得出的居民可支配收入总额必然也存在误差。

王小鲁教授曾经采用研究课题的方式，对高收入群体做了基于熟人关系的抽样调查，因为熟人之间更易彼此信赖。问卷统计的结果发现2008 年中国居民可支配收入总额被低估了 5 万亿元左右。

作者认为，中国居民可支配收入长期以来都被低估了，因为从长期看，收入应该等于支出，假定一年内居民新增支出也大致等于新增收入，那么，可估算出该年份居民的实际可支配收入，减去国家统计局公布的居民可支配收入抽样调查数据，就是被低估的部分。

这里所指的支出，其含义是经济学上的消费加储蓄，即广义支出，包括年内新增的消费、新增居民储蓄、居民在股票、债券和基金及银行理财产品、保险费用的净支出，还有购房投资及房贷还本付息等方面的净投入以及固定资产投资等。根据这一方法计算，2008 年居民可支配收入总额被低估约 4.7 万亿元。

此外，作者在 2012 年初又提出一个更便捷的估算方法：《2010 年中国统计年鉴》中有 2006～2008 年这三年的"资金流量表（实物交易）"，显示 2006～2008 年住户部门可支配总收入分别为 12.9 万亿元、15.66 万亿元和 18.24 万亿元。这是统计局按照联合国 1993 年版国民经济核算体系（SNA）确定的核算方法所得出的数据，其基本原理类似于会计学中的"有借必有贷"的平衡计算法。这里所谓的"住户部门"，也包括一般居民之外的个体工商业者，这比国家统计局抽样调查中的"居民"涵盖范围要大一些，因为其中还包括个体工商户经营带来的扣税后净收入，但这毕竟也是属于住户而非企业的可支配收入。

如果把 2006～2008 年国家统计局城乡居民人均可支配收入抽样调查数据，分别乘以城乡常住人口，则可以推算出 2006～2008 年中国居民可支配收入总额分别为 9.48 万亿元、11.32 万亿元和 13.20 万亿元。与上述资金流量表数据相比，分别相差了 3.42 万亿元、4.34 万亿元和 5.04 万亿元。也就是说，国家统计局修正后的 2008 年居民可支配收入总额，要比原先公布的抽样调查结果高出 5.04 万亿元，也高于作者之前的估算。

2012 年，作者研究居民可支配收入被低估现象时，国家统计局还未公布 2011 年的"资金流量表（实物交易）"，但根据已经公布的 2011 年城乡居民人均可支配收入（抽样调查结果），可以推算出 2011 年中国居民可支配收入总额约为 19.65 万亿元。由于 2008～2011 年三年居民可支配收入（抽样调查结果）累计涨幅为 51%，可推算出 2011 年住户部门可支配总收入可能达到 27.54 万亿元，即住户部门和居民部门的可支配收入相差 7.89 万亿元（见图 1－26），假如相差部分完全是居民可支配收入的低估部分，这就相当于居民可支配收入占 GDP 的比重从 41.8% 提升至 58.6%，该比重或许可以化解长期被大家诟病的"居民收入占 GDP 比重过低"的困惑。

（万亿元）

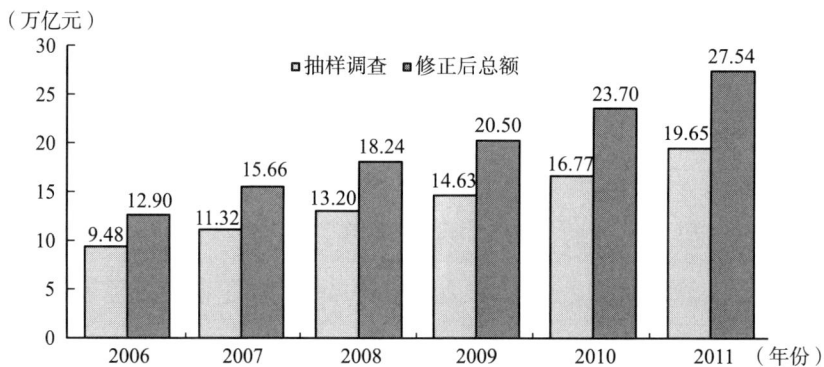

图 1－26　2006～2011 年中国居民可支配收入总额被低估

资料来源：国家统计局，海通证券研究所。

从国家统计局之后公布的数据看，2011 年的"住户部门实物交易资金来源—可支配总收入"为 28.57 万亿元，比作者预测的数据还高出 1 万亿元。此后三年的数据是：2012 年为 32.14 万亿元，2013 年为 35.38 万亿元，2014 年为 39.11 万亿元。根据国家统计局的抽样调查数据推算，2014 年城镇居民的可支配收入总额为 21.61 万亿元，农村居民可支配收入总额为 6.49 万亿元，加总之后为 28.1 万亿元，则住户部门可支配总收入超过居民部门可支配总收入 11 万亿元。

需要解释的是，从 2008 年至 2014 年，住户部门可支配收入的增长率为 114.4%，而抽样调查的居民可支配收入增加了 112.9%，说明住户部门的收入增长还是要略快于居民部门。由于住户部门与居民部门的差异主要体现在个体工商户上，那么，高达 11 万亿元的收入差距，很难解释为个体工商户可以创造出来那么多的利润。如 2014 年非金融企业部门的可支配收入只有 11.63 万亿元，政府部门的可支配收入只有 12.16 万亿元。

消费被低估

居民可支配收入被低估，可以从逻辑上推断全社会消费能力被低估。统计年鉴中与消费有关的科目主要包括：社会消费品零售总额和 GDP 支出法下的居民消费支出。

社会消费品零售总额按产品分类包括商品零售、住宿餐饮零售和其他类（如部分制造业零售、汽油、化工品等），其中商品零售和住宿餐饮与 GDP 支出法下的居民实物消费支出可以近似替代，社会消费品零售总额中的其他类不在 GDP 消费核算之内。社会消费品零售数据大多通过联网直报形式获得，准确性较高，而且企业虚报和少报的动力并不大。

GDP 支出法下的居民消费支出分为实物消费支出和服务消费支出（教育、医疗和旅游等）两部分，主要根据《城市和农村居民家庭情况消费支出调查》来估算，同时参考了行业内部数据，如金融服务支出等。由于家庭调查数据与真实居民消费之间存在着较大的误差（影响因素包括样本选择技术、对于自有商品的定价、对服务业的统计不健全、有些家庭不愿意如实报告消费支出等），因此，GDP 支出法下居民消费支出数据也会面临家庭调查数据一样的误差，这需要做一定的修正。

GDP 支出法下的居民消费支出比社会消费品零售总额更能反映我国居民综合生活消费水平，但有很多被低估的成分。作者采用化整为零的方法，尽量还原真实的居民消费支出。首先，用社会消费品零售总额（商品、住宿和餐饮零售部分）增速对 GDP 支出法下的实物消费支出增速进行修正，得到 GDP 支出法下真实的实物消费支出，从而计算出被低估的实物消费支出（见图 1－27）。其次，根据服务消费的细分类，找到各项服务消费可能被低估的比例，从而大致判断出统计范围内被低估的服务消费支出。最后，将两者结合就可以得到居民消费支出总体被低估的数额，进而可以得到居民消费对 GDP 贡献被低估的比例。

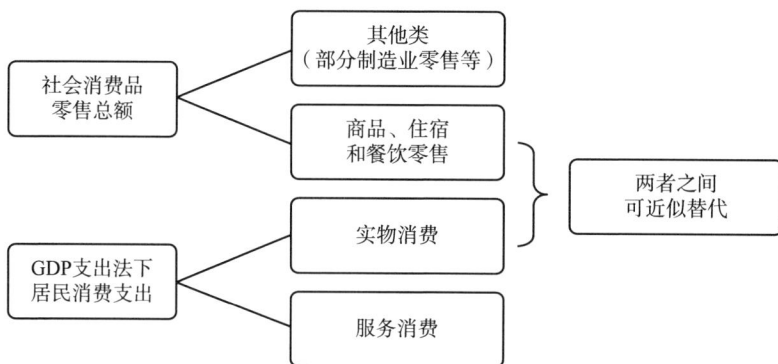

图 1－27　与消费相关的两种统计口径

■ 居民实物消费被低估，其中高端消费品被低估幅度较多

在实物消费中，食物和衣着等低端消费品被低估的幅度较少，主要被低估的领域存在于珠宝首饰、化妆品类及奢侈品等消费中，这部分消

费在 GDP 支出法项目下被归为其他类支出，从数据来看，这类消费占比非常少，明显可看出是被低估了的（见图 1-28）。

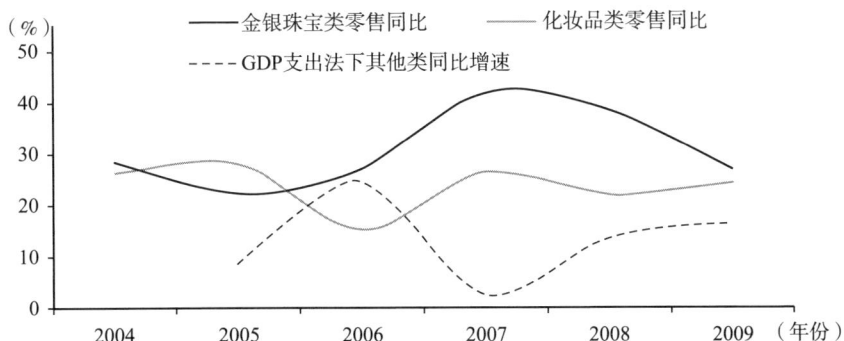

图 1-28　社会零售统计珠宝化妆品消费与 GDP 支出法下该项消费增速比较

资料来源：国家统计局，海通证券研究所。

把社会消费品零售总额（商品、住宿和餐饮零售）增速与 GDP 支出法下实物消费增速进行比较（见图 1-29），可以发现自 2007 年以来，支出法下消费增速明显低于社会消费品零售总额的增速。我们有理由相信零售数据的可靠性，因为零售数据大多是通过企业联网直报形式获得，准确性较高。那么 GDP 支出法下的实物消费支出存在明显被低估现象，而且这种低估的规模在逐步拉大。

作者用社会消费品零售总额（商品、住宿和餐饮零售）增速对GDP 支出法下实物消费支出增速进行修正，得到 GDP 支出法下的真实实物消费支出，从而计算出被低估的实物消费支出。通过测算，2005～2010 年实物消费被低估的数额依次为：1586 亿元、1588 亿元、0 元、2071.1 亿元、4552.2 亿元、6568 亿元。被低估的实物消费支出占 GDP支出法下实物消费金额的 4%～10%（见图 1-30）。

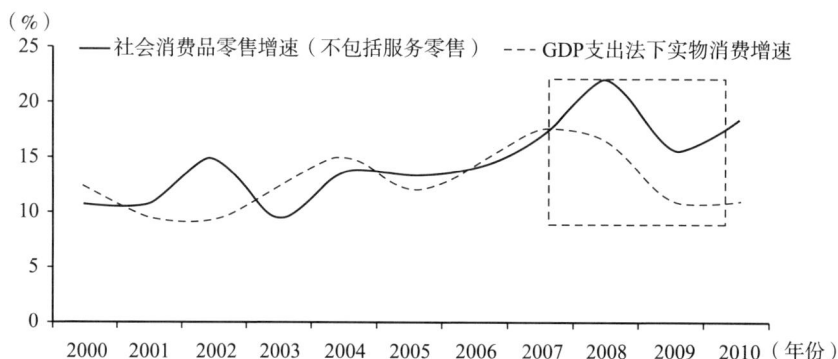

图 1-29　社会消费品零售增速与 GDP 支出法下实物消费增速比较

资料来源：国家统计局，海通证券研究所。

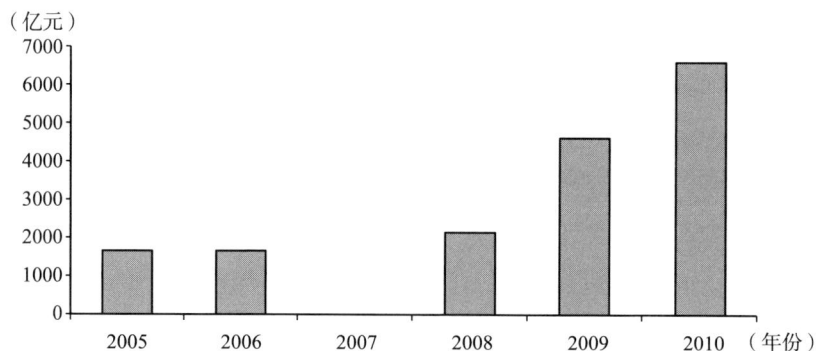

图 1-30　实物消费被低估金额

资料来源：国家统计局，海通证券研究所。

■ 居民服务性消费被低估程度更高

服务性消费支出被低估的可能性同时存在，并高于实物消费支出。仅可以统计的服务项目（居住和医疗保健等）就存在一定的低估，还有许多较难统计或无法统计的服务性消费如雇用保姆开支、美容保健等费用、付给医生的红包和孩子择校费等。此处主要估算可以统计的服务项目，对于无法统计的服务性消费，只能通过定性分析其被低估的数量。

GDP 支出法下服务性消费大致包括：居住、医疗保健、文教娱乐用品及服务、交通和通信、金融保险服务。其中，金融保险服务因是从金融业相关报表数据中计算而得，存在低估的可能性较小；交通和通信费主要来自家庭调查，存在灰色收入的可能性较小，因此被低估程度不大。

我们重点关注文教娱乐服务、居住和医疗保健支出这三项。

第一个被低估的项目是文化教育和娱乐用品及服务类，其中包括旅游消费。该项被低估的可能性非常大，因为近些年旅游消费支出呈现爆发式增长，而 GDP 支出法统计下该项总额较低。若比较 GDP 支出法下文化娱乐消费支出与国家统计局公布的国内公民旅游业收入，将会惊讶地发现是国内旅游业收入大大高于 GDP 支出法下统计的文化娱乐消费额，这说明文化娱乐这部分消费是被严重低估了。根据我们的测算，2004～2010 年文化教育和娱乐用品及服务类被低估的支出分别为：3125.2 亿元、3465.6 亿元、4119.2 亿元、5160.3 亿元、5821.2 亿元、6708.1 亿元以及 8203.8 亿元（见图 1-31）。

（10亿元）

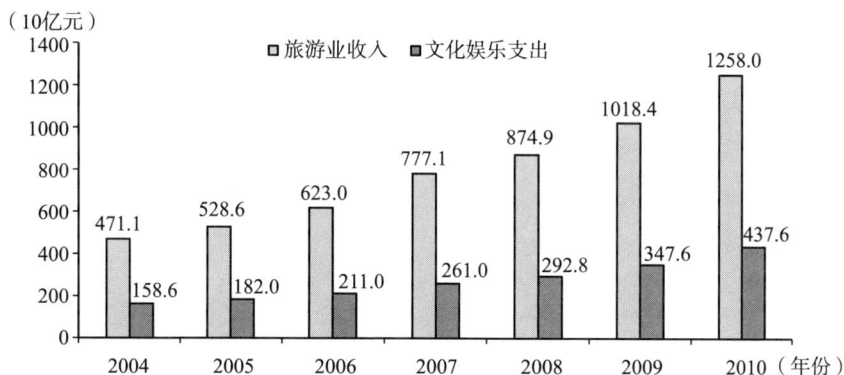

图 1-31　旅游业收入与 GDP 支出法下文化娱乐消费支出的比较

资料来源：国家统计局，海通证券研究所。

作者使用国家统计局公布的 2014 年消费支出及旅游方面的数据进行分析。中国居民 2014 年消费支出为 19.8 万亿元（人均消费乘以人口数量），其中现金消费为 16.4 万亿元（说明还有 3 万多亿元消费是自给自足的），而居民境内旅游花费 3.03 万亿元，境外消费超过 1 万亿元（国家旅游局数据，世界旅游组织的数据为 1650 亿美元，折合人民币为 10230 亿元）。也就是说，国内居民的旅游总支出超过整个消费支出的 20%（或现金消费总额的 25%）。如果所有数据都是真实的话，那么，中国居民的旅游支出比重过高了。作为中等收入国家，衣食住是消费主体，即便是美国等发达国家，旅游支出占整个消费支出的比重也不会高于 15%。美国的消费支出结构中（2012 年数据），住房占 33%，交通占 17%，娱乐只占 5%。中国的恩格尔系数（食品饮料消费在总消费中的比重）比美国高出 1 倍以上（2012 年数据），以此推论，中国的旅游消费支出占比也应该远低于美国。

根据上述推论，如果国内居民旅游总支出并不会超过整个消费支出的 20%，而且公式中分子的数据靠得住的话，那么，分母就靠不住了。而分母的大小又取决于另外一个数据，即中国居民的可支配收入，因为只有收入增大了，消费才能增大。2014 年，美国的人均可支配收入为 3.8 万美元，如果这一数据能客观地反映真实水平（贫富差距过大，被平均了），我们算中位数为 3 万美元，折合人民币也有 19 万元左右。而国家统计局公布的 2014 年占城镇人口 20% 的最高收入群体的可支配收入是 6.16 万元，只有美国中位数收入的 1/3。中国这部分高收入群体的人数大约为 1.47 亿，不足美国人口的一半。但为何 2014 年中国出境游的人数超过 1 亿人次，而美国大约只有 6000 多万人次，境外消费水平也超过美国人呢？显然，中国高收入群体的实际收入存在低估嫌疑。

　　第二个被低估的项目为居住类，GDP 支出项目下的居住类消费支出包括住房、水电燃料、住房装潢等。居民住房服务包括租房和自有住房两种形式，租房服务消费按承租者支付的租金计算，自有住房服务消费因为租金市场不健全而难以市场化定价，我国的自有住房服务消费按成本法计算，即包括当期发生的房屋维修支出、折旧费、物业管理费。近年来，我国房地产价格上涨较快，房屋租金也随之上涨。在这种情况下，较早期购入的自有住房消费按成本法计算会比按市场租金计算有一定程度的低估。

　　根据国家统计局彭志龙估计（2008），我国自有住房服务消费占当年居民消费的 7.4%，如果加上居民租房服务消费，居民住房服务消费占当年居民消费支出的 7.9%。同期美国、日本和韩国居民住房服务消费与当年居民消费支出之比分别为 15%、14.14%、16.94%（见图 1 – 32），而且这三个国家过去 6 年内住房服务消费占居民消费比重基本维持在 15% 左右。由此，根据各国平均水平，作者认为中国居住类消费被低估了 7% 左右。

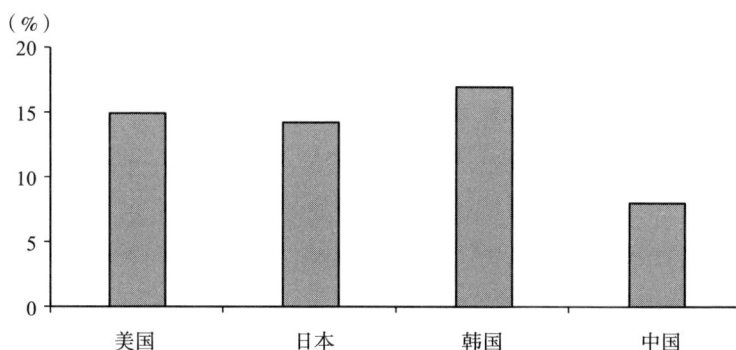

图 1 – 32　2008 年各国住房消费占居民消费比重

资料来源：国家统计局，各国政府网站，海通证券研究所。

第三个被低估的项目为医疗保健支出。作者比较了国家卫生部门统计的卫生费用与 GDP 支出法项目下的医疗保健支出，发现近年来两者之间也存在 35% 左右被低估的情况（见图 1 – 33）。当然，还有一部分隐性的医疗保健支出（如送红包等）是无法统计的，作者认为实际的医疗保健支出要大于统计公布数值。

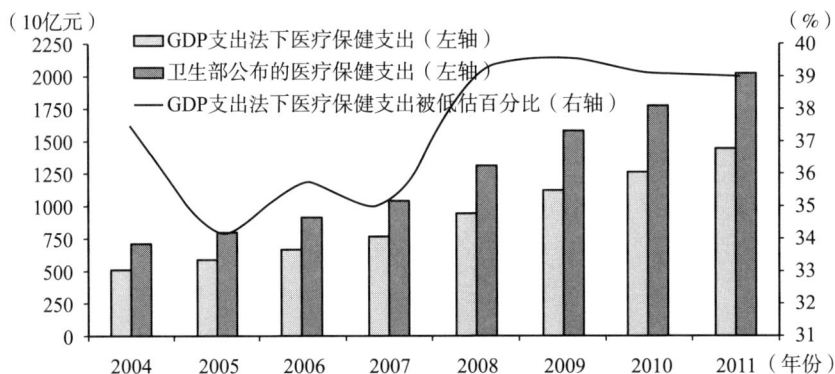

图 1 – 33　GDP 支出法下医疗保健支出被低估情况

资料来源：国家统计局，海通证券研究所。

作者把调整后的服务性消费与 GDP 支出法下的居民服务性消费相比（见图 1 – 34），得到 2004 ~ 2010 年被低估的居民服务性消费支出分别为：5724.8 亿元、6293.1 亿元、7524.5 亿元、9047.1 亿元、10889.7 亿元、12622.4 亿元和 14752.3 亿元，被低估支出占服务性消费支出的比例为 18% ~ 21%。

■ 一些无法统计的服务性消费

除去统计上可以得到的服务性消费被低估的数值，还有许多服务性消费是无法统计的，只能从定性角度来加以分析。无法统计的服务消费可能发生在某些餐饮、娱乐、旅游休闲、保健、家政服务等服务业的子

（亿元）

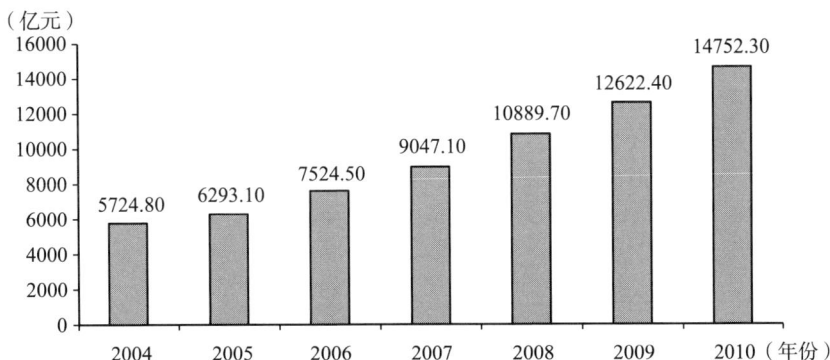

图 1－34　服务消费被低估金额

资料来源：国家统计局，海通证券研究所。

行业中，因为这些行业集中度很低，年主营业务收入 200 万元及以上的企业占比很低，故被纳入全面统计范围的企业样本占比很低，限额以下企业的营业收入则通过抽样调查获得。

以餐饮业为例，根据国家统计局数据，2011 年限额以上餐饮住宿企业的餐饮收入占全国餐饮收入的 31%，而实际占比可能更低。为了少纳税，即便是限额以上企业也存在少报营业收入的动机。如国家统计局公布的 2011 年餐饮收入额为 2.054 万亿元，这显然被低估了，例如，美国 2011 年的餐饮收入额为 3.8 万亿元人民币，作为一个崇尚美食文化且在当年公款吃喝尚盛行的 13 亿人口大国，其餐饮消费怎么可能远少于只有 3 亿多人口的美国呢？据统计，中国大部分高档星级宾馆的餐饮收入超过住宿收入，这也是西方国家宾馆难以企及的，足见中国餐饮业之繁华。

奢华消费也存在低估现象。例如，2011 年汽车整车进口 103 万台，同比增长 28%，进口报关金额 432 亿美元，同比增长 40%，进口额增长远高于进口量增速，而同年国内轿车销量仅增 5% 左右。根据澳门统计及普查局的数据，2002～2011 年 9 年中，澳门博彩业收入从 235 亿澳门元上升至 2691 亿澳门元，增加了 10 倍（见图 1－35），此外，2010 年的收入已经是拉斯维加斯博彩业的 4 倍。而在澳门消费的主体人群来自大陆，这一数据既说明中国服务类消费规模惊人，另一方面，也折射出高收入群体这些年来收入涨幅惊人。

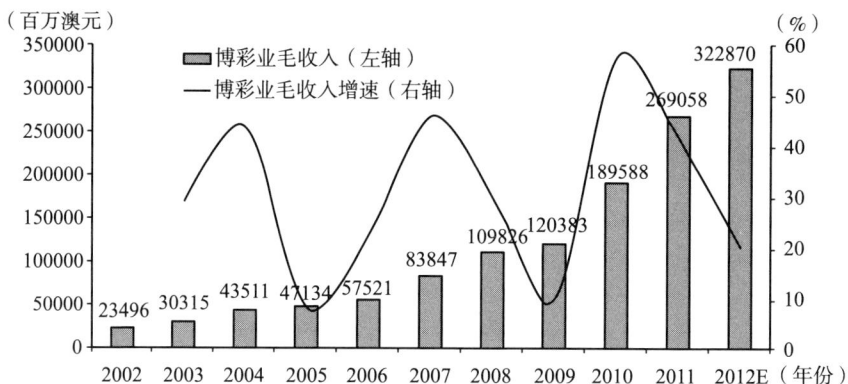

（百万澳元）

博彩业毛收入（左轴）
博彩业毛收入增速（右轴）

图 1－35　2002～2011 年澳门博彩业毛收入增幅

资料来源：澳门特区政府统计署，海通证券研究所。

■ 居民总消费支出对 GDP 的贡献被低估程度逐年增加

通过加总被低估的居民实物消费和服务性消费，就得到总的被低估的居民消费支出。作者将 GDP 向上修正，修正后 GDP ＝ 原 GDP ＋ 被低估的消费支出（先假定固定资产投资没有被高估），通过计算修正后居民消费支出占修正后 GDP 的比重，得到修正的居民消费支出占 GDP 比重，并与统计局公布的居民消费占 GDP 比重进行对比，得出居民消费支出占 GDP 比重被低估约 2%（见图 1－36）。从修正后消费和投资与 GDP 占比情况看，2004～2011 年消费占比都明显高于投资占比。

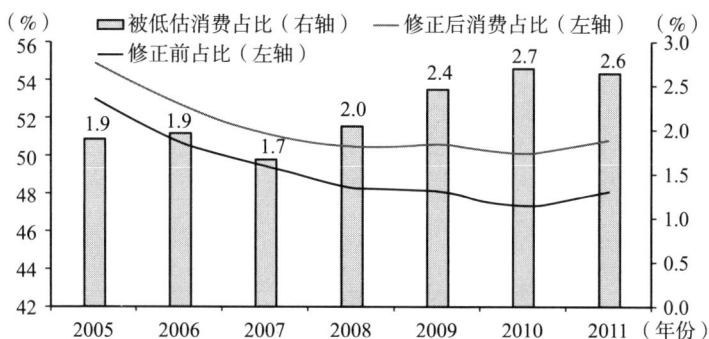

图1-36 投资没有修正情况下居民消费支出占GDP比重被低估约2%

资料来源：国家统计局，海通证券研究所。

作者假设固定资产投资被高估了10%，主要基于审计署绩效报告中固定资产投资被高估3.5%以及没有被审计出来的部分。作者将修正后的消费、投资、净出口对GDP的贡献率进行重新计算，并与统计局公布的修正前相应的数据进行对比，得到的结果令人信服（见表1-2）。经过修正，可以发现消费对GDP的贡献被低估了，投资对GDP的贡献则相对被高估了，2005年、2006年、2007年、2008年、2011年消费对GDP的贡献都超过了投资，2009年和2010年出现投资贡献超过消费的情况，主要是因为4万亿投资拉动的作用。

表1-2　　　　　修正前后消费、投资、净出口对GDP的贡献　　　　单位：%

年份	修正前			修正后		
	消费	资本形成	净出口	消费	资本形成	净出口
2005	43.67	33.00	23.33	47.62	29.33	23.05
2006	38.68	43.00	18.32	42.53	39.01	18.46
2007	43.30	41.27	15.43	45.07	38.80	16.12
2008	42.47	55.81	1.73	49.27	49.04	1.69

续表

年份	修正前			修正后		
	消费	资本形成	净出口	消费	资本形成	净出口
2009	46.07	83.20	-29.27	56.60	71.25	-27.85
2010	41.85	56.73	1.41	49.04	49.59	1.37
2011	52.37	52.57	-4.93	57.47	47.48	-4.95

资料来源：海通证券研究所。

总体看，用支出法计算的 GDP 增长因子中，消费都略低于投资。作者通过定量分析的测算，找到了统计口径中消费支出被低估的部分，特别是发现 2009 年消费支出对 GDP 的贡献被低估了 10% 左右。这一结论没有考虑消费中无法估算的部分，如果综合各种消费被低估的因素和投资被高估的因素，则可以确信消费对经济增长的贡献会大大超过投资。

内需不足并不能完全归咎于高储蓄率

中国的国民储蓄率位居全球最高之一，且很多人把高储蓄率的成因归咎于社会保障体系不健全下的子女教育、婚嫁和防病养老等需求。中国的高储蓄率甚至为发达国家诟病，认为是发达国家贸易赤字的原因之一。但事实并非如寻常想象的这样简单。中国百姓的实际储蓄水平并没有表面数据反映的那么高，尤其是中等及中等以下收入的居民。

储蓄可分为金融储蓄与实物储蓄

如果对经济学意义上的"储蓄"或"储蓄率"计算方法不了解，就很容易对储蓄率的概念产生误解。经济学上的"储蓄"通常是广义的，包括银行存款、手头持有的现金、基金银行理财产品及其他理财产品、保险等金融投资，还包括买房、购买农用设备等固定资产投资，前者可以概括为"金融储蓄"，后者则可统称为"实物储蓄"。另外，一些以投资为目的的商品交易实际也被纳入消费的统计中，如金银珠宝等的投资，故实际的实物储蓄水平应该比统计意义上的实物储蓄更高。

根据国家统计局提供的"资金流量表"推算，2008 年居民的金融储蓄约 5 万亿元，实物储蓄约 2.18 万亿元。为了便于统计，通常用"总储蓄 = 总可支配收入 − 总消费支出"来计算，仍以 2008 年为例，居民总储蓄 = 18.24 − 11.06 = 7.18（万亿元）。至于储蓄率，则通常有两种表述方法，一种是总储蓄除以总可支配收入，另一种是总储蓄除以 GDP。

中国的高储蓄率源自政府、企业和 10% 的高收入阶层

所谓的中国高储蓄率，一般是指国民储蓄率，它是政府储蓄、企业储蓄和居民储蓄之和，再除以总可支配收入或 GDP，如 1992 年国民总储蓄与总可支配收入之比为 36.3%，基于同一口径，2008 年国民储蓄率达到 51.3% 的历史高点，储蓄率快速上升主要是由于政府和企业储蓄的增加，而居民储蓄占 GDP 比重一直维持在 20% 左右。即便是国民总储蓄率中贡献最少的部分，居民储蓄率也还是被高估的，因为我国居民可支配收入如前所述存在明显低估现象，这导致居民储蓄率的分母被估小了。同时，由于收入过于集中，对大部分普通居民而言，他们的家庭储蓄率并不高。因此，中国的高国民储蓄率是因政府和企业储蓄高导致的，居民储蓄相对来说并不高，而且居民储蓄率还因为居民可支配收入存在低估现象而被高估了。

既然国民高储蓄率背后的事实是普通百姓的储蓄率并不高，那么高储蓄率导致内需不足的判断和推论也应该不成立。

居民收入差距过大，导致城乡居民中金融储蓄和实物储蓄总额的很大部分属于少部分人。中国银行业从未披露城乡居民存款的结构，比如，存款额在1000万元以上、100万～1000万元、10万～100万元、10万元以下的储户数量各为多少，但我们可以根据国家统计局公布的居民收入数据来大致推算不同收入阶层的存款占比。

以2008年为例，我国城镇居民中10%最高收入户的人均可支配收入公布数为43613.75元（修正前），则按当年城镇人口为6.0667亿推算，城镇10%最高收入群体的可支配收入总额为2.65万亿元，假定修正后城乡居民可支配收入总额被低估的5.24万亿元中80%属于10%的城镇最高收入群体，则这部分群体（占总人口4.57%）的可支配收入总额为6.84万亿元，即占中国居民可支配收入总额的37.5%。需要说明的是，由于国家统计局修正后的可支配收入总额数据仍可能存在低估，故实际收入差距更大。换言之，导致中国居民高储蓄率的重要因素是少数人暴富的结果，大部分人的储蓄规模很小。

高收入阶层的投资倾向高于边际消费倾向，拉动资产价格上涨

目前，我国城镇最高收入10%的居民与最低收入10%的居民实际收入差距为24倍左右。不同群体收入差距的扩大，决定了彼此的恩格尔系数差异很大，占居民可支配收入总额近40%的少数人（占总人口比重不足5%），由于边际消费倾向较低，其消费生活必需品的比重也低，而实物投资的比重较高，如购房、买黄金等的比重较高，导致这些投资品价格不断攀升。因此，从货币流量的角度看，被追逐的实物货币流量越大，其价格涨幅也将越大。如对费雪的货币方程式进行变换：

$$MV = PQ = P_1Q_1 + P_2Q_2 + P_3Q_3 + P_4Q_4 + \cdots$$

其中：M表示货币供应量；V表示货币流通速度；P表示总体价格

水平；Q 表示最终产品数量；P_1Q_1 表示实物 1 的价格与数量之积。那么，当有足够大量的货币等量流入实物 1、实物 2、实物 3……时，越是数量少的实物，其价格应该越高。由于高收入阶层收入占比很大，为了让货币性收入不至于贬值，就有动力把货币性收入换成具有一定稀缺性的实物资产，而中低收入阶层则相对缺乏这种能力，收入主要用来满足日常的购物需求，故相对少的货币收入流入并不匮乏的生活用品领域。这就可以解释住房、黄金、珠宝玉器、艺术品等上涨幅度远大于日常用品（可用 CPI 代表）的原因，或者在某种程度上也可以解释以中等收入群体为主体的股市表现不佳的原因。

总结而言，过去十多年来货币超发而通胀不显著的原因，就是超发的货币大部分变成政府、企业和少数居民的储蓄，流入普通居民口袋里不多，而边际消费倾向较高的是中低收入群体，投资率较高的则是高收入群体，故货币超发要传导到生活必需品的价格上，存在一定时滞。这同样可以解释过去十多年来奢侈品消费增长惊人的原因（见图 1-37）。

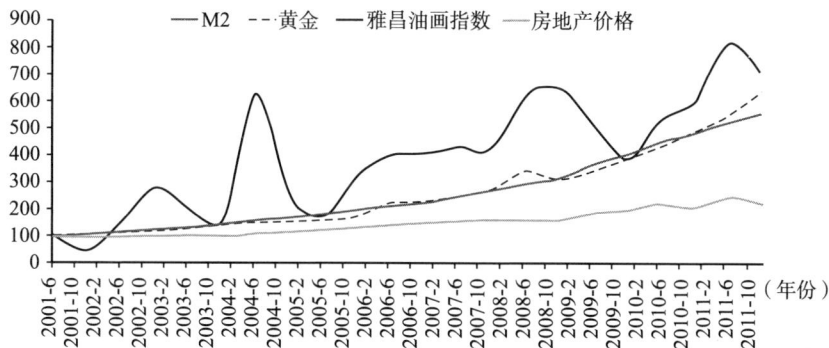

图 1-37　过去 10 年各类实物资产价格增速与 M2 增速相当（2001 年 6 月 = 100）

资料来源：CEIC，海通证券研究所。

2012 年：实物投资高收益率时代短期内接近终结

尽管高收入群体收入的快速增长一定程度上导致了结构性问题凸显，但在 GDP 高增长的 30 多年中，结构性矛盾并没有明显地阻碍全社会内需的增长，社会消费品零售总额的名义增幅要超过名义 GDP 的增长率。

奢侈品消费的增速更是惊人。有关数据表明，1998～2008 年中国奢侈品消费增长了 10 倍，2009 年之后增速开始放缓；2011 年伦敦黄金现货上涨 10.16%，由于黄金等贵金属价格波动的国际联动性，随着国际金价见顶回落，中国黄金价格也在 2011 年 7 月后出现回落调整；中国艺术品市场 2011 年成交额 934 亿元，比 2010 年 573 亿元成交额高出 63%，但与春季艺术品拍卖市场天量成交相比，2011 年秋拍的交易量则明显回落，中国艺术品综合指数在 2011 年的涨幅据称只有 6%，10 月之后也呈现上涨乏力的走势；从与实体经济相关度较大的有色金属铜的走势看，2011 年伦敦铜的跌幅为 21%，国内现货价格的跌幅也达到 20%，呈现先扬后抑、9 月份之后加剧回落的过程。从上述这些实物投资品 2011 年的走势看，基本上都呈现下半年回落拐点显现的现象。

从短期看，黄金、艺术品、铜等实物投资品先扬后抑的走势与 2011 年下半年 CPI 开始回落、M1、M2 增速回落、GDP 增速回落似乎一致；从长期看，实物投资品经历了长期上涨之后，这轮回落也有点去泡沫的感觉，但要确认实物投资的长期回落拐点实属不易，而今后相当长时间经济增速回落到 9% 以下与 M2 增速回落到 15% 以下，则是大概率事件，故据此可以大致推断，即便实物投资品的价格走势拐点还没有出现，其高收益率时代在短期内也已接近结束了。

实物资产的高收益时代结束，是否与 2009 年开始中低收入群体收入增速超过高收入群体有关呢？

虽然作者认为统计局低估了居民可支配收入总额，但相对指标变化是基于同一样本的观察，可以过滤绝对指标的误差，故仍具有参考性。图 1 – 38 表明，自 2009 年起中低收入群体的收入增速超过了高收入群体，且最低收入 10% 群体的收入增速要超过最高收入 10% 群体 4 个百分点。2009 年不仅是城镇居民中低收入群体收入快速上升的起点，而且还是农村居民收入超过城镇、中西部地区居民收入快速增长的起点。这一现象发生的背景是全国性低端劳动力短缺，各省纷纷上浮最低工资标准，而最根本的原因，还在于中国经济经历了那么多年不均衡发展之后，经济结构自我调整、修复的机制开始发挥一定作用。这实际上是内需对经济增长贡献度上升的标志。

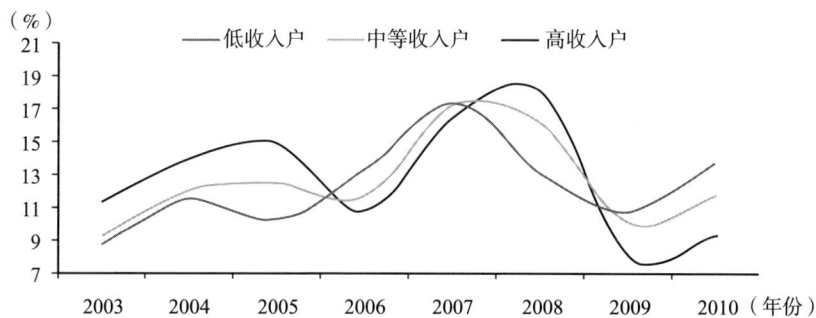

图 1 – 38　中国城镇不同收入群体的人均可支配收入增长率

资料来源：国家统计局，海通证券研究所。

中国能实现区域均衡发展吗？

20 世纪 90 年代末以来，政府不断提出"扩内需、促消费"，并希望区域经济实现均衡发展，为此推出了一系列区域发展优惠政策。然而，在过去十几年，中西部地区与东部地区的差距未能明显缩小。从投资效率看（单位固定资产投资对应 GDP 产出），中西部地区远低于东部地区，如西部地区单位固定资产投资所产出的 GDP 从 2000 年的 2.8 元下降至 2010 年的 1.32 元，2015 年之后，贵州、青海等省份降至 1 元之下。而东部地区的产出率都在 2 元以上，上海更以产出率 3.36 元遥遥领先。20 多年来，中西部地区投资规模超前并被给予了诸多优惠政策，其结果却是投入产出比不断下降，投资效率低下，可以引出对区域均衡发展战略或落后地区大开发的几点思考：

区域振兴政策已经变成"普惠制"

改革开放初期，我国采取了沿海地区优先发展的经济发展战略，三十年之后再审视这一战略，确实非常成功，全国 GDP 以年均接近 10% 的速度增长，堪称经济奇迹。但在区域均衡发展方面，却与当初设想的通过沿海地区发展来带动中西部地区梯次发展的所谓"雁行发展模式"或"梯度发展模式"相距甚远，表现为东部沿海地区与中西部地区经济发展差距的拉大。为此，政府为缩小地区间的不平衡作了不懈努力。比如，我国政府在 1999 年就提出并实施了"西部大开发"战略，采取了十大优惠政策，确实对西部经济发展起到了积极的推动作用；2003 年，开始实施振兴东北老工业基地的发展战略；2006 年，推出"中部崛起"计划。这些促进区域发展的战略，事实上已经涵盖了除东部沿海地区之外的所有地区。即便在东部沿海地区，政府同样对发展相对滞后的区域推出了发展促进政策，如对环渤海地区和海峡西岸的发展同样赋予了优惠政策。局部的区域鼓励扶持政策几乎变成了"普惠制"。据不完全统计，2008～2012 年国务院批准了 19 个区域振兴规划（见表 1-3），大家对政策效应的预期也在递减。

表 1 - 3　　　　　2008 年以来经国务院批准的区域振兴规划

推出时间	区域振兴计划	受惠地区
2008 年 1 月	广西北部湾经济区发展规划	广西
2008 年 3 月	天津滨海新区综合配套改革试验总体方案	天津
2008 年 12 月	珠江三角洲地区改革发展规划纲要	广东
2009 年 2 月	关于推进重庆市统筹城乡改革和发展的若干意见	重庆
2009 年 4 月	上海建设国际金融和国际航运两个中心	上海
2009 年 5 月	建设海峡西岸经济区	福建
2009 年 5 月	成都市统筹城乡综合配套改革试验总体方案	四川
2009 年 6 月	江苏沿海地区发展规划	江苏
2009 年 6 月	横琴总体发展规划	广东
2009 年 6 月	关中—天水经济区发展规划	甘肃
2009 年 7 月	辽宁沿海经济带发展规划	辽宁
2009 年 9 月	促进中部地区崛起规划	中部六省
2009 年 11 月	图们江区域合作开发规划纲要	吉林
2009 年 12 月	海南旅游岛规划	海南
2010 年 5 月	长江三角洲地区区域规划	上海、江苏、浙江
2011 年 5 月	成渝经济区区域规划	成都、重庆
2011 年 11 月	河北沿海地区发展规划	秦皇岛、唐山和沧州
2012 年 3 月	陕甘宁革命老区振兴规划	陕西、甘肃和宁夏 67 个县
2012 年 3 月	东北振兴"十二五"规划获批	东北三省

资料来源：政府网站，海通证券研究所。

产业转移由东向西可否持续

　　中国沿海地区之所以能够保持那么多年的高速发展，与中国出口导向型经济模式的成功密切相关，这是中国在改革开放之初没有预料到的奇迹。整个 20 世纪 80 年代，我国先后设立了深圳、厦门、珠海、汕头和海南五个经济特区及 14 个沿海开放城市，都是旨在引进外资，以解决中国发展制造业的资金缺口问题和学习先进的管理技能。在这一过程中，中国的优秀人才和低廉的劳动力纷纷流向沿海发达地区，形成了以深圳—东莞—广州为核心的珠江三角洲和以上海—苏州—杭州为核心的长江三角洲两个经济发展带。然而近一段时间，由于加入 WTO 享受的制度红利逐步消退和全球经济复苏进程缓慢，东部沿海的经济增长受出口不振的拖累，加上土地、劳动力等要素价格的上升，加大了如长江三角洲和珠江三角洲这两个增长极中心城市的投资和经营成本。

因此，产业升级和产业转移是合乎逻辑的必然之举，如广东省就提出了"腾笼换鸟"的产业升级和产业转移的构想。但产业如何升级，又如何转移出去，却是经济学逻辑难以逾越的现实障碍。所谓双转移，是广东省政府提出的产业转移和劳动力转移的统称，具体是指珠三角劳动密集型产业向东西两翼、粤北山区转移；而东西两翼、粤北山区的劳动力，一方面向当地二、三产业转移，另一方面其中的一些较高素质劳动力，向发达的珠三角地区转移。但这一政府一厢情愿的省内产业转移是否能顺利推进，很值得怀疑。一是产业转移能否抵消运输成本的增加，是否会失去规模经济和产业聚集的扩散效应？如东莞原先的产业配套和集聚效应已经成为世界楷模，如果实施产业转移会否弄巧成拙；二是产业升级是否具备人才和研发优势？如长江三角洲地区技术人员总量是珠江三角洲的两倍多，而在 2011 年，广东省用于研发支出资金只占地区生产总值的 1.85%，同期上海为2.9%，全国平均水平为 1.9%；三是广东之所以能够成为中国 GDP第一大省，就是靠发展低附加值产业，而中国之所以能够成为全球GDP 排名第二的大国，也是靠发展低端制造业。这是全球分工的结果，也是当地政府少干预市场的明智之举。从目前广东的情况来看，"腾笼换鸟"已经有了更多的替代词，如"扩笼壮鸟"、"改笼育鸟"，双转移也变成了"就地升级、就近转移"，说明市场的力量还是强于政府的计划。

从第二次世界大战后全球产业分工变化特征看，确实存在制造业由欧美向日本，由日本向"四小龙"，再由"四小龙"向中国东部沿海转移的过程，但下一步是否存在向内陆中西部地区转移的必然逻辑呢？据中国香港工业总会的一项调查表明，90%的受访企业不愿离开珠三角地区，他们认为产业转移后的最大问题是运输成本的上升，其次是技术工人的短缺，最后是内地缺乏如珠三角那样的完整产业配套。从全球制造业的转移特征看，基本上都是沿着海岸线转移的，因为海运成本是最低的。目前全球四大制造业大国中，德国有1200多公里的海岸线，而日本和韩国本身就是岛国，中国的制造业主要集中在东部沿海。全球的产业布局和分工与地理环境具有很强的相关性，当我们在筹划沿海地区的制造业沿长江向内地转移的时候，是否也应该注意到越南、印度尼西亚等国家更具有成本优势呢？目前的现实是，沿海地区大部分企业自身还不愿意放弃低端产业，甚至不愿意在省内进行产业转移，其本质还是各生产要素的综合成本问题。

中西部地区是否具有产业转移的承接力

均衡发展是包括决策者在内大部分人的共同愿望，包括地区间均衡发展、城乡均衡发展等。事实上，2000年以后政府在促进西部、东北和中部地区的发展方面已经做了很大努力，表现为中央财政的转移支付和提供各项优惠政策，如2001~2010年，西部地区的固定资产投资规模在全国的占比从16.37%提高到了19.58%，中部从14.86%提高到17.14%，东部地区从54.9%降至51.9%（见图1-39）。但这些地区固定资产投资规模的逐年上升并没有带来相应的经济繁荣。

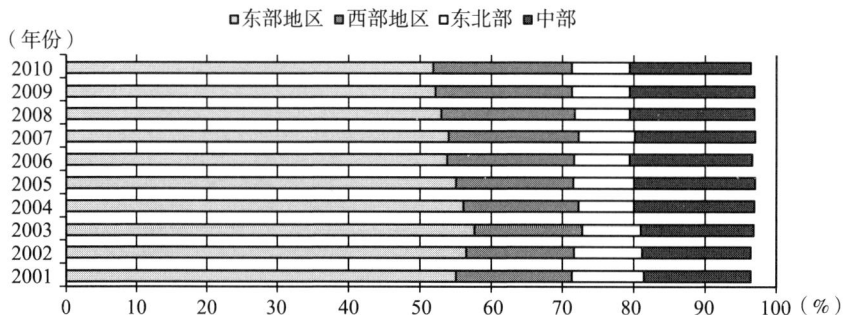

图 1－39　2001～2010 年各地区固定资产投资占比变化

注 1：加总没有达到 100%，是因为有部分地区统计局没有划分到这四个部分中去。

注 2：自 2005 年起，统计上东中西和东北地区的分组方法是：东部地区包括北京、天津、河北、上海、江苏、浙江、福建、山东、广东、海南 10 个省市；中部地区包括山西、安徽、江西、河南、湖北、湖南 6 省；西部地区包括重庆、四川、贵州、云南、西藏、陕西、甘肃、青海、宁夏、新疆、内蒙古、广西 12 个省区市；东北地区包括辽宁、吉林、黑龙江 3 省。本书除特别说明外，数据均不包括中国港澳台地区。

资料来源：国家统计局，海通证券研究所。

但中西部和东北地区多年来不断增长的固定资产投资却没有带来 GDP 的同比增长，总体竟然是不升反降，如 1993～2010 年，东部地区的 GDP 占比从 49.53% 上升至 53.1%，而西部、东北部和中部地区却均有所下降（见表 1－4）。同样，中西部和东北地区的投资高增长也没能带来居民收入的大幅度提升，而且从绝对额看，与东部地区的差距仍在扩大。以居民储蓄这个比较真实的数据变化为例，从 2005 年底到 2010 年底，东北的居民储蓄余额只增加了 0.77 倍，而西部和中部地区与东部地区差不多，均增长了 1 倍左右，但绝对差距却从原先的三地区储蓄余额合计低于东部 1.6 万亿元，扩大到了 2.8 万亿元。

表 1－4　　　　　2001～2010 年各地区 GDP 所占比例　　　单位：%

年份	东部地区	西部地区	东北部	中部
1993	49.53	18.89	11.50	20.08
1994	50.38	18.56	11.05	20.01
1995	50.97	18.05	10.32	20.66
1996	50.97	17.82	10.09	21.12
1997	51.11	17.66	9.94	21.30
1998	51.54	17.57	9.96	20.93
1999	52.21	17.38	9.92	20.49
2000	53.54	17.35	9.92	19.19
2001	53.96	17.26	9.71	19.07
2002	54.50	17.19	9.49	18.82
2003	55.26	17.02	9.14	18.58
2004	55.38	17.07	8.68	18.87
2005	55.48	17.11	8.62	18.78
2006	55.49	17.33	8.50	18.68
2007	55.06	17.58	8.42	18.94
2008	54.13	18.14	8.52	19.21
2009	53.84	18.33	8.51	19.32
2010	53.10	18.63	8.58	19.68

资料来源：国家统计局，海通证券研究所。

　　因此，从 20 世纪 90 年代末开始实施的区域振兴政策，无论是西部大开发还是东北振兴或中部崛起，政府的投入和银行部门的信贷支持都是实实在在的，但投资效益却令人忧虑，投资报酬率在逐年递减。这种现象的发生，可以用规模经济和集聚效应来解释。

　　如从全球来看，世界一半的 GDP 是由占世界土地面积 1.5% 的地方创造出来的，而这么小的经济板块却居住着全球 1/6 的人口。同样，中国东部也只有国土面积的 1/5，却创造了一半以上的 GDP。因此，规模经济的特性就是集聚。根据世界银行的研究结论，经济密度增加 1 倍，生产率提高 6%，而与中心城市的距离增加 1 倍，利润就降低 6%。因此，大城市的集聚效应是最明显的，如纽约的地方生产总值超过美国所有的州，人均 GDP 也名列世界第二，深圳的出口额一度超过整个印度，而东莞更是成为全球规模经济中的神话：磁头和电脑机箱占全球的40%，覆铜板和驱动器占全球 30%，IBM、康柏、惠普、戴尔等电脑公司都把东莞作为重要零部件采购基地。中国服装的 1/5 出自东莞，羊毛衫年产 2 亿件以上，东莞还是中国家具的最大出口基地。所以，从历史上看，世界经济的增长就是靠局部来推动的，不均衡发展才是经济发展的常态。

以上这些数据和事例已经明确告诉我们，发展中西部地区容易导致规模不经济。事实上，中国中西部地区至少有一半以上的城市存在规模过小的问题，就连东部一些城市也不例外，规模过小导致产出率的下降。虽然目前中国的交通状况已经有了很大的改观，但经济学上的距离却不等同于地理学上的距离，或仅以传送速度来衡量的距离，它应该是衡量商品、服务、劳动力、资本、信息和观念穿越空间的难易程度，故中西部地区仅仅通过修建高速公路来吸引产业资本是远远不够的。

均衡发展战略带来的另一结果体现在中西部地方政府的负债率和当地银行的不良资产率均出现上升，降低了它们在未来承接产业转移的能力。据官方数据，中西部地区的地方债余额要超过东部地区，但合计财政收入却远低于东部地区，这意味着中西部地区的偿债能力不足，且财政预算要靠大量转移支付来平衡，以 2010 年东部地区人均一般预算收入总额为 100 单位为例，则中西部地区人均一般预算收入相当于东部的39% 和 48%，为此，需要中央财政进行转移支付，如 2010 年中央财政转移支付约 4.1 万亿元后，中西部地区的人均预算收入相当于东部地区的 72% 和 97%。但作为财政收入贡献第一大省的广东，人均财政支出却在全国各省区市中排 20 名之后，为 339 万外来民工子女教育增加的支出仅 170 亿元。中西部地区尽管投资规模和转移支付力度都大大增加，但其大部分地区的高投资由于缺乏规模经济效益，结果是投资低效益甚至亏损，如中西部地区 70% 的机场都是亏损的，高速公路的亏损率估计也超过 50%，其中 80% 的贷款靠银行。这样的高投资、高负债、高亏损率、高转移支付的游戏会持续到哪一年，会否最终拖垮东部？

　　能否形成规模经济的评判：城市竞争力和投入产出比

　　中国的城市化过程实际上就是经济集聚和规模经济的形成过程。目前，中国的城市化进程处于快速推进阶段，但究竟哪些城市最终会成为带动周边经济发展的增长极，我们可以从城市竞争力的角度来进行判断。中国社科院每年都会发布《中国城市竞争力报告》，从 2009 年、2010 年两年的综合竞争力（增长、规模、效率、效益、结构、质量）来看，前十大城市中除了中国香港、台北和中部的长沙之外，其余的都是东部沿海城市，如珠三角（深圳、广州）、长三角（上海、杭州）和京津地区（北京、天津）。其中最引人注目的还是珠三角地区，因其一些分项竞争力排序中领先的城市非常多，如东莞、深圳、广州和珠海均进入对外开放竞争力前十位，而东莞和佛山则在经济效率竞争力方面进入全国各大城市十强。而作为环渤海经济圈中的山东，也有不少城市进入分项竞争力指标的十强，如青岛、烟台、威海等。

　　相比之下，西部、中部和东北地区的城市入榜比例非常低，除了内蒙古的鄂尔多斯、包头等属于资源型的城市，或重庆、成都、合肥等中心城市入单项指标前十位外，其余城市大多排名靠后。尽管这些年来关于区域崛起的概念越来越多，如环北部湾经济区、长株潭城市群、成渝经济区等，但如果这些区域内的城市缺乏竞争力，那么何来资本流入和产业转移呢？我们发现，中国经济的投入产出比是在不断下降的，但下降最快、投入产出比最小的是东北部，2000 年开始的西部大开发使得西部的投入产出比进一步下降，从 1 单位投资创造 2.99 单位 GDP 下降至 2010 年的 1.57，而东北地区 2010 年投入产出比仅为 1.22（见图 1 –40）。

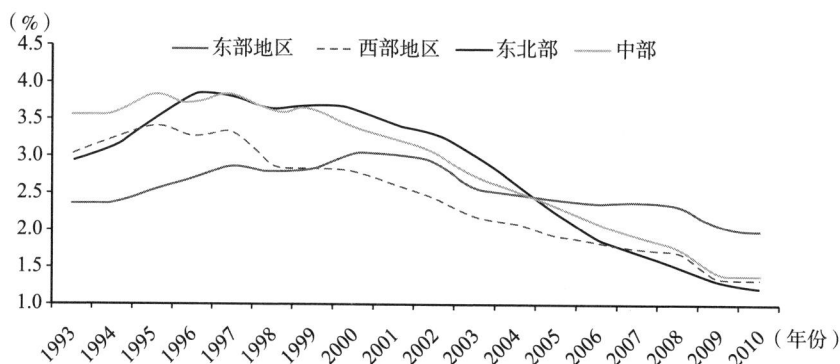

图 1 –40　1993 ~ 2010 年中国各地区经济的投入产出比

注：投入产出比为各地区 GDP 与固定资产投资之比。

资料来源：国家统计局，海通证券研究所。

在中国长期推行的城镇化战略下，中小城市数量增长过快，而大城市人口集聚度不足。如中国百万以上人口的城市占比过少，其人口只占所有城市人口的 47%，而全球的平均水平为 73%。中国的大城市化率不仅远低于亚洲"四小龙"，还低于印度、印度尼西亚等欠发达国家。

再看 2010 年各省区市的 GDP 相对于固定资产投资的投入产出比（见表 1 –5），超过 2 的分别是北京、上海、浙江、广东——无一例外的都是东部沿海地区，其中上海以 3.36 的高产出遥遥领先。

表1-5　　　　中国各省区市 GDP 与固定资产投资额之比　　　　单位：%

地区	2004 年	2005 年	2006 年	2007 年	2008 年	2009 年	2010 年
北京	2.39	2.47	2.46	2.52	2.91	2.63	2.61
天津	2.50	2.61	2.45	2.23	1.98	1.59	1.47
河北	2.63	2.42	2.10	1.98	1.81	1.40	1.35
上海	2.65	2.63	2.71	2.83	2.92	2.98	3.36
江苏	2.29	2.28	2.16	2.12	2.02	1.82	1.79
浙江	2.01	2.06	2.07	2.23	2.30	2.14	2.24
福建	3.04	2.83	2.54	2.16	2.08	1.96	1.80
山东	2.16	1.97	1.97	2.06	2.00	1.78	1.68
广东	3.21	3.23	3.33	3.42	3.39	3.05	2.95
海南	2.52	2.45	2.47	2.50	2.13	1.67	1.57
辽宁	2.24	1.92	1.64	1.50	1.36	1.24	1.15
吉林	2.67	2.08	1.65	1.45	1.28	1.14	1.10
黑龙江	3.32	3.17	2.78	2.51	2.27	1.71	1.52
山西	2.47	2.32	2.16	2.11	2.07	1.49	1.50
安徽	2.46	2.12	1.73	1.45	1.31	1.12	1.07
江西	2.02	1.86	1.80	1.76	1.47	1.15	1.08
河南	2.76	2.46	2.09	1.87	1.72	1.42	1.39
湖北	2.49	2.46	2.28	2.16	2.01	1.65	1.56
湖南	2.72	2.51	2.42	2.27	2.09	1.70	1.66
广西	2.78	2.40	2.16	1.98	1.87	1.48	1.36
内蒙古	1.70	1.48	1.47	1.47	1.55	1.33	1.31
重庆	1.75	1.79	1.62	1.50	1.46	1.25	1.18
四川	2.26	2.06	1.97	1.87	1.77	1.24	1.31
贵州	1.94	2.01	1.95	1.94	1.91	1.62	1.48
云南	2.39	1.95	1.81	1.73	1.66	1.36	1.31
西藏	1.36	1.37	1.26	1.26	1.27	1.17	1.10

续表

地区	2004 年	2005 年	2006 年	2007 年	2008 年	2009 年	2010 年
陕西	2.10	2.09	1.91	1.69	1.59	1.31	1.27
甘肃	2.30	2.22	2.23	2.07	1.85	1.43	1.30
青海	1.61	1.65	1.59	1.65	1.75	1.35	1.33
宁夏	1.43	1.38	1.46	1.53	1.45	1.26	1.17
新疆	1.93	1.94	1.94	1.90	1.85	1.57	1.59

资料来源：国家统计局，海通证券研究所。

此外，投入产出比也是衡量一个地区是否达到规模经济的重要指标，如单纯从各个省份 GDP 的增长率排序看，可发现内蒙古、宁夏、青海、新疆等地是比较领先的，但内蒙古主要靠矿产资源的开发来拉动经济增长，难以带动周边经济发展。而且，从投入产出比来看，这些省份几乎都排在末位，如内蒙古 2010 年固定资产投资额与 GDP 之比只有 1∶1.31，宁夏则更低，只有 1∶1.17。

环渤海区域中天津的 GDP 增速前三年都排在东部地区的前列，但是投入产出比却不高，非常值得关注。天津的良好地理环境和日益提升的城市竞争力都有利于其与北京等城市一起成为环渤海地区的增长极，这个增长极或许是继珠三角和长三角之后的新增长极，缺憾之处是辽宁和河北的竞争力相对较弱。而更值得看好的还是珠三角和长三角地区这两个增长极的扩散效应，如河源、惠州、清远等城市的崛起，使得珠三角在中国经济增长的龙头地位更加巩固，而安徽的合肥和芜湖如果也能吸引更多的资本和产业，则会使得长三角经济的辐射度进一步提高。

正如香港、台北、高雄等 20 世纪 70 年代崛起的城市至今仍保持强盛的竞争力一样，珠三角和长三角城市的规模经济和集聚效应还是非常具有优势的，但目前中国的大城市化率还是远低于全球水平，未来像上海、北京、深圳、广州、天津等这些城市的规模应该更大，人口、资本、技术、信息等将更集中。中国能够发展成为全球中等收入水平的国家，主要是靠东部地区规模经济的形成和大量的移民，如 2011 年底中国有 2.53 亿农民外出或就近打工。尽管这几年来中西部地区经济增长加速，但可否持续下去呢？无论是投资回报率、规模经济要求还是地方政府的财政状况，都很难支撑中国地区的长期高增长，故下一个能持续发展的区域还是在东部，产业转移和产业升级都应该在几个具有规模经济优势的区域内开展（主要集中在东部）。

同时，中国经济发展在地区间的不均衡将会维持下去，世界经济发展史也证明，崛起的区域总是集中在极小的地理范围内，只有这样，生产要素才能获得最佳配置。以劳动力要素为例，据 2011 年国家统计局数据，在中国外出农民工来源构成中，中部和西部地区外出农民工比重接近 70%；按输入地区来看，东部地区吸纳外出农民工占外出农民工总数的 65.4%，中部地区占 17.6%，西部地区占 16.7%。可见人力资本的流向主要是从中西部地区流向东部地区。过去十年来，广东已经成为人口第一大省，这就是移民流入的结果。假如中西部一些落后地区人口大量减少，则这些地区人均资源拥有量就会大幅增加，收入水平可以相应上升。

发达国家的经济集聚化过程值得我们借鉴，如德国汉堡的人均和每平方公里 GDP 分别超出东北部落后地区的 2 倍和 100 倍，但两个地区的福利却没有差异，人均收入水平也相差无几。而近年来，中国中西部地区与东部地区城镇居民的收入增长幅度几乎无差异，这意味着相对收入差距没有缩小，而绝对收入差距却在扩大。从资产要素流动的角度看，我国人力资源的主导流向与产业资本主导流向正好相反，人口向东、资本向西，这是否意味着生产要素的错配呢？发展战略制定上应该透过现象看实质，遵循市场化原则，顺势而为。期望国内所有落后地区的经济都能崛起是不现实的，但不同地区间居民收入的差距将会缩小，这主要是通过人口的自由流动、人力资源与其他生产要素的匹配度提高和政府的转移支付来实现。

此外，对于哪一个区域是否将崛起或持续发展，政府的引导和激励作用不容忽视，但也需要做客观评估，真正决定区域经济发展、壮大并最终鹤立鸡群的，还是市场的选择，比如温州并没有享受到政府太多的扶持政策，而它却成为全国的民间金融中心，决定着民间市场利率，温州每天飞机进出航班次甚至超过某些省会城市。这些都说明市场的诚信环境、私人资本牟利的本能，要比政府的战略规划更有力量。

（原文发表于 2012 年 5 月，本书对部分数据作了更新）

中国经济：相信奇迹还是相信逻辑

新中国成立后，中国经济最反常理的时期应该算是 1958 ~ 1960 年的大跃进时期，"人有多大胆，地有多大产"，"全民大炼钢铁运动"。新中国成立后的前三十年中，中国确实创造了不少奇迹，如原子弹、氢弹爆炸成功和卫星上天等，但代价是长期处于短缺经济之中，而在之后的三十年中，GDP 年均增长率高达近 10%，这样一个泱泱大国的经济增速如此之快，可谓奇迹。创造奇迹的逻辑是什么，还将怎样演绎下去，值得深思。

"要想富，先修路"的奇迹和逻辑缺陷

中国高速公路和高铁的增长速度堪称全球第一。高速公路从无到

有，到 2010 年末，中国从 1989 年修建第一条高速公路——沪嘉高速，总长十几公里，总里程达到 7.4 万公里，再到 2016 年总里程突破 13 万公里，位居世界第一。到 2020 年，估计我国的高速公路里程将达到 16 万公里，别国望尘莫及；而高铁的建设规划，原本是到 2020 年达到 1.6 万公里，结果变成"十二五"期间就要达到 1.6 万公里，这个总里程要超过所有发达国家高铁总里程之和，而世界最发达的国家美国居然还没有高铁。

中国在修路筑桥方面所创造的奇迹确实举世瞩目，也正是因为中国基础设施较为完善，使得过去那么多年来中国经济增长远超另一个大国印度。但问题在于，中国在基础设施建设上过多的巨额投入是否值得？有言道，"要想富，先修路"，交通所带来的极大便利确实也给贫困落后地区的经济发展注入了活力，但高速公路总体过剩的现象却早已产生。1997 年，日本每公里高速公路对应的汽车保有量为 12623 辆，韩国为 8414 辆，美国为 2257 辆，中国只有 609 辆。虽然到了 2015 年，中国乘用车的保有量大幅上升，每公里高速公路对应的汽车保有量也达到了 1572 辆，但还是倒数第一。今后中国汽车的保有量增速估计会放缓，但高速公路总里程还在迅猛增长。

相比高速公路的过剩，更应该发展的是高铁，但高铁的发展也使得铁路部门的负债总规模不断扩大。记得 2012 年中铁总负债已经超过 2 万亿元，拉高广义政府债务率约 5 个百分点，截至 2016 年底，中铁总负债 4.72 万亿元，比 2015 年底的 4.1 万亿元增长了 15.12%。4 年的时间里，铁路企业的债务规模就翻了一番。

"先修路"对于老百姓生活水平的提高到底起了多大作用呢？目前，我国城乡居民收入差距大约是 2.8:1，而 1990 年时只有 2:1。尽管城乡差距随着城镇化的推进、农业人口的大量进城有所缩小，但这主要靠农民非农收入的增长，"要想富，先修路"之说并没有取得明显效果，原因在于：只有经济集聚才能产生规模经济效应，贫困地区居民摆脱贫困最经济的方式就是迁移，发达国家的经济发展过程，其实就是人口迁移的过程。中国也是如此。过去 30 多年里，中国中西部地区人口不断向东部沿海地区迁移，促使广东成为全国人口第一大省。中国从一个低收入国家成为中等偏上收入国家，主要是靠规模达 2.5 亿的农业转移劳动力创造的财富，其中人部分是外出农民工。

在这场漫长的人口迁移过程中，高速公路和高铁并没有承载太多的外出农民工，大部分农民工承担不起高昂的交通费用，也无法等到高速公路或高铁通车之后才去外地打工，所以主要是通过国道往返于家乡与城市之间。高铁和高速公路的建设确实拉动了经济增长，带动了相关产业的发展，创造了可观的就业岗位，但同时也给中国带来了巨额债务。因此，无论从经济健康平稳发展的角度看，还是从财政支出的轻重缓急考虑，中国道路交通建设的"大跃进"是值得商榷的，"要想富，先修路"的逻辑存在一定缺陷。

不可持续的高增长奇迹终将触发体制改革

中国经济无论是过去的高增长，还是如今的中高速增长，主要表现为经济总量的增长，而增长的质量堪忧。中国经济总量增长中，投资增长的占比过高，居民消费的占比偏低，这种投资拉动型经济增长模式是由政府主导经济增长的行政体制决定的。尽管 2000 年以来中国每个五年规划都把 GDP 年均增长率的预期目标设在 7.5% 以下，表明已认识到经济增速过快会导致诸多问题，而且，早在 1995 年就提出了要转变经济增长方式，那么，为何这些提出来的目标最终难以实现呢？

这是因为目标提出之后并没有为实现该目标做相应的制度安排。这或许是因为 GDP 增长率目标属于预期性目标，故各地方政府不像对待节能减排、计划生育等约束性指标那样行事。由于地方政府拥有土地等资源，还有包括银行在内的下属国有企业以及给予优惠税率等权力，这使得地方政府理所当然成为主导区域经济的主角。实质上，中国地方政府更可以看作大型企业集团的 CEO 角色，而市场经济国家的地方政府主要职责是维持稳定的社会保障水平、解决就业和缩小贫富差距，故更像一个福利院院长的角色。

这就可以解释过去中国在教育、医疗和社会保障方面投入一直严重偏低的原因，也可以解释各地的 GDP 增速一直居高不下的原因。若把地方政府当成企业，那么，它的投资增长率就高得离谱，但投入产出比却低得离谱。更大的问题在于，它是一个准企业，没有利润考核要求和资产负债比率限制，于是借钱扩张、大兴土木、铺摊子就成为地方政府的普遍行为。

中国经济高增长之所以能持续那么久，固然有它的体制逻辑，当然还有其他因素，在此不一一展开。高增长的奇迹至少在过去十年中并不是大多数人希望看到的，因为这已经导致资源的过大耗费、地方政府债务水平过高以及教育医疗等长期投入不足等问题，但如果不从体制上入手加以改变，那么，即便再过十年，中国经济还将保持政府主导的投资拉动型模式，经济发展方式的转型将依然遥遥无期。

不过，触动经济和行政体制改革的因素也在不断累积，主要是地方政府的资源支配能力在削弱，而社保等民生方面财政支出缺口的日渐扩大，也将倒逼政府调整支出结构。

放弃奇迹幻想　遵循逻辑规律

中医的基础是整体观念和辨证论治，哲学的基础是阴阳理论、五行学说等，故相对缺乏实证研究和逻辑推理过程，比如，常有人推荐医治疑难杂症的偏方，但这些偏方很难用药理学的方法来证明其有效性。同样，中国几千年来儒学的哲学基础也是阴阳五行，讲究正心、修身、齐家、治国、平天下的精英政治，与中医治病重在提高身体免疫力的着眼点是一致的。但由此产生的问题是缺乏逻辑分析和实证研究，讲究人治，不习惯从体制机制中找答案。

这种延续几千年的思维习惯导致中国至今还是偏重于通过普及精英思想来实现远大目标，而不是通过逻辑分析来获知不同制度模式下个人和群体的不同行为，如20世纪六七十年代的文化大革命，目的之一就是为了统一老百姓的思想，但最终证明这一压抑人性的运动严重阻碍了社会和经济发展；从70年代末起中国劳动生产率的大幅度提高，本身就是制度重新设计的结果，即改革开放、包产到户、走社会主义市场经济的道路；如今，中国的经济结构问题不仅依然未得到解决，反而变得更加严峻，因此，党的十八届三中全会再次提出全面深化的改革目标。当前的改革被定义为"供给侧结构性改革"，说明改革的目标和范围都进一步聚焦在结构性问题上。此外，过去那么多年为了稳增长而采取的刺激政策所导致的资产泡沫问题也日渐凸显，这也给经济带来了潜在风险。

但是，正如不少人还是畏惧西医的手术而宁可接受中医的偏方一样，有人总是期望经济领域内奇迹的发生，而不愿接受经济将面临硬着陆风险的逻辑推理结果。如果仔细分析"十五"规划、"十一五"规划和"十二五"规划中每次提出的却都没有实现的目标，原因都可以归结为制度安排或设计上的缺失。尽管全国上下都有强烈的意愿去实现这些宏伟目标，但这样的"奇迹"还是没有发生，因为要同时实现太多的目标很难，而且实现目标的动力源泉不足。

如今，"十三五"规划再度提出似曾相识的目标，在作者看来实现的难度依然不小。今后，改革的推进将越来越多地依靠"问题倒逼法"，因为不断堆积的各种矛盾终将爆发出来，最终倒逼相关体制机制的改革。

（原文发表于 2011 年 8 月，本书对部分数据作了更新）

未来五年全社会债务率测算：
究竟是去杠杆、稳杠杆还是加杠杆

2016 年末，中央经济工作会议明确表示要去杠杆，降低社会债务水平，并把它作为供给侧结构性改革的五大任务之一，但也有观点认为当前先要稳杠杆，因为杠杆率仍有抬升趋势。那么，今后五年中国的实际杠杆率究竟是降下来，或基本稳住，还是继续抬升呢？作者尝试对这一问题进行分析和预测。

2016 年债务率增速仍不减

当前，对于中国总体杠杆率的测算结果各有不同，如央行报告分析认为，2015 年中国全社会债务余额占 GDP 比重为 234%，即非银金融企业部门、政府部门和居民部门的负债余额除以 GDP 的比值；同样按此口径，社科院国家金融与发展实验室研究显示，截至 2015 年底，我国债务总额为 168.48 万亿元，全社会债务率为 249%，高于央行的估算结果。其中，居民部门债务率约为 40%，非金融企业部门债务率为 156%，政府部门债务率约为 57%；国际清算银行（BIS）公布的数据显示，截至 2015 年底，中国总债务率为 255%，比社科院的数据略高一些，比央行的数据则高出不少，但总体看三者的差异不算大。而且，从国际比较看，中国的杠杆率也没有高得很离谱，如截至 2015 年底，美国的总债务率为 250%、英国为 265%、加拿大为 287%、日本为 388%。如此可见，我国的债务水平正赶上美国，但最大的问题在于债务提升速度过快，如美国债务率从 150% 攀升至 250% 用了 30 年的时间，而中国只用了 10 年的时间，说明中国的债务增速快得惊人。

即便到了 2016 年，在年初供给侧结构性改革的任务下达之后，加杠杆的速度似乎也没有慢下来，如中国人民银行副行长易纲所提及的 2015 年债务增速为 9%，若 2016 年该数值仍为 9%，同时 GDP 名义增速为 8%。并按照社科院测算的 250% 的债务率计算，2016 年中国的债务率就会达到 252.3%。如果分别从非金融企业、居民和政府三大部门的债务增长情况看，这三大部门 2016 年上半年均在加杠杆。

首先，从非金融企业部门的情况来看，根据国资委的数据，2016 年 1～6 月份国企负债总额为 835497.2 亿元，同比增长 17.8%，而同期名义 GDP 增速为 7.24%，比较 2015 年 6 月国企的债务增速，只有 11.2%，这说明 2016 年上半年国企债务增速比 2015 年同期提升了 1/3。由于国企债务总额占所有非金融企业债务的比重估计在 2/3 左右，假如非国有企业的债务增速为零，这仍意味着整个非金融企业部门的债务增速应该还是两位数；只有在非国有企业的债务增速为负的情况下（如上半年超过 -5.6%），非金融企业的总债务才会降至个位数增长。

其次，从居民部门看，2016 年居民新增房贷规模近 5 万亿元，而 2015 年不过是 2.5 万亿元，说明居民加杠杆速度远远胜过企业。在居民的房贷构成中，公积金贷款增速尤其令人注目。如 2015 年公积金贷款余额 32865 亿元，同比增长 28.8%，甚至超过商业购房贷款余额的增速。随着房地产市场的火热，公积金贷款也水涨船高，其占居民购房贷款的比重达到 19%，成为居民债务余额中不可忽视的一部分。

最后，从政府部门的债务增长情况看，2016 年，全国一般公共预算支出为 18.78 万亿元，同比增长 6.4%，全国一般公共预算收入为 15.96 亿元，增长 4.5%，财政支出增速是财政收入增速的 1.4 倍，中央和地方加杠杆都十分明显。2016 年，中国地方债发行出现爆发式增长，规模约为 6.05 亿元，同比增长 98.69%。

通过分析企业、居民和政府这三大负债主体的债务增长情况，不难发现 2016 年全社会杠杆率的增速不仅没有下降，而且还有加速势头。

为何遏制社会债务率提升如此之难

中国债务水平的大幅抬升始于 2009 年，当时主要是为了避免美国次贷危机对中国经济的冲击而推出了两年 4 万亿的投资计划，这导致地方和企业的债务水平大幅上升。

那么，为何 2009 年之后中国的债务率会大幅上升呢？主要原因是 2008 年以后拉动经济的动能已经略显不足，如中国的粗钢产量增速在 2005 年见顶，预示中国重工业高增长的时代已经过去。2007 年，我国 GDP 增速创下 14.2% 的历史高点后开始回落，如 2008 年回落至 9.6%，如果没有两年 4 万亿的强刺激，则经济调整的步伐会更快到来。当 2009～2010 年大规模投资结束之后，GDP 增速便连续 6 年回落至今，这不仅是由于全球经济的疲弱，更是与中国劳动力成本上升、产能过剩、技术进步放缓有关。

但是，我国一直把维持经济中高速增长作为主要经济目标，这导致经济的实际增速超过潜在增速，所付出的代价就是企业和政府部门债务规模快速上升，如 2012 年下半年国务院批准了宝钢和武钢分别在湛江和防城港的巨额投资项目，这是典型的逆周期投资，其目的就是要稳增长，结果就是企业的债务率进一步上升，且产能过剩问题更加突出，四年后又宣布宝钢和武钢合并，这说明当初为了稳增长所付出的代价不容忽视。

前文讲的是由于经济潜在增速下降，为了稳增长必然要刺激经济，导致货币超发、债务增加、杠杆率上升。那么，如果降低经济增速，是否就可以实现降杠杆目标了呢？作者觉得也未必能降多少，因为中国经济发展到如今这个阶段，尽管增速在全球领先，但人口老龄化问题已经凸显出来，而人均 GDP 还远未达到高收入国家水平，人均可支配收入则更低，也就是未富先老。过去的高增长可理解为"欠账式增长"，即以储户被动接受低利率和劳动力低工资模式来谋求经济的高增长，这种模式随着新劳动法的实施和利率市场化的推进而难以为继，也成为导致如今民营企业投资意愿不足的因素。

另一方面，由于国家在经济高增长时期没有及时补足在社会保障和公共服务上应有的投入，随着人口老龄化的加剧，过去的欠账就要不断偿还了，如社会养老金的缺口、城乡之间社会保障的落差、医疗教育投入的不足等，都需要今后国家财政的不断投入，因此，中央政府和地方政府今后仍将加杠杆，以应对老龄化和农业人口市民化产生的在社会保障和公共服务方面的巨大需求。

中国与日本和韩国这两个"二战"之后成功转型的高收入国家相比，差距就在于债务增长过快。日韩都是在人口老龄化到来之前，就实现了经济的转型成为高收入的国家；而中国则过早步入负债式增长阶段，在人均 GDP 只有 6000 多美元的时候，债务水平就大幅提升，这对于未来经济的可持续增长是严峻的挑战。

未来五年我国总杠杆率水平会是多少

"短期要稳杠杆"的观点或许更符合实际，因为目前中国的杠杆率仍在快速上升，若能稳住就已经不错了。如前所述，假设 2015 年中国的总杠杆率为 250%，其 2016 年的增速为 9%，则 2016 年总杠杆率达到 252.3%。那么，2017～2020 年中国的杠杆率究竟会降还是升呢？

我们不妨先看一下官方对总体债务率的评价。2016 年 6 月 23 日，国家发展改革委、财政部等部门的相关负责人在国新办吹风会上，对中国杠杆率进行分析，得出的结论是"中国的整体债务和杠杆率不高；中国的债务情况各领域不均衡，非金融领域较高；中国政府债务对 GDP 比率到 2015 年为 39.4%。加上地方政府负有担保责任的债务和可能承担一定救助责任的债务，2015 年全国政府债务的杠杆率上升到 41.5% 左右。上述债务水平低于欧盟 60% 的预警线，也低于当前主要经济体"。

这意味着，政府部门未来还有继续加杠杆的空间，如官方认可的政府部门的狭义杠杆率从 41.5% 提升到 60%，也仅仅是达到欧盟预警线的水平。假如 2016～2020 年每年的财政赤字率均为 3%～4%，名义 GDP 增速为年均 7%，则政府部门的杠杆率将净上升 13～18 个点，即政府部门的总债务率逼近 60%。政府为了经济稳增长而采取逆周期的政策，则继续加杠杆是大概率事件。如前所述，中国经济过去是欠账式增长，今后若要继续保持增长，则必然是负债式增长，故政府部门的杠杆率提升是必然趋势。无论是当今积极的财政政策，还是 PPP 投资模式，都会加大政府的债务水平。

从居民的杠杆率看，美国大约是 80% 左右，是中国居民杠杆率的两倍，日本在 65% 左右，欧元区也在 60% 左右，故中国居民仍有继续加杠杆的空间。从目前情况看，居民加杠杆的势头迅猛，原因在于对房价上涨的预期较高。假如今后五年房价维持在高位不下跌，这意味着房价收入比仍然很高，居民购房的杠杆率也会继续提高；假如房价出现下跌，则另当别论。

中国非金融企业的杠杆率为全球最高，要降低企业的债务率，无非就是两个路径：一是新一轮高增长周期启动，企业盈利提高，则债务率有望回落；另一种情形则是发生危机，如美国的次贷危机，通过企业破产倒闭来去杠杆，即经济硬着陆。如果中国经济发生硬着陆，则极有可能是房价大幅下跌引发的，这意味着居民部门也会去杠杆。简言之，未来5年如果发生经济硬着陆，则杠杆率必然下降。

如果今后5年中国经济不发生硬着陆，那么，GDP增速是否会见底回升、新一轮经济周期启动呢？作者认为短期见底回升有可能，因为持续多年基建投资的刺激终究会有效果，但中国经济已经从高速增长阶段回落到中高速增长阶段，其深层原因是劳动人口和流动人口的减少导致的劳动力成本上升以及消费需求增速的下降，从供给端和需求端两方面制约了经济的增长。故从中期来看，未来经济能维持L型已经很不容易了。

维持经济的中高速增长也是政府的重要政策目标，这意味着未来五年的投资增速要在目前水平上继续保持稳定，这主要靠基建投资保持高增长，而当前及今后基建投资的总体回报率较低，意味着政府杠杆率会继续抬升。假如房地产泡沫不破，则房地产投资增速也有望进一步上升，这又会加大杠杆率，故政府今后5年要做的必然是既要抑制房价快速上涨的势头，又要防止房价过快下跌，所以，作者不认为今后房地产投资增速还会快速上升，制造业投资增速也将维持在低位。

从以上分析得出的结论是，如果中国经济硬着陆，即发生系统性金融危机，则企业和居民部门去杠杆，全社会杠杆率会被动下降；如果经济走L型，则全社会杠杆率会进一步提升。

根据央行发布的数据，2016年我国居民新增房贷近5万亿元，比2015年增长86.5%以上，假如2017年起房贷增速下降并零增长，每年新增量维持在 3 万亿元，则 2017～2020 年 4 年居民新增房贷就为 12 万亿元，故到 2020 年居民部门杠杆率将达到 56%，具体计算如下：2016 年末，居民信贷余额为 33.4 万亿元，其中房贷 19.14 万亿元，其他消费贷 14.26 万亿元；按前假设，到 2020 年房贷余额达到 31.14 万亿元，对应的其他消费贷款（按房贷与其他消费贷之比 6∶4 计）为 20.76 万亿元，则居民部门信贷余额将达到 51.9 万亿元，而按照"十三五"规划，至 2020 年我国 GDP 总额将超过 92.7 万亿元，故 2020 年居民部门的杠杆率约为 56%。

如果政府部门的广义杠杆率从 2015 年末的 57% 左右提升到 2020 年的 67%（政府为应对人口老龄化、农民市民化和稳增长将大幅增加负债），那么，到 2020 年，仅居民部门和政府部门两项的杠杆率就提高 36%；若今后 4 年非金融企业部门的杠杆率以 2016 年 159% 水平（见前，假设 2016 年名义 GDP 增长 7%，企业债券增长 9%）维持不变，那么，按社科院 2015 年末总杠杆率 249% 口径计算，至 2020 年的中国总杠杆率将达到 280% 左右。

现实中，非金融企业的杠杆率很难不提升，因此，到 2020 年经济稳增长目标得以实现的情况下，中国总债务率逼近 300% 是大概率事件；假如非金融企业稳杠杆目标难以实现，按社科院口径——非金融企业部门 2016 年末杠杆率 159% 计算，若每年增加 3%，到 2020 年非金融企业的杠杆率会增加 12%，达到 181%，则对应的全社会总杠杆率达到 304% 左右。

综上所述，如果中国经济不出现硬着陆，则到 2020 年，全社会总杠杆率大概率达到 300%，如果企业的债务增长失控，则杠杆率会更高。

从世界各国去杠杆的实际情况看，通常是通过危机爆发的方式来实现，这也是最快速去杠杆的方式，如美国的次贷危机。这一过程可能很痛苦，波及面也很广，但长痛不如短痛。危机如果真爆发了，会有部分企业和家庭破产，整个社会的杠杆率也会大大下降。2009 年，美国的财政赤字率接近 10%，至 2016 年大约只有 2.7%，同时，美国的失业率也大幅下降，股市也屡创历史新高，其量化宽松的货币政策最终并没有导致美元泛滥，美元继续成为强势货币。相比之下，中国尽管在过去三十多年中没有发生过金融危机，但货币规模的增长远超美国，并从升值趋势转为贬值趋势，企业的杠杆率大幅上升，盈利水平下降，股市表现欠佳。因此，一味谋求"无痛疗法"，最终有可能不得不面临更大的痛苦。

（原文发表于 2016 年 10 月）

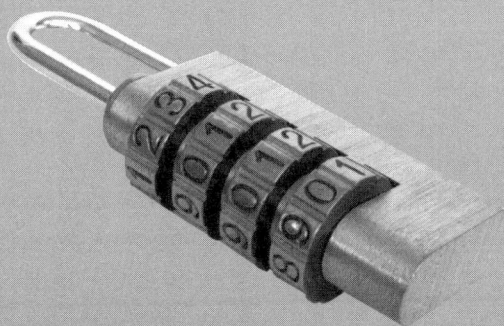

THE WEALTH CODE

第二章

避免高投入的馅饼变成陷阱

稳增长之惑：中国经济实际增速低于潜在增速吗

不少经济学者认为，中国的现实经济增长速度低于潜在经济增长速度，理由也很充分：中国作为发展中国家，处于发展的早中期阶段，故增长潜力很大，可以通过加大要素投入来提速。有人甚至认为未来20年中国还可以保持8%的经济增速。作者认为有必要明确经济潜在增速的定义，否则，若是连这个很显见的事实都扯不清楚，就更谈不上在今后经济政策方向上达成共识了。

要区分正常潜在增长率与最大潜在增长率

经济学中有很多术语，虽然有些术语让人望而却步，但其实很多理论和公式都建立在人为假设的基础之上，再复杂的公式也可以用最简单的道理来概括。为了便于大家理解潜在增长率，不妨举些例子。

作者曾有过这样的经历，为了让自己的体检指标（主要是甘油三酯等血检指标）好看一些，便在体检前两周加大了运动量，并在体检前一天跑了10公里。当体检的化验单出来后，医生甚为惊讶：甘油三酯、尿酸等指标基本正常，但肌酸激酶超过正常值的七、八倍，这可是与心肌梗塞相关度很高的指标！于是，作者不得不去做心电图，结果则显示正常。最终，医生才了解到是剧烈运动导致肌酸激酶的激增，并建议作者今后以快走为主。

但作者还是坚持长跑，且运动心率的最高值（180 次/分钟）也大大超过运动医学上建议的最大运动心率，也就是实际跑速超过潜在跑速。由于坚持不懈地跑步，作者安静时的心率从过去的 70 次/分钟降至50 多次/分钟，最高运动心率也降了下来。也就是说，通过坚持大运动量的长跑，心肺功能和肌肉力量都得到了改善。尽管作者 10 公里的最好成绩为 46 分钟 50 秒，但适宜的跑速为 10 公里 50 分钟左右，即 5 分钟/公里应该是潜在配速。当实际配速超过潜在配速时，就会因运动过度带来身体伤害，毕竟 50 多岁的年纪了，速度宜随年龄的增大而递减。如果硬要在短期内提高潜在配速，估计就必须服用兴奋剂了，但服用兴奋剂会有副作用，造成对身体的长期伤害，同时也无法长期维持较高的潜在配速。

举了上面这个例子，经济的潜在增速的概念可能就清晰了很多。潜在经济增长率是可以变化的，它应该包括两种含义：一种是指正常的潜在经济增长率，即在各种资源正常地充分利用时所能实现的经济增长率；另一种是指最大潜在经济增长率，即在各种资源最大限度地充分利用时所能实现的增长率，这就可能包含了各种经济刺激政策下可能实现的最大增长潜力，也就是用了"兴奋剂"之后的潜在增速。但这些经济刺激政策会对经济产生副作用，故对潜在增速的确定需要充分考虑资源的约束条件及利用效率。

就像肌肉力量、肺活量和心脏功能三者决定长跑的潜在配速一样，经济的潜在增长率主要由劳动力、资本和技术进步这三大因素决定。过去中国经济增长率长期达到两位数，主要靠廉价劳动力的供给、引进国外先进技术及国内资本投入不断增加。如今，中国已经成为制造业大国，劳动力成本上升、资本过剩、技术进步放缓，从而导致了劳动生产率的下降，即经济潜在增速的下降，这一判断恐怕没有争议。有争议之处在于，当前究竟是潜在增速低于实际增速，还是高于实际增速？

认为潜在增速高于实际增速的，其逻辑是目前通货紧缩，设备利用率低于70%，这就表明总需求小于总供给，表明经济的增长潜力还没有得到充分发挥，因此，就应该刺激需求，从而提高实际经济增速，具体建议是加大基础设施建设的投入，避免中国经济由于通缩导致硬着陆。

但2016年前十个月，中国基础设施建设投资增速接近20%，国有企业固定资产投资增速达到21%，财政支出的增速是财政收入增速的1.5倍左右，同时，银行新增中长期贷款中约一半是居民房贷，说明前十个月不仅是政府和国企在加杠杆，连居民也在加杠杆，这表明政府、国企和居民三大部门都在"服用兴奋剂"。也就是说，中国经济目前的实际增速，应该是超过正常的潜在增速。

或许，当前我国经济的实际增速还低于最大的潜在增速，但最大的潜在增速只是理论上可以实现，如一般轿车的最大时速为250公里，但高速公路的最高限速是120公里，汽车驾驶过程中不能因为没有达到250公里而加速，因为理论上的最大速度，会由于各种要素条件的约束或风险原因而无法实现。现实的衡量标准是，实际时速高于120公里，就属于超过潜在增速，车速过快了。

坚持认为中国经济的实际增速低于潜在增速的，估计都是把最大潜在增速当成衡量标准了，但这毫无意义。比如，有人把发达国家居民的户均乘用车数量作为中国扩大汽车产能的依据，但作为接近14亿人口的发展中大国，与人口不多的发达国家往往不具有可比性。同样，中国与发达国家之间的人均机场面积也不具有可比性。不少学者或把落后看成增长的潜力，按照此种说法，非洲的贫困国家潜在增长率应该最高，但现实并非如此，经济的潜在增速还要取决于生产要素的供给情况。

长期实行"赶超模式"导致实际增速超过正常潜在增速

从总需求小于总供给的定义出发，推导出实际增速低于潜在增速的结论，其错误在于没有认真分析产能过剩、库存增加或通缩的起因和根源。如果认为设备利用率下降是潜在增速高于实际增速的依据，那么，为何不可以从设备利用率下降推导出是因为无效供给过多使得经济结构扭曲，从而导致潜在增长率下降呢？

当前，我国要推进的供给侧结构性改革，其逻辑就是要通过改善供给的要素及结构，从而提高经济的潜在增速。如果经济的潜在增速高于实际增速，那么，只要刺激需求就可以了。中国经济自改革开放以来，通过高储蓄、引进外资来不断增加投资规模，这对于前期经济的高增长起到了决定性作用，即在经济增长的"三驾马车"中，资本形成的占比一直非常高，至 2014 年仍占到 46.7%，是全球各国平均水平的两倍以上。

由于资本形成总额等于固定资本形成总额加上存货增加部分，这么多年的经济高增长累积下来，自然会导致资本过剩和库存增加。中国之所以要把 GDP 增长率作为经济发展的主目标，是由于 1840 年鸦片战争之后，中国经济发展缓慢导致落后。为了实现经济的跨越式增长，缩小与西方国家人均 GDP 的差距，中国长期实行经济赶超模式，但随着经济潜在增速的下降，为了稳增长就不得不采取投资加杠杆的方式，导致政府和企业的债务规模越来越大。因此，GDP 的高增长实现了，但过剩产能、高库存和高杠杆等不良症状也严重了。如果把赶超模式下导致的过剩产能当成经济潜在增速大于实际增速的依据，就有点自相矛盾了。

事实上，从 2010 年之后，中国经济步入了库茨涅兹周期的下行阶段，也就是经济的潜在增速在持续下降，对这一结论似乎争议不大。但我国政府已经确立了到 2020 年 GDP 翻番的目标，这才是实际经济增速大于潜在增速的逻辑。这些年来，中国公共部门债务的高增长，显示了实际经济增速超过潜在增速所付出的代价。这仅仅只是财务意义上的成本，如果再考虑环境污染等问题，则代价更大。

究竟应该采取什么对策

对潜在增速是否高于实际增速的不同判断，会影响到政策的选择。如果认为当前实际增速低于潜在增速，就会把政策重心放在需求侧，或刺激投资需求，或刺激消费需求，就如有学者建议增加基础设施的投资。

作者认为，GDP 只是一个预期性指标（在由政府提出、中央认可、人大批准的五年规划里就是这么定义的），而不是约束性指标，它只是反映经济活动的结果而非目标，因此，今后应该淡化 GDP，同时强化就业率和环保等约束性指标，还可以增加收入差距指标作为约束性指标。

只要能够维持充分就业，或者把充分就业作为最重要的目标，并为此安排相应的对策，就不必太关心 GDP 的高低了。2009 年以后，中国之所以出现债务高增长，就是因为过于注重 GDP 这一目标。如中国的货币扩张主要是靠国有商业银行，债务膨胀主要通过地方政府和国企；而美国的货币扩张主要靠美联储，债务主要在联邦政府和居民部门。政策实施的机理不同，必然导致结局的差异。这也是中国要推行供给侧结构性改革的原因，如果还是通过需求侧的扩大来实现稳增长目标，那么，对于去杠杆、降债务的前景就没有那么乐观。

中国当前的产能过剩，显然与投资刺激的力度过大、消费刺激的力度过小有关。在无效供给过多的同时，有效需求不足的问题同样存在，这又与中低收入群体的收入增速下降有关，与贫富差距过大有关。因此，除了供给侧结构性改革的五大目标之外，收入分配制度改革及与之相关的财税体制改革也迫在眉睫。

（原文发表于 2016 年 7 月，本书对部分数据作了更新）

高投入依赖症：昨日推力会否变成明日陷阱

一个 13 亿人口大国的经济能够连续三十多年高速增长，可谓举世瞩目。而关于中国经济的增长模式。大致有两种说法，一说为出口导向型经济模式，一说为投资拉动型增长模式。若把这两种说法结合起来，应该可以反映中国经济增长的主要特征。

出口导向型模式的形成，是基于人力资本低廉的优势及大国对于产业转移的承接能力；而中国经济能够保持高增长，又主要基于地方政府主导的投资推动。不过，这两种助推了中国经济增长的模式，其负面效应已日渐显现，甚至正在形成危机的雏形。

中国的外贸顺差超过 100 亿美元是从 1995 年开始的，也就是在人民币大幅贬值、汇率双轨制变为单轨制（1994 年）之后。2001 年，中国加入世贸之后，出口顺差进一步扩大，至 2008 年达到近 3000 亿美元，到 2015 年接近 6000 亿美元。

在结售汇体制下，外资流入和外贸顺差使得外汇储备不断扩大，至 2015 年末，外汇占款达到 26.59 万亿元人民币。这成为央行投放基础货币的主要渠道。

出口导向模式已导致货币过量

中国在 20 世纪 80 年代的发展战略是进口替代，因为当时外汇短缺，如果能够自己生产替代进口的东西，则用汇量可以减少。最典型的例子是 80 年代上海汽车与德国大众合资生产桑塔纳轿车，国家给上海设定了国产化率的达标时间，国产化率若不达标，则汽车生产的增加值不能纳入 GDP 总额的统计中。进口替代战略使得中国的基础工业得到了迅猛发展，随着中国加入 WTO，在人民币汇率被低估、农村廉价劳动力持续向城市转移的背景下，中国的出口优势进一步显现。自 2001 年中国加入 WTO 后，出口顺差进一步扩大，至 2008 年达到近 3000 亿美元。2009 年，中国出口总额达到 12017 亿美元，这意味着中国已取代德国成为全球出口第一大国。

与出口导向战略相呼应的，是我国自上而下采取各项优惠政策来引进大量外资投资制造业。因此，出口导向模式的结果不仅是出口顺差的增加，还是外商直接投资（Foreign Direct Investment，FDI）的增加。据统计，1979～2010 年，外商实际投资在中国的金额达到 10483 亿美元（2010 年数据未包含对金融部门的投资），其中，2008 年和 2009 年两年，中国 FDI 流入量居全球第一。而在 2010 年之前，中国的出口总额中，外资企业的出口额几乎要占一半。在过去以增加外汇储备为目的的结售汇体制下，外资（包括 FDI 和热钱）流入和外贸顺差使得中国的外汇储备不断扩大，至 2010 年末，中国外汇储备已经达到 2.8 万亿美元，到 2011 年 6 月末，则达到 3.19 万亿美元。

外汇储备的增加必然导致外汇占款的增加，而外汇占款又是导致货币供应量（M2）大幅攀升的主要因素。至 2011 年 6 月末，中国的 M2 达到 78 万亿元，而 6 月末外汇占款余额达 24.67 万亿元，较 2010 年末增加 20885 亿元。由于外汇占款形成央行基础货币投放，故外汇占款增加会给国内带来货币流动性压力。为了对冲流动性，央行一般采取提高存款准备金率和发行央票等方式，然而作者发现，央行对冲基础货币的规模还是入不敷出，自 2003 年 4 月开始发行央行票据至 2010 年末，大规模对冲操作已持续了 8 年，但对冲率（存款准备金余额 + 央行票据余额/外汇占款余额）约为 75% ~ 80%，还有约 5.5 万亿元没有回收，这成为货币创造的重要源头之一。

当然，从历史看，出口导向模式有效解决了中国发展经济的资金短缺难题，并让中国成为制造业大国，解决了大量劳动力的就业难题，这些足以证明选择出口导向模式并没有错。而且，出口导向模式并不必然导致过量货币，该模式使得外汇储备及外汇占款的攀升，与中国相对固化的金融体制有关，如对外投资渠道不畅通，尤其是对居民的海外投资限制较多，这使得外汇流入容易、流出困难，进大于出。此外，人民币汇率形成机制改革迟缓，也导致在人民币升值预期下热钱不断流入的局面难以扭转。

由此看来，当今中国面临房地产泡沫和通胀压力，显然与货币超发有关；而货币超发又与外汇流入过多有关；外汇流入过多则是出口导向战略与保守汇率政策共同作用的结果。显然，房地产泡沫已经构成了今后中国经济发生硬着陆的风险。

与货币超发相对应的是中国外汇储备规模的急剧增加，而外汇储备唯一可以选择的最大投资品种就是美国国债。截至 2011 年 6 月，中国持有 1.1655 万亿美元的美国国债，成为美国国债最大的国外持有人。这使得中国不仅在外贸上依赖美国的内需，在外汇储备安全性上也依赖美国经济的稳定。

综上观点，出口导向模式本身并没有错，问题在于我们没有采取有效的应对措施来遏制外汇储备的增长和外汇占款的货币创造能力。而从未来看，如果我们不改革金融体制，则外汇储备还将迅速增长。目前为对冲外汇占款，中国已经把存款准备金率提高至 21.5% 的罕见水平，货币政策的腾挪空间会越来越窄。

投资拉动模式致使地方政府性债务剧增

如果说出口导向型经济增长模式给中国带来了巨额外汇，并变成相应的基础货币投放出来，那么，投资拉动型经济增长模式则推动了货币创造和规模扩张的过程。中国目前 M2 占 GDP 的比重接近 200%，而日本和韩国在经济高速增长阶段，即便也经历了投资拉动的经济增长模式，但 M2 占 GDP 的比重也不过在 100% 左右。由此可见，出口导向和投资拉动两种模式的叠加，导致中国的货币创造能力更强。这是什么原因呢？

张五常曾在《中国经济制度》一文中指出，激烈的县域经济竞争是中国经济高速增长的主要原因。也就是说，由地方政府主导的投资拉动，是维持中国经济高增长的主要动力。当然，县域经济是否比市域经济或省域经济对投资的贡献更大，还是需要足够的数据来佐证。但由于地方政府或国务院下属部委的信用度远高于企业，故其获得银行贷款的能力非常强，而相关信贷规模不断扩大，则成为 M2 规模迅速膨胀的主要原因。

中国目前的市场经济脱胎于计划经济，故至今我们仍在制定并执行五年规划，就五年规划中所提出的各项目标看，地方政府仍承担着与计划经济时代相类似的任务和职责，只不过原先的计划改为了规划。因此，各级政府仍然把经济增长率作为体现政绩的主要指标，固定资产投资是让经济增速提高的捷径，且政府可以主导和操控。比如，在地方财政预算的支出结构中，用于教育、卫生和社会保障的占比太少，甚至低于发展中国家平均水平，而大量的预算内和预算外财政收入都投入到基础设施建设等实物投资上，这也成为中央经常批评地方的把柄，如"重复建设""地区产业同构化""土地财政"等现象愈演愈烈。因此，过去三十多年中国经济维持年均10%左右的高增长，其实是以牺牲大部分公共服务和福利为代价的。

为何过去三十多年地方政府的投资并没有形成太多的债务，而过去两年内地方政府性债务突然暴增呢？原因有四个：一是起初政府举债投资交通运输的平均回报率较高，比如高速公路收费可观，到2007年后，高速公路才出现普遍过剩状况；二是债务有一个逐步累积的过程，由于起初总量规模不大，如从1979～2008年的三十年中，债务余额才5万多亿元，并没有引起社会广泛关注；三是自1999年房改之后的十年中，房价和土地价格一直呈现上涨状态，这也进一步增强了地方政府的偿债能力和向银行抵押融资的能力；四是2009年为防止美国次贷危机导致的经济下滑，国务院出台了两年4万亿投资计划，令地方政府的负债水平大幅提高。据国家审计署的统计，至2010年末，地方政府性债务余额约10.7万亿元，其中约5万亿元是2009～2010年两年内形成的，占总额的48%。

此外，公开数据显示，地方政府72%的债务用于交通运输、市政建设及土地收储。这也表明，地方政府举债是为了配合投资拉动型经济增长模式。其实，目前中国面临通胀、原材料价格高企、人工成本上升等压力的情形，与美国和日本20世纪70年代遇到的困境类似，当时，它们都及时推进了经济转型，如美国大力发展服务业，日本则主要推进制造业的产业升级。而除上述因素外，中国还遇到了基础设施建设超前、地方政府偿债压力增加等困难。对地方政府而言，要维持原先的投资拉动模式，唯有继续举债，但这是有极限的，2011 年、2012 年将是地方政府债务偿还高峰期，43% 的债务将在这两年内集中到期，预计达 4.6 万亿元。

国家审计署发现，至 2010 年末，地方政府的债务率为 70.45%，除地方政府债券和各种财政转贷外，大部分地方政府性债务收支未纳入预算管理和监督，这就是说，地方政府都没有考虑如何还债。而国家保障房建设要求 2011 年、2012 年两年必须建成 2000 万套，这又将使地方政府增加债务规模，从而也抑制了地方政府的投资冲动。

从 2011 年前 7 个月的固定资产投资增速看，尽管还是维持在 25.4% 的高位，但主要靠制造业和房地产行业的投资拉动，这两者的增速都在 30% 以上，而与地方政府主导的投资相关的基础设施投资增速已经在 20% 以下，表明财政预算约束和融资约束已经使得地方政府借助基础设施投资来引进外来资金的做法难有作为了。

倒逼转型或是唯一选择

转变经济发展方式在中国已经提及多年，但人们普遍感到进展不快，最终原因还在于目前的行政体制，或更多集中在现有的财税、金融体制未能有效配合经济转型上。比如，1995 年，政府就提出经济发展要从"外延式扩张转变为内涵式发展"，这实际上是转变经济发展方式的最初表述，但却没有得到落实。

又如，从 2001 年开始实施的国家"十五"规划及此后的"十一五"规划所提出的经济增长目标分别为 7% 和 7.5%，但实际执行结果却是超过 10%。"十二五"规划再度提出今后五年的经济增长目标是 7%，但 2011 年的执行结果至少是 9%。这说明，不改变中国目前中央与地方的财政分权制模式，地方便总是具有不惜举债扩大投资规模的冲动，总是不愿主动提高用于民生的财政支出比重。

再如，经历了十多年的西部大开发，西部地区的投资增长率远高于东部，但投资效率却远低于东部。过去十年，中西部地区所获得的投资总量也超过东部，但 GDP 规模占比却从 2000 年以前的 52% 降至目前的 48%。人口普查结果也显示，过去十年，中西部地区人口不断流向东部，广东取代河南成为人口第一大省。高投入低产出，投资流向与人口流向相反，这些现象的最终结局或许就是中西部地区的政府性巨额债务需要中央来买单。反观全球各大发达经济体，只有经济集聚发展的大量案例，没有各地区间经济均衡发展的成功案例。

另外的典型例子是，地方政府之所以能够获得大量融资，与银行没有彻底商业化有关。从获得银行贷款的难易程度看，最难的是中小民营企业，最容易的是地方政府和政府背景的大企业。这恰恰就成为巨额内债形成的源头。

从中国触发改革的历史案例看，尽管改革是自上而下的，但推进改革的动力却来自经济运行中的问题暴露。比如，20 世纪 90 年代价格双轨制的并轨改革是因为"倒爷"盛行，扰乱了经济运行秩序；汇率并轨是因为外汇黑市交易规模越来越大；财政的分税制改革是因为中央财政赤字严重，财权集中在地方，中央难以进行有效调控。

而中国经济在经历了自 1995 年以来的高增长和较低通胀之后，目前再度面临中度通胀、高房价以及地方政府性债务负债加重等问题，此外，贫富差距较 20 世纪 90 年代更是大了几倍，腐败问题依然非常严峻，社会保障、教育和医疗卫生欠账很多，而企业盈利则由于人力成本、原材料成本和环境成本的提高而面临下降，同时伴随着经济减速。这些问题的日益激化，终将如 90 年代初那样触发改革和经济转型。

现在，不少学者喜欢拿刘易斯拐点和中等收入陷阱这两个国外的理论去套中国目前经济所面临或将面临的问题，在作者看来，中小型国家的城市化背景与超级人口大国的城市化进程差异太大，故不能轻易断定中国的刘易斯拐点；而拉美国家出现的中等收入陷阱，也没有在亚洲"四小龙"的发展进程中重现。中国所走的中国特色社会主义道路，与拉美国家的发展道路更没有可比性，我们不能生搬硬套。因此，我们今后或将面临的经济发展陷阱，不会是刘易斯拐点之后的人力成本上升压力，也不会是社会福利支出过多导致的经济发展停滞，而恰恰是过去推动中国经济增长的两大动力，即出口导向和投资拉动。

为了应对 1997 年亚洲金融危机和 2008 年次贷危机的冲击，我国均采取了地方政府投资大扩张的方式，并为此大规模向银行举债，前一次地方政府性债务增长 48%，后一次则增长了 62%。那么，如果再有一次全球性的危机，中国该如何应对呢？显然，再来一次 4 万亿的投资将后患无穷，且也无力投入。最好的办法就是降低中国经济的对外依赖度，即改变出口导向模式，扩大内需，增加消费在 GDP 中的比重，降低投资在 GDP 中的比重。

当然，促内需、调结构将是一个较长的过程。从眼下看，还没有出现经济各个领域的矛盾激化所形成的改革倒逼机制，倒逼力度还嫌不够，故在经济转型方面仍没有看到行政部门的重大举措。但中央对地方或有关部委的投资监管已经大大加强了，如对铁道部的高铁投资规模已经作了相应的缩减，对地方基建投资的项目审批、债券发行的审核都非常严格了。估计过不了几年，当中国经济增速进一步下降并出现硬着陆迹象，地方财政收入增长缓慢、偿债压力加大，而社会失业问题日益严峻的时候，改革和转型的呼声将会越来越强烈。

（原文发表于 2011 年 9 月，本书对部分数据作了更新）

应对产能过剩：以体制之矛陷体制之盾

每逢经济增速下滑，产能过剩问题便会凸显出来。比如此次经济回落，不仅传统的钢铁、煤炭等行业出现库存积压、产能过剩，新兴产业同样也出现产能过剩，如光伏产业、风电设备等。三十多年来，中央政府应对产能过剩招数不断变换：粗到宏观调控、产业政策，细到行业禁入、融资限制，但收效甚微，根源在哪？

产能过剩背后体制因素是关键

中国经济在 20 世纪 90 年代中期之前，市场化程度不高，属于短缺经济，之后随着物价改革的推进和汇率并轨，市场经济的比重不断提升，逐步迈向过剩经济。从全球看，所有推行市场经济的国家，都会出现商品过剩现象。因此，产能过剩是正常现象。比如，全球钢铁行业的产能利用率平均为78%，但若长期低于该数值，则属于严重产能过剩，为不正常，中国就是如此。

由于市场具有优胜劣汰、自我修复的功能，故一般不会出现某个行业长期的产能过剩现象。但中国的产能过剩现象却时常发生，且一旦出现产能严重过剩，总可以找到造成过剩的主要因素：地方政府主导下的盲目投资。那么地方政府为何总是不能吸取教训，改变投资饥渴症呢？这实际上与目前中央与地方的行政化分权管理模式和与之相配套的财税体制有关。

例如，中国历来以 GDP 增速作为经济发展的首要目标，GDP 也成为考核各地政府"政绩"的主要指标，而构成 GDP 的"三驾马车"中投资又是主体，且投资又是地方政府容易"有所作为"的工具。加大投资不仅可以提升 GDP 增速，还可以创造税收、增加就业及带动相关产业发展，何乐而不为呢？但由于投资的投入产出比或成本收益比并不在政绩考核范围内，这与企业的投资行为有本质区别。此外，在目前的体制下，对投资决策和投资过程的监管又相对缺位，这就容易造成盲目投资和产能过剩。

2011 年，中国出现的钢铁和光伏两个行业的产能过剩，其背后都与各地政府当年积极推动密切相关。中央曾经三令五申要求各地不要上马钢铁项目，甚至采取惩罚措施，但中国的钢铁产量却年年扩大：2012 年，中国新增钢铁产能超 5000 万吨，另据目前冶金工业规划研究院调查，到 2012 年末中国粗钢产能约为 9.7 亿吨，但实际需求只有 7 亿吨左右，产能过剩超过 2 亿吨。

再以光伏产业为例，中国 31 个省区市几乎都把光伏产业列为优先扶持发展的新兴产业；600 个城市中，有 300 个发展光伏太阳能产业，100 多个建设了光伏产业基地。到 2012 年，中国大陆光伏电池产能占全球总产能的 63%。

此外，一直被诟病的地区间产业同构化现象，实际上也是中国区域行政化管理体制造成的，这也是导致重复建设、资源浪费和产能过剩的主要原因。如各地政府都有推动产业转型、增加出口、发展先进制造业、战略性新兴产业等的任务和考核要求，其结果就是落后地区和发达地区、沿海和内地的产业发展规划相类似，招商引资的优惠政策争相出台，各种类型的国家级产业园区纷纷获批，造成大量的耕地被征用，但产业转型却收效甚微。不少地方，名义上是发展金融业、高新产业园区、创意产业园区等，实际上是发展房地产业，最终会导致土地大量浪费、房地产业过剩。

以体制之矛攻体制之盾收效甚微

矛盾一词的出处来自《韩非子·难势》：楚人有鬻盾与矛者，誉之曰："吾盾之坚，物莫能陷也。"又誉其矛曰："吾矛之利，于物无不陷也。"或曰："以子之矛，陷子之盾，何如？"其人弗能应也。夫不可陷之盾与无不陷之矛，不可同世而立。

为了应对盲目投资和产能过剩问题，中央政府可谓绞尽脑汁、招数频出，大到宏观调控，小到窗口指导，但长期以来总是走不出"一收就死、一放就乱"的怪圈，一些与政府投资相关的行业经常出现严重的产能过剩现象。早在朱镕基任总理期间，他就强调要坚决防止低水平重复建设。为了不让银行成为地方政府盲目投资的提款机，他推动金融改革，其主要目的是不让地方政府干预金融。比如，1998 年底央行打破行政区划设立九家大区行，实行垂直管理。同时，还建立了中央和地方财政的分税制，削弱地方政府的财权，目的主要也是为了遏制地方的投资冲动，让中央有能力来统筹规划、合理投资。但这些政策举措并不能根治体制性的产能过剩问题，原因在于体制未变，变的只是体制内的权力再分配，如财权上收，地方就开展土地财政；银行融资困难，地方就变相发债。投资冲动不减当年，金融风险却在不断累积。

如果说过去的分税制改革是让中央得大头，有利于全国一盘棋，通过转移支付来实现均衡发展，那么，接下来可能实施的分税制调整是让地方得大头，有利于地方的事权和财权相对应。体制内部调整十几年一轮回，体制改革的尺度却没有多少突破。

这么多年下来，应对产能过剩的政策层出不穷，已经积累了很多案例，我们完全可以用这些案例进行政策效应评估。因为一项政策目标在推行过程中，存在执行难度，要考虑执行意愿，还要估计执行能力，即目标完成率＝设定目标×难度系数×意愿率×执行力系数。按此公式，便容易解释为何有些政策目标的完成率非常高，如奥运会、世博会，因为难度不大、意愿和执行力都很强；又有些目标如医改、养老金缺口弥补、农业转移人口市民化等，不仅完成难度大，而且地方政府执行意愿不强，同时，由于实现目标所需的改革成本和资金成本高昂也让地方政府望而却步。

更有一些中央政府应对地方投资过热或产能过剩而出台的政策，地方不但不去认真执行，还反其道而行之，即所谓的"上有政策，下有对策"。例如，清理地方融资平台的政策早就开始实施了，但2012年的城投债（实际上就是地方政府债）发行总额约同比增长150%左右。再如，国家在对钢铁行业的政策上一直采取淘汰落后产能、鼓励收购兼并，但为何产能越限越多，而并购则少有发生呢？原因在于地方保护和政企不分。因此，不突破现有的体制框架和利益格局，那些优化资源配置、制止盲目投资的政策目标是很难实现的。

抑制产能过剩不能忽视价格改革

中国目前绝大部分商品都已经由市场定价了，但与国计民生相关的一些产业仍未实行市场化定价，如成品油、水、电、天然气等。此外，更广义的、尚未完成市场化定价的还包括利率和汇率，前者是资金的价格，后者是货币的价格。

资源价格改革推进之所以迟缓，很大程度上是因为担心会对通胀推波助澜，同时又希望资源价格改革不要发生在国家有重大活动期间，以免影响社会稳定。如此"前怕狼，后怕虎"的改革思维，当然使得资源价格改革以及汇率、利率改革的"时间窗口"非常短暂。但价格没有理顺，市场经济的自发调节功能就会失效。如钢铁业作为一个高耗能的行业，若电价能够市场化定价，进行上浮，则对于淘汰落后产能就有了市场化的机制。同理，中国的光伏产业之所以出现严重产能过剩，也是因为这一行业几乎完全依赖外需，假如电价能随行就市，则光伏产业或许就会获得内需的支撑，从而起死回生。

同样道理，利率市场化也有利于形成企业和行业间公平竞争的格局。中国长期执行偏低且管制的存款利率，且对央企或大型国企给予优惠的贷款利率，而对民企的贷款利率则较高，"利率多轨制"人为导致了市场不公平。这使得一些利润率较低、技术落后及管理不善的企业一样可以长期存活下去，由于生产要素的非市场化定价，使得该淘汰的行业或企业没有出局、该提升的行业或企业得不到机会。这就是为何中国产业结构调整进程远低于预期的一个不容忽视的因素。

中国决心走市场经济之路已经多年，但感觉不少人还是缺乏对市场的敬畏之心，总希望通过行政手段来替代市场机制。但行政化手段的结果往往是按下葫芦浮起瓢，短期有效，长期失效。因此，中国体制性的产能过剩现象还会持续多久，最终还是要看金融体制、财税体制、行政体制的改革能走多远。

（原文发表于 2013 年 2 月）

投入产出之辩：中国经济步入"负债式增长"时代

2008 年美国次贷危机发生之后，中国为保持 8% 的 GDP 增速而推出了超大规模的投资计划，致使地方政府的债务水平大幅上升。2012 年 1~10 月，仅地方融资平台发债规模已近 6000 亿元，超出 2011 年全年 1500 多亿元，这表明政府债务水平仍在快速上升。一边是政府债务越来越被视为一种风险来源，一边是为了刺激经济而扩大政府债务，债务的风险在于是否能够被未来的预期正向收益所覆盖。但不管未来中国经济增长模式如何转型，越来越依赖负债来获得增长似乎已成定局。

下一轮"城镇化"将大幅增加政府负债

目前，人们普遍看好城镇化对刺激内需、拉动经济增长的作用。的确，以提高城镇居民生活质量为主旨的城镇化，一定可以拉动消费和投资，但前提是政府必须大量举债。例如，完善城市轨道交通等公共基础设施，对教育、医疗卫生、养老、低收入群体补贴和失业救济等增加投入，都需要耗费大量的财政资金。就目前地方政府已经捉襟见肘的财力而言，显然不足以承担这部分巨额开支，唯有通过举债来支付。以城市的地铁等轨道交通为例，地方政府几乎都依赖银行贷款来获得支持，但今后地铁的运营收入一般连贷款利息都覆盖不了，更不要说归还本金了。

又如，2012年提出的"农业转移人口市民化"目标，如果要实现，则需要花费更多的财力。有人测算一个北京户口的市场价为50万元，这意味着政府需要为一个北京户籍人士长期负担的财政支出贴现值为50万元，假如北京市目前有外来农民工300万人，若全部实现市民化，则意味着北京市政府今后累计要为此多支付1.5万亿元。若按10年来分摊，则每年财政要多拿出1500亿元，这就只有靠负债了。2012年，全国有1.6亿外来流动人口，若按每人10万元的财政支出计算，这意味着即便今后农村人口不再流入城市，各地政府也必须累计拿出16万亿元来实现农业转移人口市民化的目标。

从上述的案例中，我们很容易发现如今的城镇化与过去30年的城镇化之间的区别：如今的城镇化以提高生活质量、缩小本地人口和外来人口收入差距为目的，是"烧钱"的城镇化；过去的城镇化是工业化的结果，大量农村廉价劳动力涌入城市，在给企业创造丰厚利润的同时，也增加了政府收入，是"来钱"的城镇化；过去的城镇化让农民成为城市贫民，如今的城镇化是为了还"欠账"。因此，今后城镇化推进的力度，将更多地取决于各个地方政府的债务管理能力。但有一点是清楚的，即随着人口老龄化和经济增速的下滑，今后财政支出的增速将远大于财政收入的增速，这一缺口将需要规模越来越大的举债来填补。

有数据显示，2012 年前 11 个月企业债发行总额达 5713.53 亿元，同比增速达 191.9%，发行主体以地方城投公司、地方国有资产投资经营公司等为主。举债规模几乎翻倍增长，一方面可能是为了应对到期债务的偿还需求，另一方面则是为新增政府投资项目融资。今后政府在提供公共产品和服务方面需要投入的资金将逐年增加，有关部门应该认真测算一下债务增长的速度和总规模了。

中国经济是否会陷入"拉美怪圈"

拉美国家在 20 世纪 70 年代普遍实施"赤字财政—负债增长"战略，从而轻松地避开了当时的世界经济衰退，该地区在 1973 ~ 1980 年的经济增速达到 5.5%，大大高于同期全球经济增速。不过，也正是赤字财政导致了拉美国家普遍陷入债务危机，使这一地区 1981 ~ 1990 年的年均增长率仅为 1.0%，人均年增长率为 - 1.0%，即步入了中等收入陷阱，被称之为"失去的十年"。

中国今后无疑也会实施赤字财政政策，这也是无奈之举。但与拉美国家相比，中国具有它们所不具备的特点或优势：一是中国今后的债务增长，类似于日本模式，即内债占绝对高的比重，且中国又是外汇储备第一大国，故受外部冲击会比较小，发生危机的概率较低；二是中国过去三十多年已经建立起比较好的工业基础，具有明显的国际竞争优势，出口额全球第一，这是拉美国家的进口替代模式不能比拟的，后者在过去曾出现连年贸易逆差和巨额外债，最终引发金融危机；三是中国政府的资产负债表质量远高于拉美，仅就国有企业的规模而言，政府所持有的"股东权益"就超过 15 万亿元（2008 年数据），这还不包括土地、矿产、森林等国有资源；四是中国人的勤奋度几乎是全球第一，这对于劳动生产率的提升至关重要，今后中国在产业转型的过程中，劳动生产率的提升空间依然存在，而拉美国家则在过去的产业转型中，出现了劳动生产率的下降。

因此，即便中国今后步入"负债式增长"时代，也不必过于担忧。

投入产出比是选择发展模式的核心指标

中国究竟是搞中西部与东部均衡发展的战略，还是采取区域间不平衡发展的战略？要发展小城镇模式，还是要发展大城市化模式？究竟要靠创新驱动发展战略性新兴产业，还是做强做大基础产业？有关这些争论一直存在，各有各的道理，但缺乏一个核心衡量标准。经济学从微观看，就是要追求企业利润最大化或个人效用最大化，从宏观看，就是要优化资源配置，实现全社会效益最大化。而全社会效益最大化的一个检验指标，就是看总投入与总产出之比。

如果用投入产出比检验过去十多年来的西部大开发、中部崛起和东北振兴这三大区域发展战略，会发现对这些地区的投入，其单位产出量远不如东部沿海地区，无论是为提供私人产品的投入还是公共产品的投入。例如，在西部某地修一条高速公路，其每公里的造价是东部的 3 倍，但车流量只有东部的 1/3，意味着这条高速的投资效益只有东部的 1/9。我们可以列举很多理由来解释发展贫困地区的意义有多大，也可以用西部地区目前经济的高增长来证明投资西部是正确的，但再过 10

年，这些项目投资回报率有多少呢？能否还得起银行贷款？或许可以让中央财政为这些的低效投资买单，但能否留得住若干年后倒闭企业的失业工人？

在中国，规模不经济的投资活动比比皆是，且大部分都是由地方政府所主导的。一说要发展战略性新兴产业，全国各地便一哄而上，新能源、信息产业、文化创意产业、金融中心成为各地重点扶植和发展的产业，产业同构化现象非常普遍。再看看目前那些产能严重过剩的行业，如钢铁、有色等原材料产业以及风电、光伏等所谓新兴产业，都与地方政府的扶持和参与密不可分。这应该引起人们深思：中国要实现经济转型，前提是要推动政府职能转型，区域经济良性发展的前提就是要"去行政化"，对官员的考核就应该"去GDP"。否则，重复建设、资源浪费现象就无法根治。

当前中央政府为新型城镇化开出的药方是户籍制度改革、土地流转制度改革和公共服务体制改革，这无疑是非常到位的举措。但如前所述，这些举措都需要举债来实现，但这并不是难题，关键的问题是地方政府有没有意愿和动力去做这些事情，如果不转变政府职能，恐怕农业转移人口市民化目标的全面实现，又会遥遥无期。

以收入分配改革方案为例，由发改委牵头负责的方案起草工作，自2004年启动以来，至2012年已历时八年之久。期间官方曾多次给出方案出台的期限，却屡次延期，至今仍被推后。而在这八年中，中国贫富差距又扩大了多少倍？为何不少与GDP或税收相关的地方投资项目被纷纷提前，不少形象工程、政绩工程都是争分夺秒去完成，为何很多与民生相关的公益性事业被一拖再拖？答案不言自明。

综上所述，中国经济走上"负债式增长"之路是必然选择，但无须过度担忧。当然，如何提高投入产出比，是选择发展战略、模式和路径的核心考核指标。对国家而言，就是要实现规模经济；对企业而言，就是要提高劳动生产率；对服务民生而言，就是要让公共服务产品的效用最大化。而要实现这样一种经济转型，前提是政府职能也要转型。

（原文发表于 2012 年 12 月，本书对部分数据作了更新）

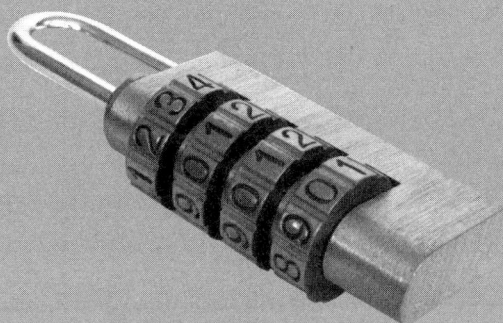

THE WEALTH CODE

———————————

第三章

红利之果还剩几何

———————————

劳动人口减少：民间投资下行的核心原因

2016 年 6 月，国家统计局公布了 5 月份的投资数据（见图 3 – 1），其中，最令人吃惊的数据是 1 ~ 5 月份民间固定资产投资增速降至 3.9%，也就是说，5 月份民间投资同比增速只有 0.98%，这应该是创历史新低了。为此，国务院曾派出 9 个督查组赴 18 省或地区实地督查，对民间投资下滑的情况进行第三方评估和专题调研。不过，冰冻三尺非一日之寒，调研得出的结论一般都比较细碎，只有通过追溯相关历史数据的变化，才能找到民间投资下滑的根本原因。在种类庞杂的数据中，人口数据对投资的相关影响尤为突出。

民间投资增速下滑可追溯到 2011 年

中国经济在 2011 年之前几乎都保持两位数的增长，尤其是 2000 年开始，中国步入了房地产时代。如果说 2000 年之前，中国经济增长的动力来自满足老百姓最基本的需求——衣食（食品和纺织服装行业大发展推动经济增长），那么，2000 年之后中国逐步进入到住行时代（房地产和汽车成为推动经济高增长的两大动力）。

（%）

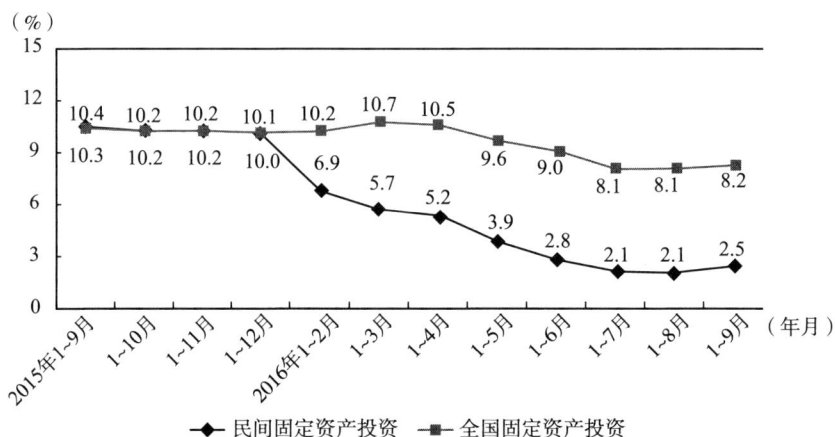

图 3－1 民间固定资产投资和全国固定资产投资增速

资料来源：国家统计局。

2011 年是一个非常值得关注的年份，因为一些重要的经济指标就是在这一年拐头向下。比如，GDP 增速从 2010 年的 10.4% 降至 9.2%，从此之后已经连降六年，估计 2017 年会走平，2018 年及以后仍会下行。此外，还有一个与民间投资相关的指标——房地产开发投资增速，从 2010 年的历史最高值 33% 降至 27.9%。假如民企在房地产开发投资中的占比在 80% 左右，那么，房地产开发投资增速的下降，也意味着民间房地产开发投资增速的下降。

除此之外，还有其他值得关注的指标也是在 2011 年掉头向下，如汽车类零售额增速在 2010 年达到 34.8% 的历史高点后，2011 年增速拐头下行至今；不少大宗商品价格也是在 2011 年开始走弱，黄金价格在经历十年上涨后的下行拐点，也出现在 2011 年的第三季度。因此，我们不难得出结论，即民间投资增速下行是在经济增速下行的大背景下发生的，总体表现为投资回报率的下降。

从图 3－2 看，民间投资增速在 2005 年的时候还超过 80%，经历了

11 年时间降至 2016 年 5 月接近零的水平。这说明天下没有不散的筵席,所谓的保持持续增长只是一厢情愿。从图 3 - 2 中可发现,民间投资增速真正下台阶是从 2012 年开始的,之前民间投资增速一直维持在 30%以上的水平。2012 年,民间投资增速出现下行拐点,比房地产开发投资增速的拐点出现只晚了一年。

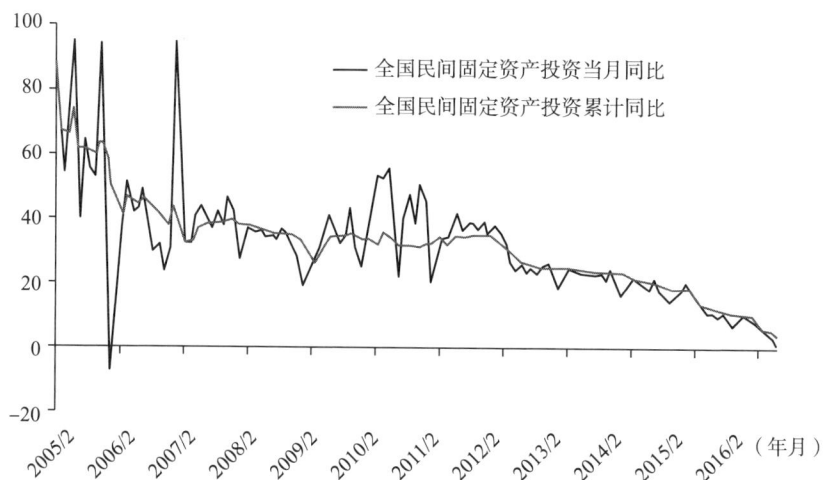

图 3 - 2 全国民间固定资产投资增速下行

资料来源:海通宏观于博供图。

如果你相信民间固定资产投资增速这条曲线的斜率不会有大变化,那么,我们离民间投资负增长的年代也就不远了。因此,要相信趋势的力量,而不是政策的力量,因为趋势一旦形成,便具有很大的惯性,趋势背后有逻辑支持;政策不能改变趋势,最多也就是改变趋势演绎中的斜率。不少人总是期望有妙手回春的政策出台,但作者始终如一的观点是,相信逻辑,不要相信奇迹。

人口因素是民间投资下行的核心原因

如前所述，2011 年是很多重要经济指标的下行拐点，因此，通过追溯数据可以发现，民间投资增速下行大约是从 2012 年开始的。经济下行可能是因为总需求减少，从而出现产能过剩，投资回报率下降，但经济下行也可能是投资意愿不足，即包括民间投资在内的投资增速下滑，也是经济下行的因素。

其实，2011 年还出现了两个人口方面的拐点。按照国际标准，15～64 岁劳动年龄人口占总人口比重的峰值在 2010 年达到 74.5% 的高点，2011 年开始净减少。而按照我国的劳动年龄标准，15～59 岁劳动年龄人口在 2012 年第一次出现了绝对下降，比上年减少 345 万人。此外，中国新增农民工的数量也在 2011 年出现了净减少，即从 2010 年新增农民工 1200 万人，降至 2011 年的 1000 万人，又降至 2015 年的 350 万人，其中新增外出农民工数量降至 60 多万人。此外，一个更惊人的数据变化是 2015 年流动人口首次净减少 500 多万人，流动人口的减少也会导致劳动力成本的上升和消费需求的下降（见图 3-3）。

经济增长从某种意义上说，就是人口现象。劳动年龄人口的减少，从生产要素的角度看，会增加劳动力成本，从而降低潜在增长率；从消费的角度看，劳动年龄人口同时又是购房、购车的主力人群，该主力人群的减少，必然会减少住房、汽车这两大与上下游产业链最为密切的消费品消费。

中国自 2000 年以后的经济高速增长，房地产和汽车这两大行业功不可没，因为这两大行业对于拉动其他行业，如钢铁、水泥、玻璃、石化、有色、家电、家具、建筑等众多行业的增长十分明显。人口红利和城市化都是阶段性的，所有国家处在这一阶段时，经济增速都会加快。

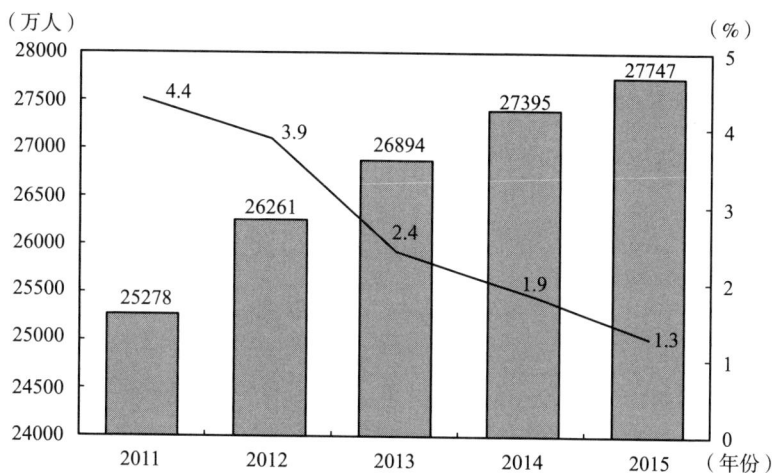

图 3-3　2011～2015 年中国农民工总量及增速变化

资料来源：国家统计局。

　　但是，随着人口红利的消退和城市化进程的放缓，投资增速的下降也是很正常的。比如，日本、德国、韩国等经济成功转型的国家，它们的投资增速下降与人口红利期结束及城市化进程放缓高度吻合。

　　由于人口老龄化是不可逆的，流动人口的减少也意味着社会经济结构渐趋稳定，投资机会自然就减少了，所以，民间投资增速的下降及今后的负增长，都是非常正常的现象。需要着力的是如何提高投资效益，而不是想方设法扩大投资规模、揠苗助长。

经济结构转型逼迫民间投资下降

　　民间投资主要集中在制造业和房地产这两大领域，制造业早在十多年前就出现了产能过剩问题，如今则是过剩问题更加严峻而已。房地产开发投资增速在 2010 年就达到了峰值，2015 年更是降至 1%，2016 年尽管出现了回升，也不改未来负增长的必然趋势，因为人口老龄化和流动人口减少的趋势是不可逆的。

　　传统产业的过剩会逼迫经济转型，如果转型过程中不给予民企相应的新兴行业准入机会，则民间投资增速必然下降。国务院早已看到了这一隐患，于是，早在 2005 年就颁布了鼓励民间投资的"36 条"，真可谓未雨绸缪。但民间投资依然还是青睐房地产和制造业，于是就有了当年江苏"铁本"事件的发生。不过从事后看，当初促转型似乎火候未到，到了 2010 年，国务院又出台了鼓励民间投资的"新 36 条"，把部分国企垄断的行业向民企开放，出台时机极佳，恰好是"两年四万亿"的第二年，希望民间投资能够接棒政府投资。

　　但是，"新 36 条"的落实情况似乎还是不够理想，原因是多方面的：首先，让民企进入的领域实际上是原先国企垄断的领域，这必然会因利益再分配而遇到阻力。其次，不少向民企开放的行业，往往存在资本壁垒、技术壁垒或其他壁垒，而民企多为草根出身，面对这些高精尖或高大上行业或会望而却步；第三，行政不作为现象在各地均有表现，为此，权威人士也提出"一分部署，九分落实"的观点，说明政策落实率低已经成为普遍现象。

　　近日，国务院颁布了《关于在市场体系建设中建立公平竞争审查制度的意见》，也是为了打破地方保护、行业壁垒和企业垄断，给民企提供更好的投资环境和更公平的投资机会，这与为民企解决融资难融资贵的问题是同样的出发点。但问题还是在于落实，如果说过去十多年来，落实总成问题，那么，你如何能确信接下来政策的落实率就能提高呢？

　　从 2016 年第一季度看，国企的固定资产投资增速超过 20%，而民间投资增速只有 5% 多一点，有人说是因为国企投资对民间投资产生了"挤出效应"，这种说法并不客观。一个原因当然与上述的经济转型有关，而另一个原因，则是国企还承担了稳增长的任务，因此，在投资回报率下降的情况下反而加杠杆，导致债务率提高。因此，随着经济增速下行，民间投资总是顺周期的，而国企业投资总是逆周期的。

根据财政部的数据，所有国企 2016 年 1～4 月份的负债同比增加了 18%，但利润却下降了 8.4%。另据上交所的数据，2015 年年报剔除金融企业后，上市国企的 ROE 为 5.9%，上市民企为 8.1%；所有国企的营收和利润都是负增长。说明盈利负增长的国企在投资加杠杆，而盈利正增长的民企却在去杠杆。当然，银行在国企加杠杆方面也起到了推波助澜的作用，因为国企贷款的道德风险要比民企小。综合上述数据，我们不难发现，在稳增长的目标下，容易出现资源错配的问题。

为了进一步了解非公有制企业对经济贡献的大小，作者试图找出非公经济的增加值占 GDP 比重的变化，但遗憾的是，国家统计局没有公布该数据，地方统计局则大部分不公布。数据比较全的有上海、江苏和广东三个省市，其中广东只包含民营企业和个体工商户，不包括三资企业。从图 3－4 可以发现，尽管江苏、广东、上海的非公经济占 GDP 中的比重都在逐年上升，但主要在 2012～2013 年开始放缓，之前上升的速度非常快，如上海 2001 年非公经济的占比只有 31%，十年之后就提高到了 50%，但最近五年却只提高了 1 个多百分点，江苏最近三年非公经济每年只上升 0.2 个百分点。这说明 2012 年之后，相对高效率的民企或外企已经从那些低回报的行业中撤离。

民企增加值在 GDP 中占比上升斜率趋平，与民间投资增速下行在时间上是同步的，故可以解释为由于民企投资增速的下降，导致民企对 GDP 贡献率上升趋缓。那么，民企投资趋于审慎的原因是什么呢？如前所述，一方面是经济增速下行带来投资回报率下降；另一方面则是在产业结构快速调整中，民企优势趋弱，如在 2012～2015 年这四年中，第二产业占 GDP 的比重下降了 4.8 个百分点，而第三产业的占比却上升

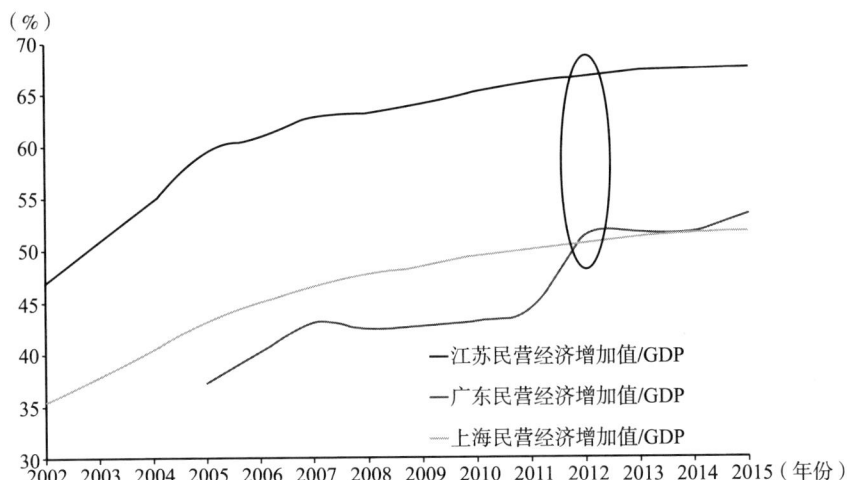

图 3-4　江苏、广东、上海民营经济增加值占 GDP 的比重变化

资料来源：各省统计局，海通宏观于博供图。

了 5.9 个百分点。这一结构变化的幅度，几乎等于 2012 年之前十年的变化幅度。

　　追溯历史可以发现，1998 年亚洲金融危机时，中国为了应对危机大搞基础设施建设。那个年代，基础设施是短缺的，故民营企业紧跟参与，当时江浙沪还出了不少民企的"公路大王"。2008 年发生次贷危机的时候，中国为了应对出口大幅减少导致的失业问题，又大搞"铁公基"，但这次民间资本的参与度就低了，因为到 2009 年时基础设施已经不再是"瓶颈"了，甚至有所过剩，这也是上一届政府要力推鼓励民间投资的"新 36 条"的动因。如今，中国经济稳增长还得靠基建投资，这个时候再让民企跟就难上加难了，这也是为何 PPP 项目民企不积极响应的原因。

　　此外，我们还可以从中国人民币贬值预期、劳动力和土地成本上升的角度来解释民间投资增速下降的原因，这也是经济结构调整的局部体现。由于人民币在 2005 ~ 2014 年这九年间不断升值，劳动力成本、土地成本也不断上升，劳动用工制度日益严格，使得民营企业过去所拥有的低成本优势在不断弱化。2015 年以后，随着人民币贬值预期上升，越来越多的民企从出口加工等传统制造业和房地产领域退出，少数企业把产业转移至东南亚地区，或到海外买房置业，或参与海外并购活动。中国已经成为全球第二大海外投资国，说明国外的投资机会比国内更多，因此，国内民间投资增速的下降也在情理之中。

（原文发表于 2016 年 6 月）

城镇化——中国经济再增长的动力还是阻力

在经济增速回落的今天，很多人都在思考今后十年中国经济持续增长的引擎，而城镇化再度被主流观点认为是中国经济增长的持久动力，或未来扩大内需的最大潜力，个别经济学家甚至认为城镇化是让中国经济未来二十年年均潜在增长率达到 8% 的主要原因。而在十年之前，大家公认的拉动中国经济增长的却有三大动力：世界工厂、城镇化和消费升级，因此，不妨从量化分析、国别经济发展比较等角度来客观评价城镇化的功效。

从农村看城市：中国或已步入城镇化的后期

2012 年，中国官方公布的城镇化率为 51%（2016 年已达到 57%），这是按常住人口概念计算得出的数据，有不少学者甚至认为，如果按户籍人口计算，城镇化率只有 30% 左右。这两个数据都预示着中国城镇化之路还可以至少延续 20 年（即城镇化率达到 70%）。但如果换一个角度看城镇化水平，去农村实地调研看看中国的"农村化率"，会发现农村的青壮年人口已经非常少了，而城镇化率＝1－农村化率。如果农村化率很低，是否意味着城镇化率较高呢？

官方公布的第一产业就业人口，主要是从事农业劳动的人数，而这一数据被大大高估了。比如，2011年国家统计局公布的第一产业就业人口为2.66亿，扣除城镇从事第一产业的360万人之后，农村从事第一产业的就业人数约为2.62亿。但这2.62亿农村劳动力中，究竟有多少是全职从事农业劳动，又有多少是兼职从事农业劳动呢？官方并没有作出说明。从农民纯收入的构成看，有接近40%的收入是工资性收入，可见很多被纳入"第一产业劳动人口"的人，实际上主要从事的是非农职业，而这部分人的数量约有8000万人。最后的结论是，目前中国农村主要从事农业劳动的人口大约只有1.6亿左右，比官方数据少近一个亿，而未来农村可向城镇转移的劳动力数量大约只有4000万～6000万。这意味着到2020年前后，中国的城镇化进程就大致结束了，目前中国或许已经步入城镇化的后期。

这个结论可以找出各种佐证：（1）第一产业增加值占GDP比重已经降至10%左右，尽管第一产业的劳动生产率在过去30年中大幅提升；（2）民工荒现象持续出现，学术界对刘易斯拐点的讨论；（3）城乡之间近3倍的收入差，决定了农村绝大部分青壮年劳动力没有理由继续从事农业劳动；而城镇从事环卫、园林等行业的低收入劳动者的老龄化现象，也证明了农村老年劳动人口也已经向城镇转移，如农民工的平均年龄达到39岁；（4）中国农民平均年龄快速上升，目前应该在50岁以上，与发达国家的农业劳动人口的年龄日益靠近。

如果城镇化不以常住人口（在某地居住六个月以上）的概念来划分，而是以"城镇非就业人口"加上"全国非农就业人口"除以全国总人口来估算城镇化率，作者估计 2016 年中国的城镇化率已经达到 60% 了。这也意味着，我们所憧憬的拉动未来经济增长的城镇化因素，其动力已比较有限。

"后城镇化"会否蜕变为经济增长的阻力

绝大部分人都相信城镇化是推动经济增长的重要因素，这在中国过去三十年的城镇化进程中已经被充分证明了。但是，从拉美和南亚这些步入中等收入陷阱的国家看，它们的经济停滞不前，但城市化率却仍在提升，如巴西的城市化率已经高达 80%，但经济却陷入长期徘徊的困境中，人均 GDP 达到一万美元左右后止步。据世界银行的数据，在 1960 年的 101 个中等收入经济体中，只有日本和亚洲"四小龙"等 13 个国家和地区先后进入高收入行列。可见，步入中等收入陷阱是大概率事件，当经济增长到了一定阶段，都会遇到发展的"瓶颈"，而城市化本身只是工业化的结果，而未必是经济增长的源泉。

回顾中国三十多年来的城镇化过程，支撑城镇化的主要是工业化。工业化之所以能如此迅猛地推进，一是靠中国大量廉价劳动力的优势，二是靠行政主导的大规模基础设施投资，从而有效地承接了发达国家的产业转移，让中国成为世界工厂。但中国接下来面临的困难会很多，从企业层面看，低端人力成本的刚性上升，产能过剩企业的杠杆率上升，今后企业会面临利润率下降、投资意愿不足的窘况；从政府层面看，一方面债务水平上升，制约其投资能力，另一方面，基础设施投资项目中盈利性项目比重不断降低，公益性项目比重会不断上升，这就需要消耗更多的财力；从农村转移劳动力层面看，过去三十年政府和企业为农民工所支付的酬劳很低，如今，不仅劳动力成本提高，而且随着农民工年龄的增长，子女在城里生活，政府必须提供更多的教育、医疗、福利等公共产品。据粗略估计，目前中国城镇中 30 岁以下的"穷二代"已经占城市总人口的 20% 左右。

过去三十年中，政府和企业从劳动总人口中获得的收益多、付出的成本少，这可以从财政收入占 GDP 比重、企业盈利占 GDP 比重的不断上升中得到印证。那么，未来十年这两个占比都将掉头向下，这也意味着全社会储蓄率水平下降，投资率也相应下降，进而导致经济增速进一步放慢。

有人说，城镇化会导致更多的购房等消费需求，从而成为拉动经济的最大内需，那么，为何过去三十年的城镇化过程没有让农民工成为买房群体呢？统计显示，农民工在城镇的自有住房拥有率非常低。而未来面对高房价，农民工更没有购买能力，只有靠政府提供廉租房等公共产品，而目前政府所能提供的保障房连城市户籍的低收入群体都难以完全满足。这意味着依托城镇化毫不费力地推动经济高速增长的黄金时代已经过去，今后城镇化率越上升，政府所要支付的成本就越大。

比较日本、韩国、新加坡及中国台湾地区等成功实现经济转型、成为发达国家和地区的城市化过程，发现它们的普遍特征是随着城市化率的上升，贫富差距普遍缩小，基尼系数都在 0.4 以下，日本、中国台湾等甚至低于 0.3。而那些步入中等收入陷阱的国家在城市化过程中，则无一例外地出现了贫富差距扩大的现象，如巴西的基尼系数甚至超过 0.5。而中国 2009 年的基尼系数为 0.47，呈现快速上升趋势，说明中国城镇化过程更接近拉美及南亚国家的特征。这应该足以引起警觉，即中国进入后城镇化阶段后，如果不能有效缩小贫富差距，不仅经济增速会放缓，还有可能步入中等收入陷阱。

行政区划僵化下的城镇化难以优化资源配置

城市的形成大致有三种模式：一是交通便利、资源充裕的优越地理环境自然形成的人口密集区，二是经济发达、产业集聚而形成的经济中心，三是依靠行政权力建立起来的区域。由于中国地方政府拥有较大的行政责任和权力，中国的城镇化过程错综复杂。比如，自然形成的城镇自古有之，不必赘述；而东部经济的率先发展，导致中国过去三十年来人口不断往东部流动，但行政区划管理体制下的行政性城镇化，则导致了政府主导下的投资向西部倾斜。

过去十多年中，被批准的区域振兴规划和经济技术开发区等数量众多，覆盖了全国各地。据不完全统计，仅 2008 年以来国务院就批准了 21 个区域振兴规划。尽管这些规划的推出都是为了拉动经济增长，实现地区间均衡发展，但过去的经验表明这些地区固定资产投资规模的逐年上升并没有带来相应的经济繁荣。如 2001~2010 年，西部地区的固定资产投资规模在全国的占比从 16.37% 提高到 19.58%，中部从 14.86% 提高到 17.14%，2012 年上半年更是达到 24%，而东部地区从 54.9% 降至如今的 50% 以下，但中西部和东北地区多年来不断增长的固定资产投资却没有带来 GDP 的同步增长，说明大规模投资并没有形成规模经济的要求，从而实现效益的提升。

更让人担忧的是，行政区划管理体制下的城镇化，不仅容易导致规模不经济，而且容易造成产业同构化和产能过剩。从过去的各地大炼钢铁闹剧，到后来光伏、风电等新兴产业一哄而上的奇观，都反映了各地方政府为了政绩而彼此争夺资源和消耗财力的行政区划体制属性。

综上所述，中国快速城镇化经历了三十多年后，所堆积的问题越来越多，矛盾也愈加尖锐，故未来的城镇化过程应该是成本大于收益，困难多于机遇。尤其在缩小贫富差距和提供公共产品和服务方面，要挑战政府的财政能力极限。此外，未来的城镇化过程能否做到去行政化也非常关键，否则城镇化所带来的成本和压力，与过去相比将不堪忍受。因此，未来的城镇化恐怕难以成为助推中国经济增长的动力，中国经济要健康发展，仍然绕不开改革。

（原文发表于 2012 年 12 月，本书对部分数据作了更新）

从国道到高铁：重塑中国的经济地理

中国如今到处都在修建高铁，从有了第一条高速公路到有了高铁，间隔时间不过二十多年。国道的最高限速是 80 公里/小时，高速公路的最高限速是 120 公里/小时，而高铁的最高限速是 300 公里/小时。速度的提升不仅改变了我们的时空观，还有更多我们意想不到的改变。

321 国道：曾让中国走上制造业大国之路

在没有高速公路之前，国道是中国交通的命脉，即便是现在也同样承担着货物运输的重要作用。321 国道，从成都出发，经过内江、泸州、贵阳、桂林、梧州、肇庆至广州，跨越四个省区，长度为 2220 公里。这是一条非常值得怀念的道路，因为它是从西部通向中国经济最发达的省份广东，通向让中国成为制造业大国的珠江三角洲。

321 国道也是一条中国西部农民迁移之路。321 国道起始地——四川，是中国人口第一大省（在重庆没有设直辖市之前），也是外出农民工最多的省份；经过的贵州是中国最穷的省份之一，人多山地多耕地少；与 321 国道挨得比较近的是湘西，同样是非常贫困的地区；即便是粤西，也是较为贫困。这些地区的外出农民，在过去三十多年中不断地沿着 321 国道去珠江三角洲地区打工。如今，他们打工的地方已经成为全国最发达的城市。

2010 年，广东的 GDP 已经达到 4.56 万亿元，占全国的 1/8，到 2015 年超过 7 万亿元，2016 年则可能赶上韩国经济总量。同样，广东的外来人口也是全国最多的，应该超过 3 千万人，其中大部分是农民工，而东莞又是广东吸纳外来务工人员最多的地方，最高年份达到近千万人。因此，东莞一度成为全球规模经济效应的神话，堪称世界城市发展史上的奇迹：磁头和电脑机箱产量占全球的 40%，覆铜板和驱动器占全球的 30%，IBM、康柏、惠普、贝尔等电脑公司都把东莞作为重要零部件采购基地。中国服装的 1/5 出自东莞，而羊毛衫年产 2 亿件以上。此外它还是中国家具的最大出口基地。

珠三角的工业奇迹也造就了中国奇迹。2011 年，中国制造业的增加值超过美国，中国真正成为全球制造大国。而让中国成为制造业大国的，正是那些沿着 321 国道、318 国道（中国最长的国道，从西藏樟木沿着北纬 30 度线到上海）以及其他传统路线到达珠江三角洲和长江三角洲的农民工。

过去三十多年来，中国经济奇迹般地增长。2009 年，美国《时代》周刊将"中国工人"评为年度人物亚军，而照片上那几位在深圳打工的女工，在 90 年代则是中国农民。中国农民在过去三十年中不断向东部沿海迁移，为中国制造业的发展提供了无穷无尽的廉价劳动力。这些在单调无比的流水线上连续工作 10 小时的深圳女工，成就了多少企业家把自己的小厂变成全球行业龙头的梦想。2010 年，中国人均 GDP 超过 4000 美元，已经成为中等偏上收入国家。2016 年，中国的人均 GDP 有望超过 8000 美元，这都与中国的劳动力从农村向城市转移，为中国经济提供了极为丰富的廉价劳动力资源密不可分。

高铁改变房地产格局：让二三线城市的地价飞起来

据报道，2016年中国高铁运营总里程已突破2万公里，远超铁道部2004年制定的2020年中国高铁总里程1.6万公里的目标。中国的高铁总里程超过发达国家高铁总里程之和，而美国至今为止还没有高铁。

中国高铁的最高运行速度也开创了世界第一，交通运输速度的提升大大缩短了时空的距离。比如，2010年武广高铁开通之后，长沙到广州只需要两个小时，这样一来，长沙和中国最发达城市的距离一下子"缩短"了，原先长沙的房价非常低，在武广高铁通车前夕就开始"飞"起来了，如长沙的武广新城楼价一年涨了30%，据称要媲美广州的天河城商圈。而湖南的郴州原本很少有游客去游玩，如今，从广州过去才1小时，使那里成为广东游客周末度假休闲的地方。

高铁确实重塑了中国的经济地理，原先认为偏远的地方，一下子拉近了距离。从区域经济的角度看，它带来的不仅是产业发展的机遇，更直接的是地价上涨带来的投资机会和当地政府财力的极大提升。因此，高铁的发展不能简单理解为交通工具的进步，更是观念、生活、投资机会以及GDP的增速。当你坐在舒适的高速列车上，宛如坐在德国或法国的火车上，没有喧哗，无须拥挤，也不用忍受各种味道带来的不适，如梦一般驶向未来。中国奢华气派的高铁车站，建得如机场一样，让欧洲的火车站相形见绌。

高铁的出现，实现了很多人的梦想，让旅行变得更轻松，让商务活动更快捷。不过，不是所有人都能够享受得起高铁带来的便利。比如，2011年武广高铁全程一等座票价为780元，二等座票价为490元，而火车的硬座价140元，硬卧才248元；从武汉到广州的机票，平时的折扣价平均才400元，也低于高铁二等座的票价。

中国高铁如此超预期地发展，在全球铁路发展史上都堪称奇迹，但随之而来的是如何在人口流动、土地流转和公共服务均等化方面推进改革。要提高要素生产率，仅仅靠交通设施的改善还是不够的，但良好的基础设施，肯定对于推进改革是很有利的。

（原文发表于 2011 年 1 月，本书对部分数据作了更新）

民企去产能、国企稳增长、中产加杠杆：经济能否突围

2016 年前三季度，我国的 GDP 增速均为 6.7%，随之而来的是铺天盖地的分析预测报告，官方总是一成不变的充满信心，学界则乐观与悲观参半。作者认为，既然要做宏观分析，就应该用望远镜看，若用显微镜去分析每个月的同比环比，纠结于小数点后面的经济增速，而不是展望经济未来的增长趋势与格局，实在没有太大意义。由于中国尚处在投资驱动阶段，且经济结构中投资占比远超同类型国家，故在本文中作者主要从投资主体及结构变化的角度展望中国经济的未来。

民间投资回落始于 2012 年

2016 年前三季度，民间投资增速只有 2.5%，为何 2016 年以来民间投资会快速回落呢？直接原因还是预期投资回报率的下降，因为经济下行、劳动力成本上升都会压缩民企的利润率。尽管政府也采取了多项举措来为民企降成本，但这些都是皮毛，难以阻止民间投资增速的回落，就像 2011 年，政府为了控制通胀，取消了蔬菜等农产品的公路运输费，用以降低农产的运输成本，但这并没有产生什么效果，因为运输成本是相对固定的，导致通胀上升的根本原因是人工成本上升（见图 3 – 5）。

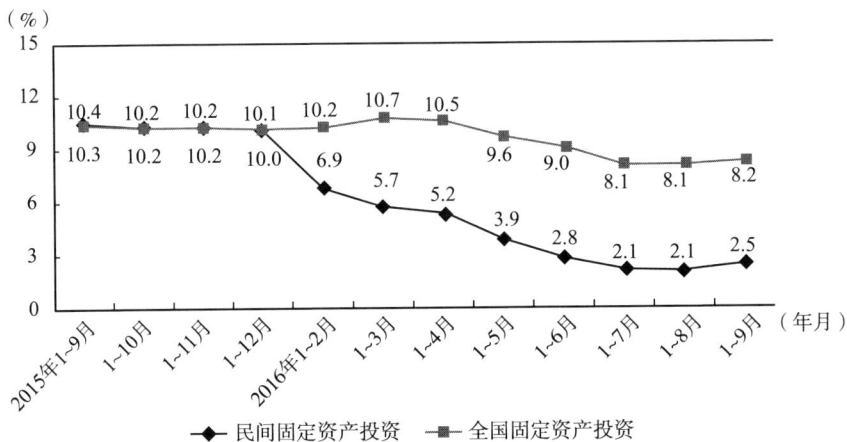

图 3－5　民间固定资产投资和全国固定资产投资增速

资料来源：国家统计局。

　　实体经济的预期投资回报率与金融投资平均预期回报率之间，应该有一个明显的利差，这个利差叫流动性溢价，因为金融投资的流动性较好，金融产品若想卖掉，基本上不用折价多少就能套现了；但实体投资就不一样了，一方面投资周期较长，另一方面流动性也不好，如在产能过剩的情况下想把生产线卖掉，能卖出好价钱吗？那么，当实体经济的投资回报率与金融投资回报率之间的溢价很少的时候，企业家当然就不愿意投资实业了。2016 年 6 月份，中国 M1 增速达到 24.6%，很大一部分原因是企业持币观望，因为实体经济的投资回报率下行，市场利率水平也处在历史低位。

　　为什么说民间投资增速回落始于 2012 年呢？这是有数据作为依据的，即民间投资增速从之前 30% 这个台阶降到了 20% 的台阶。这可能是因为两年 4 万亿的热潮过去之后，2011 年经济增速回落所致（见图 3－6）。

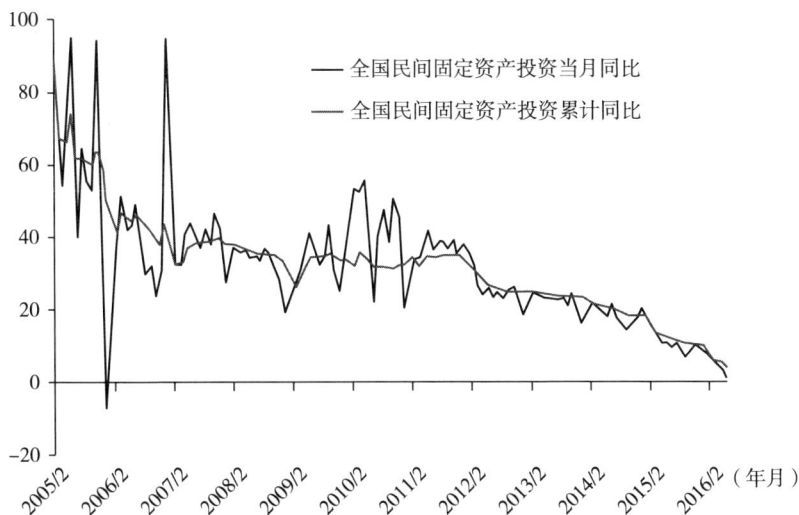

图 3 - 6　2012 年之后民间投资增速明显回落

资料来源：Wind。

　　当年国务院对民间投资很关注，因为 2009 年政府大力推进"铁公基"投资的时候，民间投资跟进不积极，于是，国务院在 2010 年出了一个以国退民进和扩大民间投资领域为核心内容的《关于鼓励民间投资的 36 条》。实际上，民间投资跟进最积极的阶段，还是朱镕基同志在 1998 年为了应对东南亚金融危机，大量推出基础设施建设项目的时候。可见，民间投资总是趋利的，有利可图的时候，就会积极跟进，所以，当年还出了好几个公路大王。

　　其实，当固定资产投资中的民间投资增速下行时，民间投资根本没有闲着，例如，脱实向虚是一条路径，海外直接投资也是一条路径。上海在是全国各省市中是民企海外投资最多的地方，官方数据显示，2016 年 1～8 月份，上海民企的海外投资占总投资的70%，且投资增速更高。这是否与人民币贬值预期以及国内资产荒有关呢？

美国移民局提供的一张图（见图3-7）也很有意思：2012年，来自中国的移民投资额出现了一个跳升，即从2011年的5亿美元跳升至2012年的15亿美元，至2015年已经上升至37亿美元，这似乎与人民币贬值预期无关。举这个例子只是想进一步说明，中国民间投资增速的下降，不是2016年才开始的，而是始于2012年，经历了一段渐变之后，才从量变到质变。

10亿美元

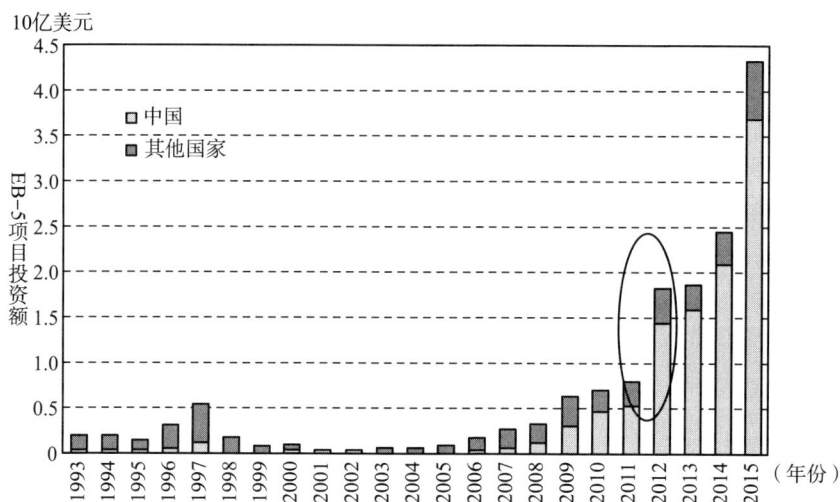

图3-7　中国移民在美国的投资额

资料来源：美国公民及移民服务局，罗森咨询公司。

民间投资增速的加速回落，也是民间去产能的过程。出口数据就是一个观察民间去产能的窗口，因为出口加工贸易一般都是民间投资参与的。2016年1~11月，中国出口负增长，但从结构上看，出口加工贸易的降幅更大，以致在出口贸易中的占比降了1.3个百分点。这也反映了外资的撤离和民营中国制造业向海外转移产业的趋势。

国企投资高增长与效益相背离

统计局数据显示，2016 年前 10 个月，国企投资增速达到 21%，但盈利状况不甚理想。从财政部公布的数据看，2016 年 1～10 月份国企的利润同比仅增长 0.4%，但负债增长 10.4%。

为何国企利润低增长但投资高增长呢？首先，国企要承担中国经济稳增长的任务，在 6.5%～7% 的 GDP 增速既定目标下，无论是中央各部委还是地方政府，都要承担稳增长的任务。例如，2016 年 1～10 月份，全国一般公共预算收入只增加 5.9%，但支出却增长 10%，超过收入增长近一倍。其中，中央一般公共预算本级支出同比增长 5.4%，地方一般公共预算支出同比增长 10.8%。

其次，商业银行大量信贷投放也让国企的投资比重"被动"上升。银行也是要背负利润指标的，而增加利润的直接有效方式就是多放贷，吃存贷差，但放贷给民营企业有诸多风险，不如多贷给国企，尽管给国企融资的存贷差会小些。而央行为了实现稳增长目标，7 年来首次提高 M2 的增速目标（13%），最后就变成了国企投资的高增长，进一步加剧了资源错配程度，使得国企杠杆率进一步提升。

最后，民企的融资成本相对较高，服务业中的不少行业对民企有准入限制，这也是民企投资被国企"挤出"的一大因素。由于民间投资在固定资产投资总额中占比较高，过去占全社会固定资产投资的 2/3，如今只有 60%，所以，为了弥补民间投资下降导致的"增长缺口"，国企就需要更高的投资增速来稳定全社会的投资增长。从目前这一现状看，去产能、去库存还相对容易些，但去杠杆难度很大，因为同时还要实现稳增长的目标。至少对国企而言，去杠杆的难度更大。

中产加杠杆：新增房贷大幅上升

尽管房地产开发投资增速的反弹对经济维稳功不可没，但其代价也是巨大的，尤其是居民对住房的需求增速是递减的，而这是由人口老龄化和城市化进程所决定的。目前，中国老龄化在加速，城市化在放缓。虽然 2016 年新房销售面积大增（见图 3 - 8），但预计之后就会减少，这如同朝三暮四与朝四暮三之间的关系。

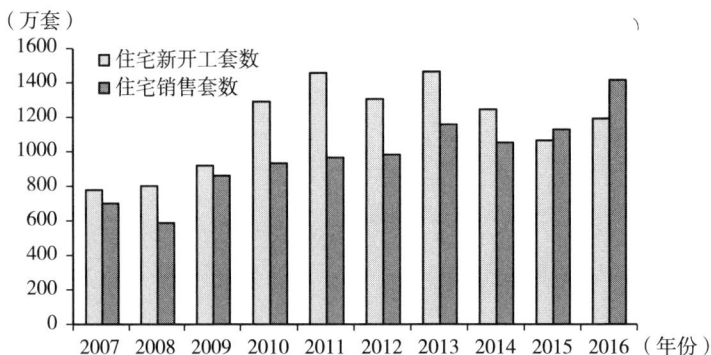

图 3 - 8　2007 ~ 2016 年住宅销售套数和新开工套数

资料来源：国家统计局。

在 2013 年之前，全国房价上涨了近 10 倍，但房贷规模增速很慢。而本轮房价上涨与过去的一个显著区别，就是房贷规模增长惊人。根据央行的数据，2016 年前三季度居民住房贷款累计新增 3.63 万亿元，同比多增 1.8 万亿元，估计 2016 年新增房贷将达到 5 万亿元左右，几乎比 2015 年翻了一倍，这种楼市加杠杆的速度在全球都是罕见的。而政府、企业及金融机构的债务增长也有类似之处，所以，尽管中国的总杠杆水平并不算太高，但近八年来债务增速是整个亚太地区中最快的。

美国的次贷实质上就是给中低收入群体买房提供贷款，最终导致次贷危机爆发；2015 年的国内股灾，则是由于个人投资者及私募基金场内融资与场外配资双管齐下酿成的。因此，居民加杠杆的风险同样很大，毕竟中国的房价已经神话般地连涨了 16 年，但神话一定会破灭，神话破灭往往发生在大家都认为泡沫不会破灭的时候。无论居民杠杆率还是企业杠杆率，都是有极限的。

从 2016 年 10 月开始，房地产销量出现了回落，估计全年新房销售将达到 1400 万套，比 2013 年又多了 20%，但这可能是楼市销量的历史峰值了。从中长期看，楼市繁荣也难以持久。

2017 年中国经济增速或继续下行

分析了上面三大问题，基本上可以判断未来经济的走势了，因为从历史上看，几乎所有国家当步入到政府、企业和居民的债务水平快速上升阶段之后，经济的减速就是共同的趋势了。当金融规模越来越大，实体的那部分相比之下就越来越小。为了应对经济下行，各国央行都选择了货币放水，但货币放水有用吗？至少从中国目前的情况看，金融扩张边际效应递减，这符合人民日报上权威人士的判断。

按照目前中国经济的运行模式，估计到 2019 年 M2 将突破 200 万亿元（见图 3 - 9），到 2023 年，固定资产投资规模或超过 GDP 总额，全社会的债务水平赶超发达国家，但人均居民收入还停留在发展中国家水平。

目前，货币政策基本没有再宽松的空间了，可否再提高财政赤字率呢？积极财政政策的效果肯定是明显的。如前所述，2016 年前三季度财政支出的增速超过财政支出近 1 倍，全年广义财政赤字率估计要达到 5% ~ 6% 的水平了。因此，政府加杠杆也不是无止境的。问题在于，太在意稳增长，或太在意 GDP 增速小数点后面的数字，就会影响供给侧结构性改革中五大任务的完成进程。

（万亿元）

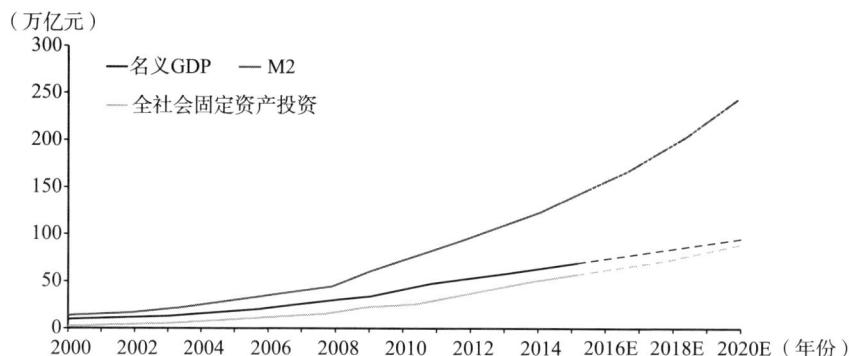

图 3-9　全社会固定资产投资额、M2 与名义 GDP 走势预测

资料来源：Wind，海通宏观。

2016 年三季度之后，有些数据看上去不错，如工业增加值略有回升，企业盈利状况有所好转，但这些数据究竟属于趋势性的上升，还是短暂的反弹呢？这些年来，中国经济在区域间分化的现象很明显，既有转型成功的，也有转型失败的，比如，北、上、广、深属于成功转型的地区（成功有其特殊原因，并非纯市场因素），东北则是转型失败的地区。如果把上海比作发达国家，就会发现未来的消费增速会持续下行（上海上半年只有 7% 左右），工业增加值将会负增长（上海大约为 -5%）。既然迟早会负增长，那么，何苦现在要死守呢？

2016 年是这些年来财政支出最大的一年，财力消耗过大了。正如前文所述，由于民间投资大幅下降，意味着国有经济要投入更大才能实现经济稳增长，如从 2015 年末至 2016 年 9 月末，银行间市场的债券托管额净增加 17 万亿元，达到 60.9 万亿元，发债主体主要是公有经济部门。

那么，2017 年中国经济还能维持那么高的财政支出吗？有人估计，2016 年是 GDP 增量（不变价格）创历史新高的一年，之前的一次新高是 2010 年，即两年 4 万亿刺激经济的第二年，达到 6.39 万亿元，之后中国经济增速就连年下行。2017 年，在美联储加息的压力下，利率上行或使债券发行规模不如 2016 年，故宽口径财政支出的增速也将低于 2016 年。

如果公有部门的投资增速下降可以通过私人部门的投资增速上升来弥补，则经济增长可以维持平稳，但需要判断 2017 年民间投资增速会否回升。2016 年 10 月份民间投资增速确实回升了，这也是财政政策连续发力的结果，即 PPI 回升。但 PPI 的回升主要靠上游，民营企业则主要集中在中下游行业，上游行业的回暖靠投资，中下游行业的回暖主要靠消费，如果利率走高而居民消费不振，则上游挤压下游利润的状况就难改变，民间投资增速的回升就有难度。

估计上游产业的复苏也是短暂的，因为 2017 年下半年之后，随着房地产投资增速的回落，上游产业中钢铁、水泥等行业的需求也会下降，仅靠基建投资拉动上游需求也是独木难支，况且基建投资依赖于政府财政，长期透支未来难以支撑下去。

西方国家的经济政策目标，一般只是盯住失业率，如美国的量化宽松货币政策也是以非农就业作为依据，从来不关注 GDP 增速多少，就业率水平一旦达标，马上就停止 QE。中国在 2016 年前三季度新增就业就达到了 1067 万人，已提前完成全年就业目标，估计全年新增就业可以达到 1350 万人，这就意味着 GDP 每增长 1 个百分点，就可以解决 200 万人的就业，而在 2009 年的时候，1 个百分点的新增 GDP 只能解决 80 万人左右的新增就业。可见，中国的产业结构已经发生了明显变化，既然就业不是问题，那为何还要在意 GDP 增速一定要在 6.5% 以上呢？

有乐观者认为，2017 年上半年中国经济可能见底。作者觉得，如果拼命去刺激经济，那么，短期见底是有可能的，但这不能改变经济增速下行的大趋势。而且，经济下行未必是坏事，往往发生在经济成功转型的时候，如发达国家也都是从高增长的落后国家升级为低增长的发达国家的。经济增长的目标应该与充分就业相关联，而不是去人为设定目标。经济结构是否改善，才是衡量经济好坏的最重要标准。比如，美国的经济增速就像目前的中国 A 股指数一样，如蜗牛爬行，一波三折；但美国标普指数的上涨势头就像中国 GDP 一样稳定上行。如果彼此换一下，该有多好。经济改革的目标则是要化解结构性问题，提高包括上市公司在内企业的 ROE，提升经济增长的质量，避免大级别金融危机的发生。

（原文发表于 2016 年 7 月，本书对部分数据作了更新）

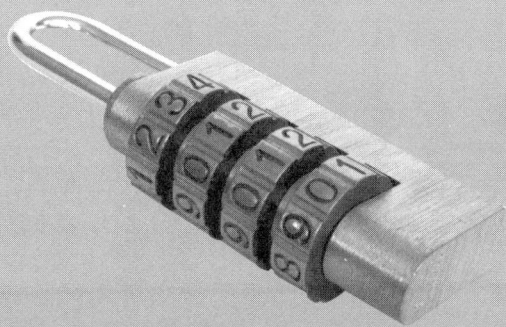

THE WEALTH CODE

第四章

致富之梦：经济成果惠及全民

"穷二代"现象：中国经济转型绕不过的坎

2012 年，在钓鱼岛主权问题引发的一系列打砸抢事件中，有多个城市的涉案人员被拘留，如深圳、长沙、广州、西安和青岛等地。从警方公布的资料可以发现，涉案人员有一些共性特征：外来人口、20 岁左右、无职业，这是应该引起重视的现象，也是典型的"穷二代"现象。

在中国经济高速增长的三十多年里，在社会总财富大量增加、温饱问题得到充分解决的同时，收入分配、社会养老等问题已然凸显出来。当高净值群体的财富迅速增长，仍有占据绝大多数的社会民众处于低收入、低保障的境地，"穷二代"的时候，现象也随之出现。

"穷二代"的存在是社会财富流动的结果，也同样是经济发展滞后、经济活力衰竭的原因。更严重的情势在于阶层利益的固化，将直接影响到社会稳定，乃至妨碍下一步中国经济的转型。

城镇"穷二代"的规模有多大

所谓"穷二代"，顾名思义，是指父辈贫穷、子女仍然没有摆脱贫穷，成为社会低收入群体的年轻一代。就城市而言，"穷二代"应该包括城市原住民中低收入群体的下一代、外来农民工中20世纪八九十年代出生的新生代农民工以及城市中第一代农民工的随迁子女等。在城市化过程中，由于外来人口在城市中的占比上升较快，所以"穷二代"更多产生于外来人口中。

或许有人会提出疑问：难道第一代农民工至今都很穷吗？虽然未必，但国家统计局公布的《2015年我国农民工调查监测报告》显示，仅有1.3%的外出农民工在务工地自购房。可见，第一代外出农民工经过那么多年的辛勤劳动，仍然是居无定所，那么，人们随迁子女的生活条件也难言小康。

此外，2013年外出农民工达到1.66亿人，其中，举家外出农民工数量达到3525万人，这意味着有相当大数量的农民工子女生活在城市里，究竟有多少呢？据《2015年全国教育事业发展统计公报》，2015年全国义务教育阶段在校生中进城务工人员随迁子女共1367.10万人，其中，在小学就读1013.56万人，在初中就读353.54万人。这并不包括非正规学校中就读的农民工子女，也不包括学前儿童和初中毕业后的农民工子女，累加起来应该会超过2000万人。

截至2015年，外出农民工共有1.69亿人。根据官方的统计数据推算，30岁以下的新生代农民工大约占外出农民工数量的60%以上，即1亿人以上。从受教育程度来看，以初中学历为主，占62%。在农民工中，接受过农业技术培训的仅占10.5%，年龄层次越低，接受农业技术培训的比例也越低，这说明青年农民工正逐渐丧失从事农业生产的技能。由此可见，新生代农民工队伍庞大、学历偏低，缺乏农业技能一旦回到农村，基本不会干农活。在官方的调查中还发现，2015年外出农民工的月平均工资收入为3359元，在城市的居住条件较差，大部分从事制造业和建筑业。

上述数据表明，在中国城镇生活的外来"穷二代"，其人数约1.2亿左右，占整个城镇人口的18%，这一比例已经不低了，如果再加上城镇户籍的"穷二代"人口，比例会更高。此外，这些"穷二代"的年轻人非常活跃，现在已是每天城市流动人群中的主流群体。

基本公共服务均等化任重道远

基本公共服务均等化已经提了很多年，也有明显的进展，但要实现这一目标，看来还遥遥无期。

首先，农民工子女普遍面临读书难问题。由于农民工的流动性大，且工作和居住地点大多在城郊接合部，而这些地方中小学数量少，但若公立学校就读，不仅路远而且各种费用高。于是，各种农民工子弟学校应运而生，但如遇到拆迁、没有获得当地教育管理部门的资质等问题，又不得不关停，导致农民工子女失学。比如，从2011年暑假开始，北京各区的拆迁波及了众多农民工子女的学业。拆迁风暴中，北京计划关停24所打工子弟学校，1.4万余名学生的去向引发了全国关注。

其次，农民工子女毕业后的前景问题，毕业即失业的现象较为普遍。农民工子女在接受义务教育至初中毕业后，在大部分城市都不符合参加中考条件，故上不了高中，若去工作年龄又不够，于是便有些孩子无所事事，四处闲逛，有的混迹网吧、游戏厅，有的甚至走上犯罪的道路。目前，虽然各地也相继出台了允许异地参加中考和高考的规定，但这些规定附加条件过多，实际能够通过异地考试而进入高中或大学阶段的农民工子女人数非常少，导致大部分子女仍只有初中学历。即便同样是初中学历，由于接受义务教育的学校不一样，学习环境、教学条件等差异也非常之大，因为不同的地区乃至同一城市不同行政区的学生，人均获得的教育经费有着巨大的差距。而民工子女作为弱势群体，所接受的教育条件与家庭条件优越的孩子相比，肯定是天壤之别，这也决定了他们今后的发展前景。

作为在农村接受义务教育的新生代农民工，也面临进城务工之后专业技能缺乏的问题，他们既不会种田，又不如第一代农民工勤奋，在城市生活成本不断提高的今天，他们的竞争能力也被削弱，大部分从事制造业和建筑业等低端劳动。此外，劳动时间过长、社会保障服务覆盖面不大也是基本公共服务均等化存在问题的表现，如2011年的调查数据显示，雇主或单位为农民工缴纳养老保险、工伤保险、医疗保险、失业保险和生育保险的比例分别只有13.9%、23.6%、16.7%、8%和5.6%。

基本公共服务均等化要有大的突破，改变现有的户籍制度甚为关键，社会保障、教育医疗等改革也必须有更大的动作。否则，农民工的子女仍是农民工、穷人的儿子仍是穷人的现实就难以根本改变。

改善社会福利成本低于维稳成本

农民工对中国经济增长的贡献是不可磨灭的，中国制造业创造的增加值全球第一、出口额全球第一，都与农民工的贡献密不可分。为此，美国《时代》周刊在2009年将"中国工人"评为年度人物亚军，而照片上的几位在深圳打工的女工，实际上都是农民工。

第一代农民工从贫困的农村来到可以让自己收入翻几倍的城市，即便住在拥挤、破落的简易房里，得不到与户籍人口同等的福利和尊重，也不会有太大的心理落差。而他们的子女却不一样：从小生活在城市，感受到方方面面的不平等，在教育、医疗、就业、社会福利等方面都会低人一等，他们所感受的社会不公、生活艰辛和前景黯淡，比父辈们要强烈得多，也更容易产生对社会的仇视心理。

通过对不少城市犯罪人员来源的调研发现，各城市犯罪人员中外来人口占比非常高，最低为 70%，最高甚至达到 90%，而犯罪年龄则较低，普遍都在 20 多岁。这一调研结果与 2012 年反日游行中"打砸抢"事件的犯罪人员来源及年龄高度吻合。

"穷二代"犯罪率较高的这一现象其实早就出现了，有不少学者做过细致的研究并提出建议和对策，但却迟迟没有被采纳、实施，其后果是国内的维稳成本不断上升。比如，在一些重大活动筹备和举办期间，如奥运和世博会，物价管理部门都不敢出台调价方案，怕引发公众的不满，影响盛会的举办；而在通胀阶段，也不敢调物价，怕影响社会稳定。关于社会维稳成本究竟有多大，没有确切的数据，这可能还得区分狭义和广义的维稳成本。维持物价稳定而付出的代价，应该是属于广义的维稳成本。之所以连物价稳定与否也高度紧张，实质问题就是中国贫富差距过大，低收入群体在城市中的占比过大。但如果水电煤油等价格长期没有理顺，对中国的经济结构调整、产业转型和升级是十分不利的，但现实的情况却是：中国物价改革的"时间窗口"很短暂。

从上述的案例中，我们可以得出一个看似荒唐的结论——"穷二代"阻碍了物价改革和经济转型。既然如此，对策就应该是提高"穷二代"的福利水平，增强他们对物价上涨的承受能力：在养老、医疗、失业等方面给予支持，在基础教育、中考、高考和就业等方面给予公平机会，在物价上涨时对低收入群体给予了补贴，这些对城市外来低收入务工人员及失去劳动能力人员的福利或公平待遇，其成本是容易计算的；同时，相信为此而付出的成本总额要远低于所谓的维稳成本。

更应该反省的是，改革开放三十多年来，中国农民为工业、城市发展提供了全球总量最大的劳动力资源，使中国成为了全球制造业第一大国和中等偏上收入的国家，但这一群体所获得的回报，却是中国所有群体中最少的。因此，从道义上讲，现在也该是给予福利上补偿的时候了。

当然，增加福利只是治标不治本的举措，真正能让中国社会长治久安的，还是得靠改革，即通过改革来缩小贫富差距，让社会更公平、更透明，实现基本公共服务均等化和竞争机会的均等化，增加低收入群体的幸福感。当然，改革同样有成本，但改革的成本加上增加社会福利的成本，仍然会少于纯粹的维稳成本。

（原文发表于 2012 年 9 月，本书对部分数据作了更新）

中国经济高增长：被忽视的非体制性因素

中国经济增长中的非体制性因素往往被大家所忽视，如在全球经济史很长一段时间内，中国的 GDP 总量稳居全球第一，似乎与政体的关联度不大。因此，结合 2015 年初以来股市出现的奇异现象，作者试着在本文中发掘中国经济高增长原因中被忽视的因素，因为在股市暴涨暴跌的背后，其实也隐含了国人的文化传承和思维特性，这与社会体制的关系不大，却对中国的经济、金融等发展有着深远的影响。

思维模式的不同造就中西方文明的分野

2015 年 6 月，股市出现大幅下跌，虽然政府高层及监管部门采取了多重救市措施，但市场依然出现了大面积的跌停。这样的情形在成熟市场上很少见，而 A 股为什么会出现这种跌法呢？

作者曾在 2012 年写过一篇文章，题目叫作《中国投资者为何爱讲故事不爱算估值》。股市在美国有 200 多年的历史，在中国只有二十多年的历史。虽然历史较短，但中国股市发展非常快，这与我们民族的文化和思维特性有一定的相关性，即国人受外来宗教文化的影响较小，佛教传到中国之后，便被民俗化了，增加了太多中国文化的元素，如福禄寿文化。国人的股票交易偏好源于对财神爷的膜拜，对于估值概念的模糊是因为形象思维过于发达，而抽象思维和逻辑思维偏弱，如中国的绘画更重在写意，不追求画中风景及人物和现实之间的逼真度。

举一个例子。北宋皇帝宋徽宗赵佶喜欢绘画，有一次，他给画家们出了一个命题——"踏花归去马蹄香"，让画家将此句的内容体现出来。有的画家在"踏花"二字上下功夫，在画面上画了许许多多的花瓣儿；有的画家运思独苦，在"蹄"字上下功夫，在画面上画了一只大大的马蹄，特别醒目。只有一位画家独具匠心，他的画面是：落日近黄昏的时刻，一位游玩了一天的官人骑着马回归乡里，马儿疾驰，马蹄高举，几只蝴蝶追逐着马蹄翩跹飞舞。可见，中国画的重心不在写实，而在于写意，在于表达一种意境和情绪。

其实，中西方绘画的起源都是一样的，如迄今我们还能发现一些西部地区山上的岩画，其实中外都有岩画。西方的古典油画也是从写意绘画发展过来，但很快就进入了新的阶段，它强调对象、光线、环境与视点的四固定，更加追求客观、写实和逼真，故称之为透视艺术。

图 4-1 是两张对比图，一张是卢浮宫雕塑图，另一张是唐朝的仕女画。两件作品的人物动作比较相似，主题都是表现女性优美的姿态，也都比较细致。但卢浮宫这尊雕塑更为逼真。比如，在艺术的现实表达上，卢浮宫的雕刻更注重细节，水波纹似的衣服褶皱极其细致地雕刻在身上，不仅显示出衣服材料的轻薄柔软，还将女性特有的曲线美展露无遗；而唐代仕女图则颜色的深浅厚薄来表达衣物的轻薄感。这就是东西方艺术的差别。中国人重视美人意象的塑造，西方的表达形式则比较逼真，其细致、精确、逼真的风格逐渐演化成为现代数字化技术的基础。中国画则做不到。再比较一下掷铁饼者和秦朝的兵马俑，这两个雕塑和

陶俑作品的创作时间差不多，即都处于公元前300~600年之间，但不难发现，公元前中西方艺术作品的仿真程度和细致程度已经出现差异了。

卢浮宫雕塑藏品 　　　　　　　唐代仕女图

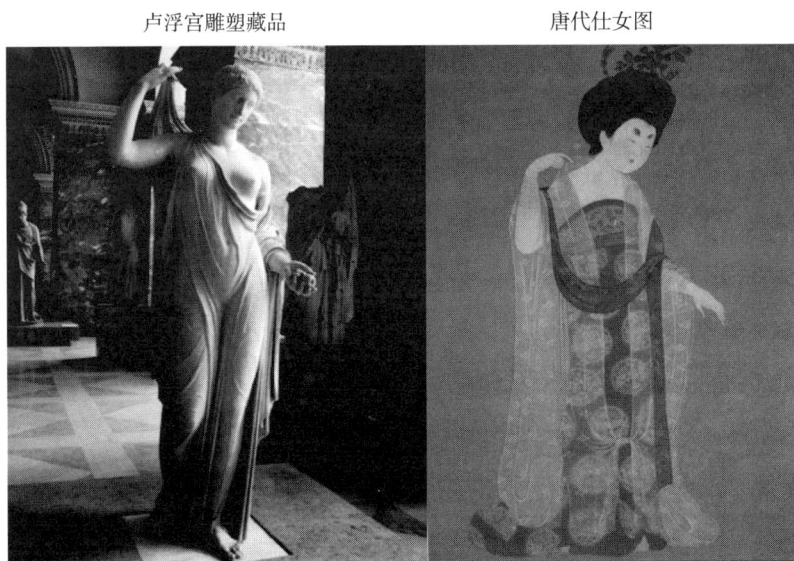

图4-1　卢浮宫雕塑与唐朝仕女画

资料来源：左为作者摄于卢浮宫，右为辽宁省博物馆馆藏（作者周昉）。

从秦朝到清末，中华民族的雕塑艺术就没怎么突飞猛进过，观察2000多年历朝历代的各种雕塑，似乎在雕刻工艺和技术上没有大的飞跃，都不是在追求细节的逼真。只有在西方的绘画、雕塑艺术和技能引进中国后，中国的绘画和雕塑水平才有了很大进步，所以说中国人追求的不是细节如何逼真，而是重在写意，追求神似而非形似；西方人从它的艺术到科学都在追求写实和细节的逼真度，如有人怀疑，罗丹的雕塑是从真人模特上翻制出来的。为什么中国人爱讲故事，而西方人讲估值，同样可以从西医和中医之间的区别等多个方面来印证。

再从文字起源看，无论象形、楔形文字还是甲骨文，都很难推断文明演进的异同；虽然目前中文已跟原来的形象相去甚远，但仍属于表意文字，音、形、意相互联系，为形象思维提供了方便的工具。欧洲各种字母的共同来源，是希腊字母孳生的拉丁字母和斯拉夫字母，希腊字母则由腓尼基字母演变而来，而腓尼基字母则是公元前 15 世纪在古埃及人创造的一种象形文字"圣书字"基础上产生的。可见，欧洲文字与汉字的起源都是象形文字，但前者经历了多次创新转型，已经脱胎换骨，完全没有了象形文字的痕迹，语法、逻辑性、抽象性都很鲜明；后者原来没有系统的语法，没有标点符号，动词没有时态，名词没有阴性、阳性、单数、复数之分。

中国传统思维模式影响投资理念

如果资本市场的研究员们对 A 股估值体系扭曲现象长期存在的各种解释均不能令人信服的话，是否可以从中国传统思维的特性上来寻求解释呢？在中国对外开放度比较高的今天，中国人喜欢到境外参与博彩活动已为世人所知。根据澳门统计及普查局的数据，2002～2011 年，澳门博彩业收入从 235 亿澳门元上升至 2691 亿澳门元，九年增加了 10 倍，且 2010 年的收入已经是拉斯维加斯博彩业的 4 倍。而在澳门消费的主体人群来自大陆。喜好博彩，本质上是通过参与亏损概率较大的不确定性活动以期获得高回报，这与理性投资活动存在明显分野。这一方面反映出国人对财富的欲望强过全球其他民族，比如受基督教、伊斯兰教、印度教影响较深的民族，另一方面是否也说明我们不够理性思维的特性？

因此，从文字的演进再结合中国人的思维和行为实例，大致可以看出：东方传统思维的特征大体是归纳能力强，逻辑演绎推理弱，辩证逻辑能力强于形式逻辑；注重局部与个案经验，忽视整体思维，缺少理论框架。从表意文字到写意绘画，再到如今给予新股、创业板、新兴产业或偏远地区上市公司较高的估值，这些事物之间是否有一定的内在联系呢？

对于透明度高的企业，给予低估值；对于透明度低的企业，给予高估值；对于盈利模式不稳定的中小企业，给予高估值；对于盈利有保障的大企业，给予低估值，这显然是不符合形式逻辑的。当我们把西方油画与中国国画进行对比，也会发现西方油画的写实犹如摄影作品，如实反映现状；而国画尽管非常美，但细看起来，画中的高低远近比例多有点失调和失真。尽管我们可以对国画的艺术风采和价值推崇备至，但这样一种写意的思维若带到非艺术领域，是否有益于该领域的进步呢？至少作者怀疑，目前 A 股估值体系的紊乱与传统思维模式多少有点联系。

从追求长生不老药到期望刀枪不入，从"大跃进"时提出"人有多大胆、地有多大产"，到之后提出各种赶超口号，都反映出"非理性预期（意愿）"在中国仍然有广泛的人文基础。在股市上，则表现为 A 股市场上经常会给予那些八字还没一撇的公司很高的估值，而在 H 股市场上这些公司则备受冷落。此外，即便 A 股投资者也会把市盈率和盈利增长率作为估值依据，但仅仅用这几个参考指标还是太少，估值的精准度不够。

中国两大非体制性优势：交易偏好和勤奋

中国人具有交易偏好的特点

中国的股市在短短二十多年时间内，已经扩张为全球市值第二、交易量第一的超大市场。中国居民家庭的资产配置中，房地产配置占第一位，为65%左右股市投资大概占3%～5%左右，而美国居民的资产配置中，股票的直接和间接投资合计要占30%。中国的人均GDP水平只有美国的15%，但中国目前的股票交易量居然超过了美国，从2015年上半年来看，整个沪深两地交易量超过美国纳斯达克加上纽交所，说明中国人非常偏好交易，偏好交易源于对财富的追求。

　　图4－2显示，印度股市的换手率是非常低的。中国股市按目前的趋势看，深市换手率可以达到700%，印度孟买股市2014年一年的换手率大概只有7%。中印都是发展中国家，股票换手率竟然差距100倍，说明了国人对不确定性博弈的偏好。

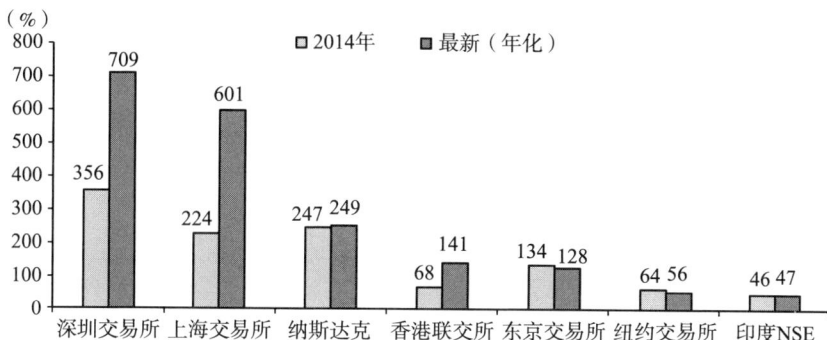

图4－2　全球代表市场换手率数据对比

资料来源：Wind，海通证券研究所。

　　中国人的交易偏好不仅体现在股市上，其实，我们的外贸（进出口）和内贸（如淘宝、京东等）交易额也是世界第一的，这有历史的渊源，如我们一直在宣扬的丝绸之路，中国在明清时期对外贸易已经是全球第一了，中国对所有国家几乎都是顺差，在鸦片战争前的150年间，中国由于大量的外贸顺差，使得全球生产的近一半白银流入境内，导致全球性的"银荒"，其中对英国的顺差最大，这最终导致了鸦片战争的爆发。鸦片战争就是因为英国希望中国从它那里进口货物，但是清政府认为英国没什么好东西是我们需要的，并采取严惩手段对付东印度公司将鸦片出口中国，最终引发了战争。

再进一步引申，中国的大量森林砍伐不是"文革"时期发生的，早在北宋就开始了，北宋人口多，但国土面积大量缩减，为了生存只好大量毁林造田。到了明清，就是因为江南广种桑树，可以养蚕来出口丝绸以换取白银，于是，曾经茂密的森林惨遭砍伐。由此可以看出，中国早就有重商主义和喜欢交易的特性，财富积累是最大的追求。

目前，我国的国际贸易进出口总额全球第一，出口占全球份额接近14%，股票交易量全球第一，这也是充分体现了我们民族的特征。或许欧洲有基督教文化、中亚有伊斯兰文化，印度有婆罗门教文化，这三大宗教对这些民族的观念和行为的约束力要远远超越东亚这几个儒家文化国家。

反过来讲，为什么印度未来经济的增长不被作者十分看好，也是由它的民族特性决定的。虽然印度的人口增速超过中国，但其受到印度宗教文化的影响，比如，印度教认为富裕与贫困是命中注定的，只能祈求来世改变命运，故低等级的人就不往高等级人居住区迁移，人口密度高的地方反而穷，与中国正好相反。中国是人口密度高的地方比较富有，人口密度低的地方比较穷。所以，中国社会与李嘉图的比较优势说很一致，资源利用率较高，印度则相反。

另外，印度教的种姓制度中，第一等是婆罗门，如贵族和僧侣；第二等是刹帝利，即军人、教师和行政贵族，他们拥有征收各种赋税的特权；第三等是吠舍，包括商人，故从事贸易的人地位较低，印度教不主张贸易。所以，2015 年印度外贸总额在全球只占 1.66%，出口额可能只比中国的深圳多一点，而中国、韩国、日本、德国尽管人均耕地面积要远低于世界平均水平，但却充分利用了资源禀赋，都是贸易大国、出口大国和制造业大国。从这个角度看，作者认为未来中国还是非常有希望跨越"中等收入陷阱"。

中国人的勤劳可以弥补资源禀赋的不足

凡是人均耕地面积少的国家，比如中国、日本、韩国和德国，其人均耕地面积远远低于世界平均水平，可它们都是制造业大国；而那些人均耕地面积多的国家，并没有成为制造业大国，原因在于先天条件的不足能够触发后天勤奋工作，中国人另外一个特点就是勤奋。

经济增长的非体制性因素中，中国有两大优势：一大优势如前所述——喜欢交易，而另一大优势就是勤劳，这一特点对于中国提升经济在全球经济中的地位还是比较有利的。喜欢交易就要寻找最佳资源组合，获取利差，不断追求比较优势。勤劳则可以弥补资源禀赋的不足，比如说矿产资源的不足、土地可耕面积的不足等。有关中国人勤劳方面的实例很多。

图 4-3 反映了各国 15 岁以上女性的就业参与率。我们可以发现中国的女性就业参与率要远远超过其他国家，比如美国、巴西、印度和俄罗斯。此外，你可以发现印度女性就业参与率基本是最低的，只有 27%。中国则是从原先的 70% 多降到 63.9%，尽管如此还是最高的。

我们经常讲到的中国和印度的人口红利，印度虽然可就业人口很多，但就业参与率很低，所以，其人口红利也不能在经济增长中充分体现。而中国女性的就业参与率基本在全世界是最高的。

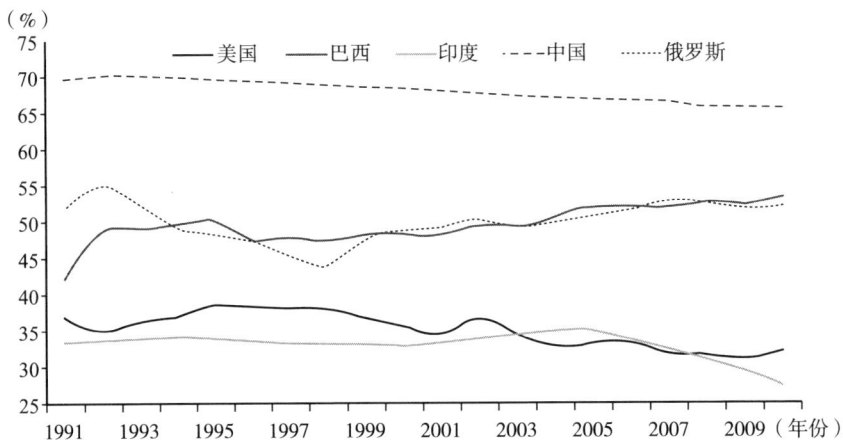

图 4-3　各国 15 岁以上女性的就业参与率比较

资料来源：Wind，海通证券研究所。

2012 年的调查数据显示，中国 2.3 亿流动人口的工作时间平均每周是 54.6 小时，非流动人口的平均每周工作时间是 45 个小时。相比之下，美国人平均工作时间是 40 个小时，日本是 41 个小时，欧洲国家只有 37 个小时。这也反映了中国劳动力的劳动时间长度也领先于全球。

前文讲的中国人的两大特点，一个是勤劳，另一个是喜欢交易，包括实物贸易和金融交易都是非常活跃的。东亚文化中，喜欢交易的除了两岸同胞外，韩国人也喜欢交易。在中国的期货市场没有开设之前，韩国的股指期货曾经一度在全球期货交易各大品种市场中排名第一。

受到儒家文化影响的东亚民族，如韩国、日本、中国，还包括新加坡和中国台湾地区，普遍共性是勤劳、勤奋、爱好学习和喜欢交易。东亚人的勤劳、勤奋，或与人均资源的匮乏有关，如日本土地匮乏，导致他们的土地一直实行"长子继承制"，该制度执行了近千年，第二次世界大战后才废除。由于家庭的土地只能传给长子，其他子女只有到外面去自谋出路，这就导致了日本历史上大量婴儿被虐杀的现象。在如此恶劣的生存环境下，唯有勤劳努力，才能求得生存，才能占有更多资源。

中国的历史上，甚至包括前些年，同样也出现过大量虐杀婴儿的现象。而道教作为中国的传统宗教和哲学，是追求长生不老。儒释道在中国已经充分融合，人们的人生哲学并不是寄希望于来世，而是以福禄寿作为今生的最大目标。我国西汉著名史学家、文学家司马迁在《史记》的第一百二十九章"货殖列传"中就写道：天下熙熙，皆为利来；天下攘攘，皆为利往。

因此，中国、日本、韩国这三个人均耕地面积远小于世界平均水平的国家，都成为了全球出口大国，这恐怕不是体制性因素起主要作用。人们对资源或财富的渴求，必然使得整个民族积极参与各类经济活动，实物贸易和金融交易就会非常活跃，导致整个经济增长保持比较快的速度。在一个没有明显受宗教影响的地区，人作为经济动物的属性就会发挥得淋漓尽致，更符合马克思《资本论》的有关定律，作者认为整个东亚文化有它的共性。

中国实现产业升级面临的挑战

从另一个方面看，中华民族有不少劣势，就导致了中西方经济发展的差距拉大。作者认为，中国产业升级过程中，我们需要克服的两大劣势是：一是系统思考能力不足，二是功利性过强。

首先，中国经济经常出现的问题是规划的"短视现象"。举基础设施建设为例，路总是反复修挖，很多高速公路宽度不够，需要扩宽；纽约地铁双向四车道，京沪高铁比纽约晚建那么多年，为何只有双向二车道？这是因为中国人急功近利，偏重眼前利益，还是因为我们思维的缺陷：逻辑思维中的逻辑链不够长，系统思考能力缺乏？现代工业、服务业等产业的发展，越来越要求着眼于长远，系统性、全面性的要求越来越高，所谓的顶层设计。我们往往嘴上喊着顶层设计的口号，却做着"摸石头过河"的事。

其次是功利性过强问题。以股票的换手率为例，日本在1990年股市交易最高峰的时候，年换手率只有100%，而中国台湾股市的交易量在1990年的时候，竟然是纽交所和东京交易所的交易量之和。90年代初，中国和中国台湾地区的换手率在全球排名分居第一和第二，两岸民众都如此偏好交易，足见我们还是同宗同俗，都有一样的偏好。另外，可以看到德国的股票换手率也是比较低的，参与股票交易的人很少。在过去十年中，德国的股民数量是减少的，德国股民人数仅占本国人口总数的7.1%，这一比例在英国为23%，在美国为25%，虽然它们的经济都是非常发达的。

日本和德国这两个民族在股票交易或参与博弈方面，都不像中国人这么有兴趣。对不确定性的交易偏好，或反映了民族的逻辑思维特性。日本和德国这两个国家之所以能成为制造业强国，可能在于它们对确定性收益的追求和对不确定收益的回避。凡事都有利有弊，若这两个民族过于热衷交易，在其他方面就会失去一些。中国虽是制造业大国，却不是强国，中国制造业大部分是加工工业，处在中低端，高精尖的比较少。日本和德国恰恰在高精尖上都是强项，高精尖技术都是令世人瞩目，如德国提出的工业4.0，日本的机器人发展，非常有前瞻性，还有以前的造船工业、汽车工业、精密机械行业等，它们都是领先的。

尽管中国发展经济的优势是人的勤劳，中国制造对全球的市场影响、在市场中所占份额的优势令人惊叹。但当我们具备大量的复制能力的时候，产能过剩也伴随而来。和几百年前一样，复制所获取的利差非常薄，中国百年前的盈利模式是否还能持续百年？在以财富为人生第一追求的普世观影响下，要潜心做研究、做技术就很难了。我们什么领域都会涉及，但都带着很强的功利性，这一特性，在过去一千年没有变化，今后一百年能不能改变，是一个很大的疑问。

在中国科举制度的 1300 多年历史中，学而优则仕的理论已经根深蒂固地植入民间，因此，中国的科技一直不被主流社会所重视。直至今日，中国在世界技能大赛上的成绩一直较差，远不如韩国、日本、德国等。目前，大学生已经明显过剩，但几乎所有的家长依然都希望小孩念大学，成为白领、坐办公室，而工业产业升级所需的技工却明显不足，技校的学生往往是无望考取大学或上不起大学的。

单纯从人均 GDP 过万美元这个角度来讲，跨过高收入国家标准的 12700 美元人均 GDP 这个门槛，应该是早晚的事。但问题在于，怎么能够在全球取得强国的地位。目前，世界银行之所以将 12700 美元左右定为步入高收入国家的门槛，是因为全球只有占整个人口 20% 左右的国家被纳入其中，而中国一个国家人口占全球比重就接近 20%，如果也要成为高收入国家，这岂不是需要让其他原本是高收入国家的人口倒退回中高收入或中等收入吗？所以，高收入人口一旦超过 20%，那就要再度抬高高收入的标准了。

四大流动性优势与增长极限：人口流、货物流、金融流和信息流

流水不腐，流动创造价值。人口流、货物流、金融流和信息流，这四大流构成中国经济增长的动力。无论是过去还是未来，只要这四大流动性保持全球领先，则中国经济引领全球的可能性还是很大。

首先看中国人口的流动性。经济增长从某种意义上讲，就是一种人口现象。随着中国人口红利的逐步消失，中国经济增速回落就成为必然。中国有句老话说，人多力量大。确实，中国在历史上的很长时期，GDP 规模就一直是全球第一，最多时甚至要占到全球的 1/3。中国历史

上大约有过几次人口暴增，其中一次是北宋，人口增长到 1 亿，这是由于农业生产技术提高，如稻谷种植从单季稻变为双季稻；一次是清朝，这与哥伦布发现美洲大陆有很大关系，美洲的土豆、红薯、玉米三大耐寒、耐旱又高产的粮食作物在明末传入中国，清朝的耕地面积扩大了 4 倍，人口增长到 4 亿；第三次是 1949 年中国内战结束之后至今的 60 多年和平时期，这与医药和医疗水平大幅提高有关，使得人均寿命大幅提高和出生死亡率大幅下降。

而在过去三十多年中，人口增长的速度逐步放慢，但人口的流动性大幅增加。以人口流为例，仅农民工进城的数量就是全球人口迁移规模最大的，现在是 1.36 亿人，故我们正在经历的也是全球规模最大的人口流动的城镇化过程。中国目前以农业人口转业为特征的城镇化过程已经到了后期，农民工进城的数量开始出现下降，如 2010 年中国大概新增 1200 万的农民工进城，2016 年新增农民工数量减少到 160 万，随着经济增速下行和人口老龄化，新增农民工数量将继续减少。

那么，中国以农业人口转业为特征的城镇化现在已经到了晚期，这是否意味着中国城镇化就没有太大的空间了呢？中国以城镇化推动的经济增长是否就要放慢了呢？作者认为还会推进，但这个推进应该是"大城市化"的过程，也就是深度的城镇化。这个进程现在已经在加速了。

不可否认的是，中国劳动年龄人口从 2012 年开始净减少，城镇化率上升速度开始放慢，这意味着中国经济高增长时代的结束。而且，拉动中国经济增长的两大动力：房子和车子的销售增速最终肯定会随着人口老龄化和流动人口的减少而下降，这又导致与这两大消费品相关的行业，如钢铁、水泥、有色、化工、家具、家电等都受到影响，从而导致产能过剩和投资萎缩，进而促使经济增速回落。

第二个流是货物流。中国出口规模全球第一，尽管出口增速下降，但中国在全球的出口份额占比仍在上升过程中。出口的迅猛增长，与过去三十多年来大量引进外资有关，故加工贸易在中国出口贸易中的占比一直较高。同时，由于中国的产能在迅猛扩张，已经成为全球制造业第一大国，故无论是外贸还是内贸，都是全球规模最大的，并带动了我国交通运输行业的大发展，如宁波—舟山港、上海港及天津港的吞吐量分别是全球第一、第二和第四，高铁轨道长度全球第一，高速公路总长度全球第一，2014年，我国快递业务量达140亿件，同比增长52%，也跃居世界第一。因此，中国的货物流毋庸置疑地成为全球第一。但是，增长还是有极限的，中国的外贸出口总额在全球占比接近14%之后，肯定会降下来，广交会的订单额也是一年不如一年。

第三个流是中国的货币流。中国广义货币M2的增速长期维持在10%以上，M2的规模已经是全球第一、外汇储备规模全球第一，股票交易规模、各类期货交易总金额都是全球第一，作为准金融产品的房地产销售额也是全球第一。这表明中国具有很高的金融流动性。人口流、货物流、货币流均是中国人勤奋、好交易的具体表现，而其原动力还是生存欲和财富欲。但是，M2增速的回落已经成为大趋势，为实现经济持续增长导致的货币超发，将会对未来的货币贬值或通胀带来压力。

综上所述，人口流、货物流和货币流在过去三十多年中，成为中国经济增长的巨大推力，尤其是人口流。但这三大流几乎都已经到了增长的极限，出现了衰减信号。这三大流中，除了货币流与体制有一定关联度外，人口流和货物流则基本属于非体制性因素。因此，如何要让这三大流更好地发挥作用，需要体制改革，如户籍制度、公共福利制度、土地制度、金融体制、财税体制等改革若能推进的好，则人口流还会创造更多红利，货币流则从国内扩散到全球，人民币国际化会有助部分化解货币超发导致的贬值压力。

第四个流也是下一步拉动中国经济增长的重要因素，就是信息流。中国人同样具有偏好信息交流的天性，能够成为全球信息量和信息流量最大的国家。所谓"信息流"，最典型的其实就是我们的自媒体从 QQ 到博客再到微博，现在进入"微信时代"，其过程中的每个模式都是由全球规模最大的群体参与的。目前，全世界自媒体中，微信的用户数量当然是全球第一，跟"脸谱"（Facebook）比，微信的使用量和使用频率高得太多太多了。而且，微信的衍生功能也越来越强悍，进一步推广下去，虚拟世界的信息与现实世界的信息实现互交，形成价值量更大的信息流。又如，中国人越来越爱搞各种各样的"会议"，会议经济迅猛的发展让中国成为全球最大的消费市场。随着网上购物、网上金融和其他服务的快速发展，信息流量会越来越大。这方面对中国未来经济发展又添加一个红利，即信息红利。我们经历了人口红利、改革红利等，最后还剩下巨大的信息红利。

信息流的巨大能量已经让中国的 BAT 成为全球性的大企业，如马云的阿里巴巴，其小额贷款迅猛发展的支持就来源于巨大的信息流，根据客户的交易数据来判断信用度，可以把信贷搞得非常简化，小额信贷的成本可能只是商业银行成本的百分之二三的水平。小额贷款尽管也有风险，但因为有交易数据的支持就能把风险降得比较低。

由于体制原因，中国大量通过商业银行发生的金融交易，都是银行与国有企业、地方政府之间来进行的，因为整个社会缺乏一个健全的信用体系，缺乏一整套征信系统，故主流的这套征信系统需要依靠政府信用来建立，效率比较低下。而网络销售绝大多数属于民间的交易，互联网交易越来越发达，自然就形成了大数据，巨大的交易记录对于 O2O、P2P 业务或者 P2C 业务是非常好的数据支持，有利于推动民间金融业务的快速发展。

　　东亚国家的人们偏好通俗易懂、碎片化的信息和傻瓜型的信息传导工具。比如，如果在韩国乘坐出租车，你会发现的士司机配置的电子设备太多了：电视、导航仪、电话、对讲机。而如果你在欧洲去乘出租车，就会发现欧洲的出租车司机几乎没有附加的信息工具，没有电话，也没有导航设备。所以，还是因为东方人勤劳，总是希望在单位时间段内能提高效率、多赚钱，同时也让客户有更多的满足感。如今，我们步入信息社会，中华民族应该可以享受到信息流的红利和信息流的优势，这种优势又会形成一种经济增长的新动力，如工业4.0推进的基础就是设备互联＋智能工厂＋信息处理（见图4-4）。信息处理包括大数据处理、云服务和移动宽带、无线局域网。

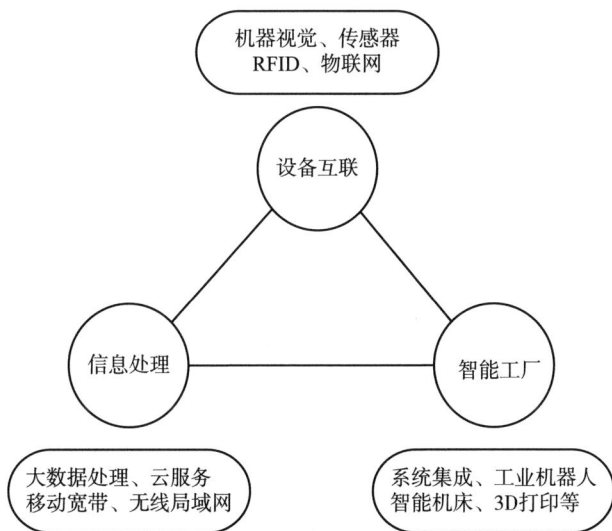

图4-4　工业4.0推进的基础：设备互联＋智能工厂＋信息处理

资料来源：海通证券研究所。

　　应该说，中国开发信息流的空间还很大。以政府部门为例，目前一些政府部门和各部委之间信息相互分割，既不向社会开放，也不彼此共享，导致中国信息资源极大浪费，也不利于社会征信体系的建立和健全。市场经济就是一个信用经济，信息共享可以极大提高社会办事效率和企业的投资和经营效率。

综上所述，作者围绕"中国经济增长中的非体制性因素"这一主题，首先，从中国人爱讲故事而不讲估值这一现状出发，分析我国民族的特性、思维习惯。从逻辑的应用习惯来看，中国人更多的运用辩证逻辑，西方更多运用形式逻辑；再从股市的流动性、换手率，讲到中国人喜欢交易的特性，讲到民族的勤劳，讲到我们为什么能成为全球制造业大国，成为全球经济增长最快的国家。

最后，讲到中国经济的四大流动性优势，第一是人口流，第二是货物流，第三是货币流，第四是信息流。这四大流使得中国在全球保持了很好的流动性，流动创造价值，流动降低风险溢价，这是中国经济增长的动力。尤其是最后一个信息流，或将给中国带来意想不到的信息红利，而前三个流已经在过去三十年中国经济的高速增长中得以充分表现。

改革滞后的负面效应显现

2015 年一季度，全国一般公共预算收入 36407 亿元，扣除部分政府性基金转列一般公共预算影响，同口径只增长 2.4%，远低于名义 GDP 的增速。其中，税收收入中占比最大的增值税同比只增长 1.9%，扣除营改增转移收入影响下降 0.8%。而过去，当中国经济高速增长的时候，财政收入的增长几乎要超过 GDP 增速一倍。对此，当时的官方解释是得益于税收征管的力度加强和规范化提高。那么，如今国家税收收入增长低于 GDP 增速，又如何解释呢？这与财税改革滞后有关，因为中国税收构成中，间接税如增值税、营业税、消费税是大头，直接税占比不高，尤其是个税，仅占税收总收入的7%左右。而在诸多西方发达国家（见图4-5），个人所得税都是其第一大税，其中2007年美国、德国、日本个人所得税收入占总税收收入的比重分别为38.1%、25.1%和19.6%，OECD国家总的个人所得税收入占总税收收入的比值为25.3%。

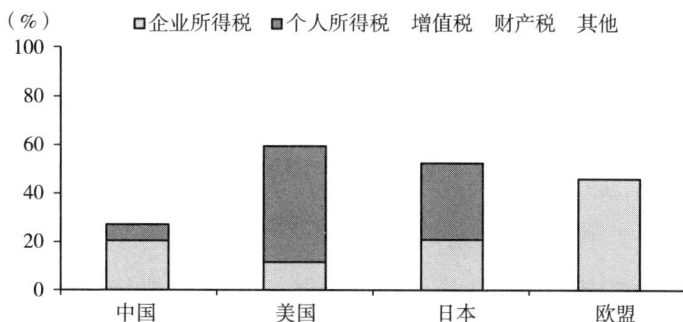

图4-5　中国、美国、日本、欧盟税收结构的差异

注：欧盟企业所得税和个人所得税合并计算。

资料来源：Wind，海通证券研究所。

中国早在2003年的中共十六届三中全会上，便确定了个人所得税制的"综合与分类相结合"的改革方向。2006年，这个改革方向还被写入了"十一五"规划。尽管如此，个税体制却至今不见任何改革，但恰恰是这十多年来，中国的贫富差距迅速扩大，中国的富人数量和财富规模仅次于美国，富人阶层的收入增速远超GDP增速，但纳税额估计不足其收入的2%。数据表明，我国中央财政收入占GDP的比重也一直比较低，大约不足发达国家的一半。所以，中国的财税改革当务之急是个税改革，而不是房产税或遗产税，后者都属于小税种。

我国现行个人所得税的税率档次过多、最高边际税率过高是被学界与实务界广为诟病的问题之一。所得税的税率档次过多、最高边际税率过高，在我国现行分类征管模式下，不仅为纳税人避税提供了天然的制度漏洞，而且会导致纳税人正常纳税的机会成本过高而刺激纳税人通过各种避税手段逃避纳税。所以，降低个税的最高税率，名义上是减税，实际上是为了获得更多的税收收入。同时，通过综合税改革，实现向富人有效征税。如果中国的个税占比能够提高到20%，则净增个税收入将超过2万亿元，这对于提高政府财力和缩小贫富差距，都是非常有利的。

不仅是公共财政收入增速下降，中国的广义财政收入的增速同样在下降，比如，以土地出让金收入为主的政府性基金增速下降。2015年一季度，作为中国地方政府财政收入主要来源的土地出让金同比大减约36%，继上季度减少近20%后加速减少，土地财政的可依赖度下降；此外，国企的利润增速也继续下降，一季度国有企业利润总额约5000亿元，同比下降8%。所以，全口径财政收入的减少，势必导致财政支出增速的下降，最终影响到经济增速。加之国务院处置地方债的43号文发布之后，地方政府的举债能力大大削弱，这也是导致目前经济疲弱的一大重要因素。

政府财力的不足，从根源看，与中国十几年来地方政府和国有企业不断增加债务、加杠杆有关。尽管中央政府的债务水平不高，但地方政府的债务均以每年两位数的增速提高。而国有企业的资产负债率目前也达到了65%，占GDP比重超过100%，应该是全球最高的。而且，在产能过剩的窘境下，也没有明显的去杠杆举措，钢铁、煤炭、有色和石化四大行业一季度继续亏损。从今后看，中国的重化工业化过程已经步入后期，这意味着以重化工业为主要特征的国企将面临资本回报率的下行；土地价格不断走高的神话也一定会被打破，所以，政府的财力下降也将成为常态。这种新常态是中国过去三十多年来不曾遇到过的。那么，中国经济未来要继续保持中高速增长，动力来自哪里呢？

除了财税改革滞后外，金融体制改革、国企改革、土地制度改革、行政体制改革等也明显滞后，其影响已经日益体现出来。虽然，从表面上看，不改革无成本，但却在承受着巨大的时间成本。这种成本之大难以估量，它会随着时间的推移，逐步成为经济增长的最大羁绊。所以，这属于体制性因素，短期内已经很难突破，但可以依靠民间力量，通过市场化手段来进行逐步化解。

应对经济增速的回落：希望在民间

以上是对经济增长中非体制性因素的分析，既有优势也有劣势，劣势就是钻研技术不透不细不深入，使得我们难以成为制造业的强国。未来能不能成为强国只能拭目以待。现实问题是资产泡沫、产能过剩、经济正在下行、国有企业和地方债务增长过高或过快。所以，整体看股市的大幅下跌也代表了某种悲观的预期，就是中国经济是否会出现经济衰退。

那么，如何来应对目前的经济困境？对策是什么？作者认为办法在民间，前面讲的中国经济增长中的非体制因素不可忽视。同样，这种非体制因素到现在为止还是存在的，不妨分析一下拉动中国经济增长的几个主体。

第一大主体当然是国家，是政府。我们讲投资拉动型经济增长模式，政府就是投资拉动的倡导者，政府也有钱，地方政府靠卖地，中央政府靠发债，靠财政收入。投资拉动中政府的作用是非常大的，功不可没。政府不仅通过宽松的货币政策和积极的财政政策来拉动经济，还可以通过制定产业政策和区域发展政策来引导企业和居民进行投资与消费。

问题在于，政府该如何处理好市场在资源配置中的决定作用与政府作用之间的关系。从历史上看，当政府的政策顺应市场时，经济发展就比较健康，如当年的沿海地区优先发展战略；当政府的发展战略逆市场时，经济发展效率就会下降，如2000年开始的西部大开发战略，导致了投资向西、人口向东的局面。十几年来西部获得的地区投资多，而GDP产出少，东部则投资占比减少而GDP占比上升。因此，决策层应该重视中国经济增长中的非体制性因素，如90年代起的中国经济高增长因素中的人口红利因素，其实是20世纪50~70年代高生育率的功劳，但那个年代所付出的代价就是抚养比过高导致经济低增长。

第二个靠我们的国有企业，国有企业也是拉动经济增长的重要主体。中国在计划经济时代，形成了中国制造业的一个体系，即便现在来看，中国的央企依然规模巨大，在很多领域拥有垄断性，比如电信、石油石化、有色等领域。此外，服务业中的国有企业占到社会投资的2/3左右，比如文化娱乐、传媒、金融、教育、医疗卫生等占的比重较高。国企是政府所拥有的最大一块资源了，因为其他国家的政府没有这么大规模的资产。但同时，国企的债务也很重，也是政府的一个包袱。正确的做法应该是甩掉包袱，让它成为资源。

现在的问题是，国有比重占比高的行业和地区普遍债务率水平都很高了，如我们地方政府的债务上升很快，接近20万亿甚至更多。国企债务规模上升更快，根据财政部公布的2015年7月份数据，国有企业的债务余额是71万亿元，即债务水平占GDP的比重已经达到114%了。

中国各个部门中，债务率相对比较低的，第一是非国有企业，也就是民营企业和外资企业。假如说民营企业的整个债务水平是20万亿的话，那么，2015 年非金融企业债务占 GDP 的比重大概为 144%；
第二个低的就是居民部门。居民部门的债务余额大概占 GDP 总额的
40% 左右，这个比重与美国、日本及其他一些西方国家相比，还是比
较低的，后者一般是 60% ~ 90%（见图 4 - 6）。因此，中国的民营企
业和居民部门仍有加杠杆的空间，中国下一步经济发展就要靠民间加
油了。

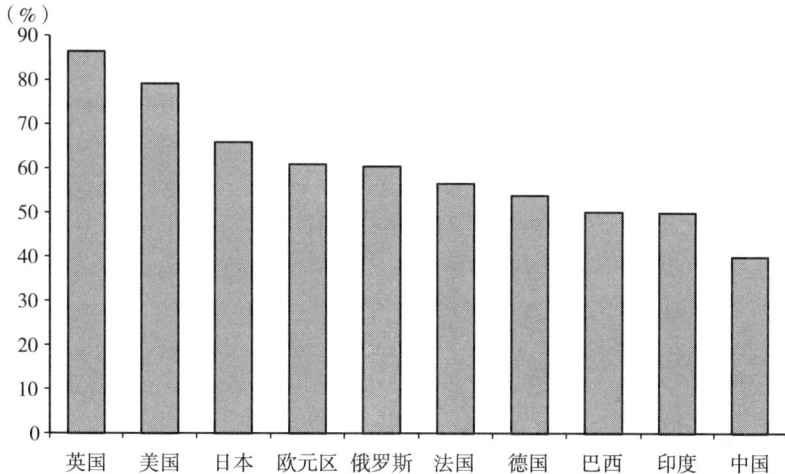

图 4 - 6　各国居民负债率比较

资料来源：Wind，海通证券研究所。

　　在制度安排方面，给民间的发展空间还是比较窄。现在居民加杠杆
主要是加在房地产上面，那么现在风险大吗？首先，加的规模不大，
2015 年，居民在房地产投资的债务余额大约为 14 万亿元，也就是占居
民住宅总市值的 10% 多一些，远没有到发生房贷危机的阶段。2008 年
美国发生次贷危机时，美国居民家庭的债务余额占到美国住宅总价值的
55%，如今还有 40% 左右（见图 4 - 7）。

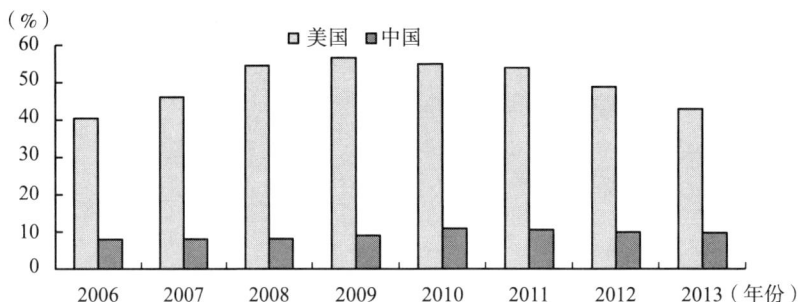

图 4－7　中美居民房地产贷款余额与住宅总市值比较

资料来源：Wind，海通证券研究所。

　　但中国的问题在于，居民在这一阶段（2014 年末到 2015 年中期）杠杆主要加在了股市里面，引发了股市的暴涨，之后去杠杆又引发了股市的暴跌。所以，包括证券业在内的整个金融行业，在产品设计方面都应该反思，金融创新的步伐是否过大过快？创新需要缓一缓，杠杆水平需要降下来，居民加杠杆，加的应该是消费。

　　民营企业应该加杠杆，应该加在哪里？作者认为民企应该参与国企改革。国有企业债务水平过高，大部分央企普遍债务率在 65% 以上，应该通过债权转股权，让民营企业以股权的形式进入，实行混合所有制。如此一来，国企去杠杆和民营企业加杠杆就同步实现了。银行在资源配置上也应该更多倾向于民营企业。当然，目前由于社会征信体系不完善，也给民企融资比例的上升增加了难度。

　　为什么现在民营企业还是没有积极性去投实业呢？就是因为它可以投的实业领域大都是产能过剩，就是说那些有利可图的、发展空间大的产业门槛很高，民营企业难以进入，故不少民营企业把资金转向虚拟经济，这种现状应该改变，政府应该把竞争性领域的国有资产转让给民营企业，政府以此可以丢下包袱，民营企业也寻找到新的投资机会。

当然，从过去国退民进的很多案例看，国有资产流失的现象确实屡见不鲜。也就是说，过去的国有企业改革，获利最大的不少是内部人，即被改革者。由于国有企业出资人与经营者之间的委托代理关系没有理顺，甚至内部人控制现象已经不是个案，中央和地方的巡视组所发现的腐败问题或许超乎我们普通民众的想象，这或许可以理解此次国企改革反复强调要加强党的领导，理解为何目前有不少国企高管离职的现象出现，因为他们确实成为被改革者了。当然，被改革者中的一些离职人员有不少是人才。关于薪酬体制、股权激励等问题，需要有更完善的制度安排。

类似的问题都应该认真考虑。中国学界在行为经济学方面的研究还是略显不足，尤其对地方政府及国有企业的行为研究几乎是空白，对居民和民营企业的行为研究也不多。如何充分发挥非体制性因素在经济增长中的积极作用，应该还大有可为；如何让资源按照市场化的原则来合理配置，如何让政府在引导经济发展中少犯常识性错误，非常值得研究。

（原文根据 2015 年 7 月作者在央行复兴讲堂的演讲整理，本书作了修改）

日美去杠杆的前车之鉴：脱虚向实，普惠百姓

谈到日本的经济问题，人们一般会惯性地想起日本在 20 世纪 90 年代初的资产泡沫破灭和经济硬着陆，以及"失去的二十年"。但大家却对日本经济"失去的二十年"的原因看法不一。反观美国，2008 年史无前例的次贷危机后，美国仅仅在七年后经济就呈现强劲复苏之势。当前，中国正面临金融监管加强和金融去杠杆的紧迫任务，如何来借鉴日美经济的去杠杆经历，来选择中国式去杠杆的可行路径，已经成为非常现实的问题。

作者认为，中国经济更现实的选择是稳杠杆和转杠杆，重点通过金融监管体制和激励约束机制改革降低金融部门的杠杆率，以此来带动国企和地方政府降杠杆。

杠杆过度往往会引发金融危机

杠杆率的波峰波谷往往同一个国家的兴盛衰退紧密相连。总体来看，高而稳定的杠杆率并不一定意味着高风险，需要引起注意的是快速增长的杠杆率。杠杆率的判定上有一个"5~30规则"：认为在五年的时间内，若以一国信贷规模与GDP之比为代表的杠杆率增长幅度超过30个百分点，之后该国就会迎来一轮金融危机。这一规则已被多次验证，如1985~1989年的日本经济、1993~1997年的泰国和马来西亚经济、2003~2007年的美国经济等。

那么高杠杆是如何引发金融危机呢？杠杆率过高往往会导致负债方的付息偿债压力过大而无法维持，从而出现违约、破产清算或重组的情况。当较多企业出现债务问题，大面积的违约和清算将触发费雪的债务—通缩多米诺骨牌，引发大规模廉价抛售、资产价格下跌、通货紧缩、失业率上升、实际利率上升等一系列连锁反应，从而引发金融危机。

美国走出次贷泥潭得益于成功去杠杆

2008年次贷危机导致美国经济硬着陆，但经过一系列政策手段，美国通过政府加杠杆，来帮助居民和企业缓慢去杠杆。从目前美国经济指标来看，美国的去杠杆进程是成功的，失业率低、通胀稳定，经济增长较快，2015年、2016年实际GDP增长分别达到2.6%和1.6%。

危机前美国杠杆率高企的原因

金融危机之前，美国经济杠杆率不断上升。从监管的角度看，金融监管的欠缺导致美国金融创新过度、评级与风险偏好失真，过于宽松的按揭贷款政策使得美国家庭负债率水涨船高；从资产泡沫角度看，危机前房地产价格的快速攀升导致了市场形成资产价格上涨的单向预期，持续推动了以获取资产增值收益为目的的信贷投资需求扩张。

在上述因素的影响下，金融危机前美国各部门杠杆率上升迅速。一是家庭部门的杠杆率不断上升。2001～2007 年，美国家庭部门杠杆率提高了 24.2 个百分点，这一期间美国家庭消费倾向明显上升，美国家庭债务与可支配收入的比率从约 90% 升至 120% 以上。在房地产资产和按揭贷款带动下，家庭部门总资产亦出现较明显的增长，房价与租金比例显著高于平均水平，资产泡沫快速形成。

二是金融部门高杠杆运行。金融机构杠杆率从 2001 年的 13.3 倍提高到了 2008 年的 23.6 倍。美国家庭和政府部门的过度借贷和高杠杆都是通过金融部门来实现。金融市场的高杠杆集中体现在以投资银行为代表的金融机构的运营上。以高盛为例，其 2007 年末财报披露的财务杠杆为 26.2 倍，而雷曼在破产前杠杆倍数达到 37 倍（见图 4-8）。

三是非金融企业杠杆率上升明显。2003～2007 年非金融企业杠杆率提高了 10.8 个百分点，2007 年非金融企业杠杆率达到 72.7%。

四是政府债务不断累积。2001～2007 年，美国政府部门杠杆率提高了 9.6 个百分点。由于布什政府推行减税和增加开支的政策，美国的财政预算自 2002 年开始一直为赤字状态。2007 年，美国政府财政赤字占 GDP 比重达到 4.9%，联邦政府负债占 GDP 比重达到 55.6%，州和地方政府负债占 GDP 比重达到 24.7%（见图 4-9）。

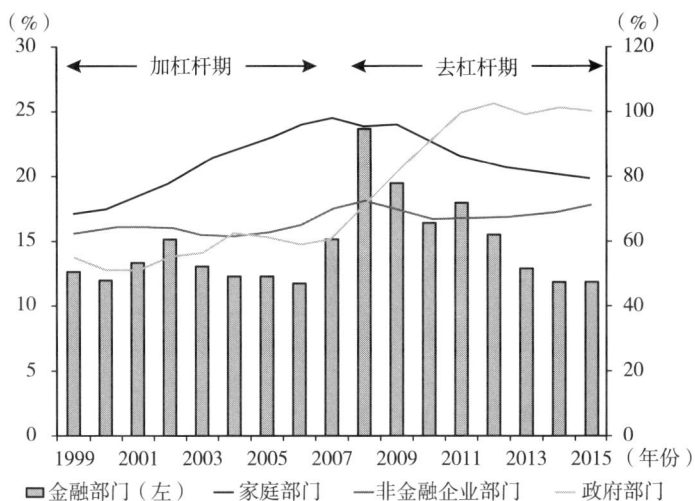

图 4-8　美国各部门杠杆率走势

资料来源：BIS，美联储，中泰证券研究所。

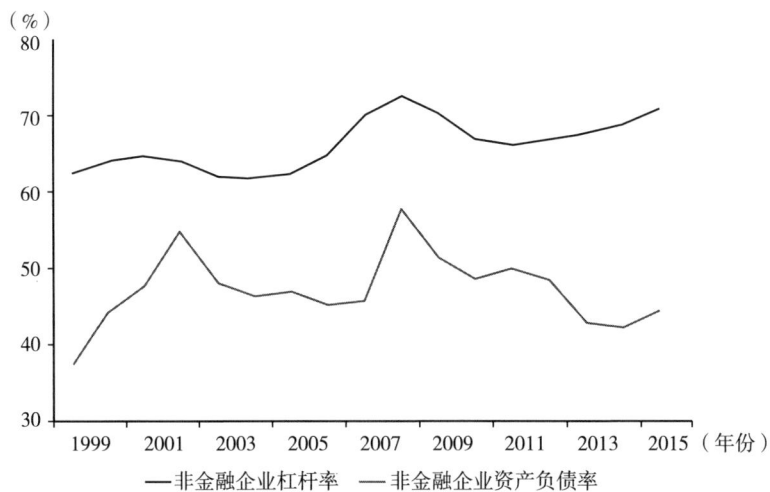

图 4-9　危机时美国企业杠杆率与资产负债率齐升

资料来源：BIS，美联储，中泰证券研究所。

美国去杠杆的政策举措

在次贷危机时期，为了解决金融市场的流动性问题，降低家庭部门和金融机构的债务压力，美国政府采取了一系列创新财政货币手段和逆周期的政策举措。

一是美联储通过资产购买计划，持续向市场提供流动性，以应对次贷危机引发的大规模信贷紧缩，修复货币传导机制，扩张信用，帮助金融机构和家庭部门平稳降低杠杆率。第一，启用短期招标工具（TAF）、一级交易商信贷工具（PDCF）、定期证券信贷工具（TSLF），分别向存款金融机构和一级交易商提供流动性；第二，启用资产支持商业票据货币市场共同基金流动性工具（AMLF）、商业票据融资工具（CPFF）、货币市场投资者融资工具（MMIFF），分别向存款类金融机构和银行控股公司、票据发行人以及货币市场投资者提供流动性；第三，启用中长期证券购买计划、定期资产支持证券信贷工具（TALF），向房利美、房地美、联邦房贷银行、持有资产支持证券（ABS）的美国企业和投资基金提供流动性。

二是政府部门通过加杠杆，大幅提高预算赤字，实施大规模的经济刺激计划以提振总需求。通过《美国复苏与再投资法案》，从 2009 年开始的十年间投入 7872 亿美元，用于减税、政府财政纾困，以及健康医疗、教育科研、交通运输和房屋城市发展等领域的投资。2009 年，美国政府预算赤字达到创纪录的 1.42 万亿美元，占 GDP 比重升至 10.1% 的最高水平。同时，美国政府积极采取增长导向的减税政策，例如，允许企业冲销固定年度的资本性投资；对中小企业实行税收减免、投资优惠、雇佣奖赏等。这些政策鼓励了企业在美投资，既有助于创造就业，也能扩充资本存量，支持经济增长。

三是美国政府和联邦存款保险公司（FDIC）积极帮助企业解困。

2009 年，美国会授权美国政府，使之有权决定托管或接管陷入困境的金融机构，然后对它进行有效和有序的重组，即通过出售或转移出现问题的金融机构的资产或债务，或者就金融机构的合同进行重新谈判，以及处理金融衍生产品投资等途径，防止了金融机构资产负债状况进一步恶化。FDIC 也将处置对象从濒临破产的金融机构扩大到受危机影响严重、经营压力较大的金融机构。FDIC 通过积极对收购问题贷款的投资基金进行担保，以及出台临时流动性担保计划，致力于解冻信贷市场、清理银行体系资产负债表、协助处置高风险大型复杂金融机构等。美财政部也通过担保债权、提供再融资等方式帮助通用汽车公司成功实现重整，避免了公司破产。

美国政府和 FDIC 的各种紧急救助措施和长期安排，逐渐推动美国金融和非金融部门业务发生了重大结构性调整，在去杠杆化方面取得了良好的进展。

美国去杠杆政策效果显著

一是美国家庭部门去杠杆成效显著。2015 年，美国家庭部门杠杆率从高峰期降低了 18.6 个百分点。美国失业率也从 2009 年 10 月金融危机最高失业率 10.0% 下降到了 2017 年 4 月的 4.4%。

二是美国金融机构降杠杆效果显著。金融机构杠杆率从高峰期的 23.6 倍降到了 2015 年的 12 倍。从资产端来看，美国金融部门信贷资产由 2008 年高峰值的 25.8 万亿元一直回落，与 GDP 之比由 2008 年的 1.75 一直下降至 2015 年的 1.30。

三是美国非金融企业杠杆率小幅下降，由 2008 年的 72.7% 骤降至 2011 年的 66.3%，随后一直呈上升趋势，2015 年已反弹至 70.9%。非金融企业杠杆率的走势体现了金融危机时期最低效的企业被彻底淘汰出局，市场迅速出清，资源重新配置到效率高的企业。

四是美联储和美国政府部门加杠杆明显。一方面，量化宽松政策的实施使得美联储资产负债表规模较 2008 年危机爆发前膨胀了 4 倍多，超过了 4 万亿美元。另一方面，美国政府杠杆率较 2007 年大幅提升 39.4 个百分点，杠杆率达到 100%。债务的增长主要来自联邦政府，州和地方政府负债相对平稳。

日本去杠杆的前车之鉴

日本经济去杠杆过程曲折。1990 年日本经济泡沫破灭以来，不同于美国的去杠杆路径，日本金融部门和非金融部门去杠杆过程非常缓慢，整个去杠杆过程从 1990 年直到今天仍在继续，并且还未出现强有力的触底反弹倾向。非金融企业杠杆率和资产负债率、金融企业杠杆率均显著高于美国水平。其后果就是市场不能有效出清，难以实现资源的重新配置，再加上人口老龄化严重，最终导致了日本经济增长乏力，长期处于债务通缩阴影中。

日本杠杆率攀升的原因

与美国杠杆率高企的原因相似，20 世纪 80 年代后期，日本金融监管体制尚不完善，政府为了提高通胀率，防止日元升值，持续实施了宽松的货币政策。金融机构向股票市场和房地产市场提供大量的流动性，导致金融部门杠杆率高企，推动投机热潮高涨。1990 年，日本家庭部门的杠杆率达到峰值 70.6%，而美国同期仅为 60.3%。1990 年日本金融部门的杠杆率因为数据原因无法得到，但是 1990 年日本非金融企业的杠杆率达到 143.8%，而美国同期仅为 63.1%（见图 4-10）。

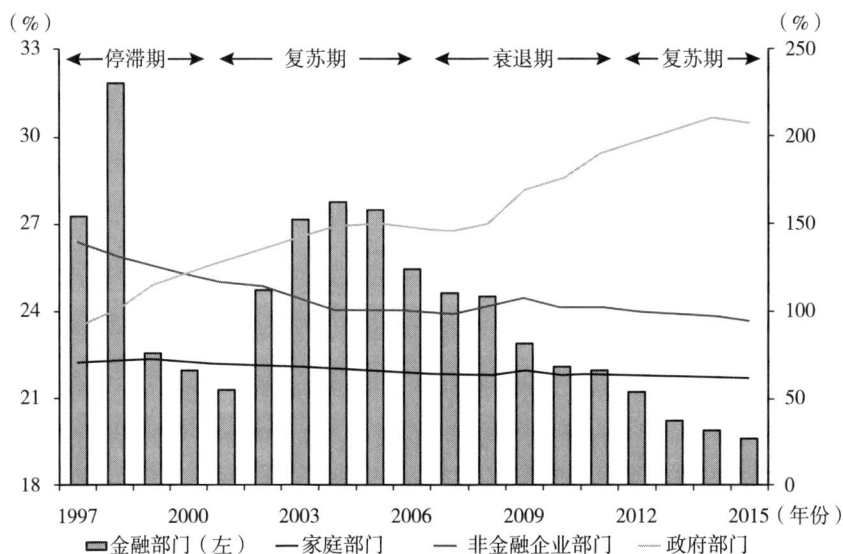

图 4 - 10　日本各部门杠杆率走势

资料来源：BIS，日本央行，中泰证券研究所。

日本去杠杆进程一波三折

1990 年日本经济泡沫破灭，日本股票价格和土地价格深度调整，金融市场深受打击，并且波及到了实体经济。企业压缩投资、减支裁员，银行紧缩信贷，家庭消费低迷。日本政府一方面通过不断提高财政赤字扩大总需求，动用公共资金救助国内金融机构；另一方面通过扩张性的货币政策，降低利率，提高货币供应量，但总体收效甚微，经济持续低迷。

1990～2015 年，26 年间日本家庭部门杠杆率从 70.6% 下降到 61.7%，杠杆水平已经较低；但非金融机构杠杆率从 143.8% 下降到 94.3%，杠杆水平仍然较高（见图 4 - 11），究其原因，既有泡沫经济破灭后"僵尸企业"的存在和企业总体资产负债严重失衡阻碍了资源再配置的原因，又有人口老龄化、持续通缩导致劳动供给减少和有效需求不足的原因。

其中，因为非金融企业部门去杠杆进程缓慢，相对应的银行不良率一直处于高位，银行利润被侵蚀。直到 2001 年，日本政府强制要求主要银行加快不良债权的处理进程，才最终推动银行不良率明显下降。整个日本银行业的不良率从 2001 年 4 月的 10% 下降到了 2006 年 3 月的 3%。

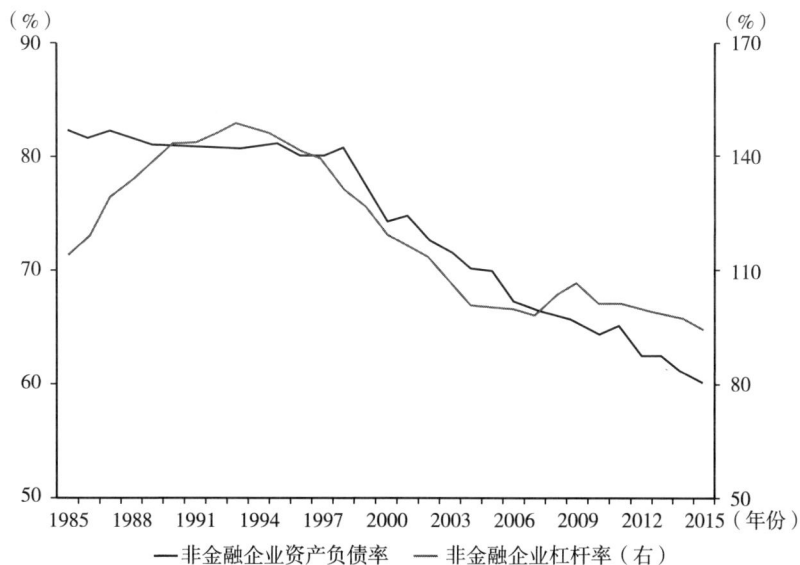

图 4 - 11　1990 年后日本非金融企业去杠杆历程延续至今

资料来源：BIS，日本财务省，中泰证券研究所。

此外，快速的人口老龄化不仅降低了劳动力供给与国内需求，而且增加了财政负担。日本政府杠杆率不断攀升，已处于 OECD 国家最高位，每年政府预算的近 1/3 用于社保相关支出。

中国将如何去杠杆

美日模式对我国的借鉴

美国和日本同样是去杠杆，结局却如此不同。美国的去杠杆过程是剧烈的、惨痛的，可以说是以经济硬着陆为代价的，但往往这种形式的去杠杆对于经济来说也是最高效的。伴随着各部门去杠杆的推进，市场快速出清，资源重新配置整合，推动经济快速复苏。日本与美国形成鲜明对比，日本金融部门和非金融部门去杠杆过程持续二十多年，也难言成功，结局是经济的持续低迷和政府的债务高企。

相较而言，我国非金融企业杠杆率近年快速上升，从 2006 年的 106.5% 上升到了 2015 年的 162.8%，上升幅度高达 56.3 个百分点。这一水平已经高于日本 1990 年 143.8% 的峰值。此外，如果用我国其他存款性公司"总资产"与"实收资本"的比值来代表金融机构杠杆率的话，其水平已经从 2006 年的 33.7 倍增加到了 2016 年的 49.1 倍（见图 4-12）。我国去杠杆形势严峻，如果政策模式选择出错，就有可能走向日本的老路。

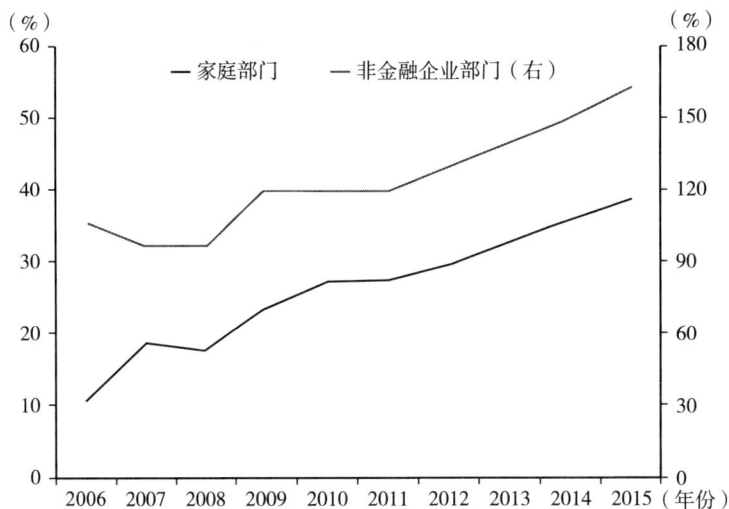

图 4-12　中国家庭部门和非金融企业部门杠杆率走势

资料来源：Wind，中泰证券研究所。

中国究竟是去杠杆还是稳杠杆

从美国和日本去杠杆的案例看，实质上都是通过危机和危机后的应对举措来达到去杠杆的目标。美日的共同特点是，金融企业、非金融企业和居民部门的杠杆率都下降了，但政府部门的杠杆率都在不断上升。相比之下，中国因为没有爆发危机，故去杠杆的难度更大，因为资产泡沫不破，各方利益主体会与决策者博弈，力求避免因去杠杆而带来利益受损。

虽然近期金融监管趋于严厉，金融机构已经感受到降杠杆的压力，但我国治国理政总原则的底线是稳增长和不发生系统性金融危机，所以，我们无法采纳美国式的迅速市场出清模式；但任由杠杆继续攀升，极易陷入日本 20 世纪 90 年代的困境，非金融企业债务过重而且长时间无法恢复元气。

作者认为，去杠杆作为经济结构改革的一个重要内容，是非常有必要的。但在操作层面，必须了解哪些杠杆要去、哪些杠杆要稳、哪些杠杆要加。基本判断是：政府部门的杠杆要加，否则经济矛盾就会凸显；金融企业和非金融企业要去杠杆，居民部门则要稳杠杆，三者加总后看，中国经济能实现稳杠杆就非常不错了。

首先，中国政府债务对 GDP 比率到 2015 年为 39.4%。加上地方政府负有担保责任的债务和可能承担一定救助责任的债务，2015 年全国政府债务的杠杆率上升到 41.5% 左右，到 2020 年应该会超过 50%。政府部门的杠杆率低于欧盟 60% 的预警线，也低于当前主要经济体。

因此，中国目前政府部门的杠杆率与发达国家相比，并不算高，但与中国经济社会的发展阶段相比，还是偏高了。但无论是美国的经验还是日本的经验，政府部门的杠杆率都要提升，中国随着人口老龄化问题越来越严峻，政府的财政支出会超常增长，即今后中国政府部门的杠杆率将会越来越高。

其次，如前所述，中国非金融企业部门的杠杆率几乎是全球最高的，必须去杠杆，如中国非金融企业的杠杆率超过美国的两倍，可以采取的对策是：

（1）减少产能过剩行业产品供给，通过价格传导支撑这些企业盈利，同时加强政府预算约束与银行信贷流向控制，避免信贷资金继续流向这些行业。去产能和压缩产量政策需要有延续性，避免反弹。

（2）推动国企治理和混合所有制。根据国资委提供的数据，国有及国有控股企业的杠杆率平均水平大约为66%，普遍高于民营企业，要从管理层面降低企业的借贷冲动，切实提高企业生产效率和创新能力。要逐渐清理资不抵债、盈利性差的"僵尸"企业。

（3）有序降低金融机构杠杆率。美日金融危机的爆发都有金融监管欠缺的原因，但监管用力过猛又有可能引发危机，所以应该逐步推动，减少资金空转需要有政策耐心。此外，金融机构降杠杆可能首先挤出民企的信贷资源，所以，需要以"有松有紧，区别对待"的方针调节信贷流向。

第三，居民部门必须要稳杠杆。2016年，居民部门的杠杆率估计上升了近10个百分点，约50%左右。保守估计，即便在目前严控房贷的情况下，到2020年，居民部门的杠杆率水平也将达到或超过60%，这就等于当前日本的水平了，而日本社会的居民信用高度发达，中国与之差距巨大，这意味着未来居民债务违约风险大幅增加。因此，故居民部门必须稳杠杆，即对于居民房贷要采取更加严格的手段去控制。

金融去杠杆才是重中之重

对金融企业的去杠杆必须持续推进，因为中国金融业对 GDP 的贡献过大了，2016 年达到 8.3%，超过美国、日本和英国的相应水平，这也是中国经济"脱实向虚"的典型表现，如银行的表外业务，金融机构的同业业务和民间理财业务等这些年来都空前繁荣，同时也隐含了巨大的系统性风险。金融机构去杠杆，实质上也有利于企业和政府部门去杠杆，尤其是国企和地方政府去杠杆，如 2015 年银行业总资产增加了 33 万亿元，其对应的很大一部分就是国有企业和地方政府的负债（见图 4 - 13）。

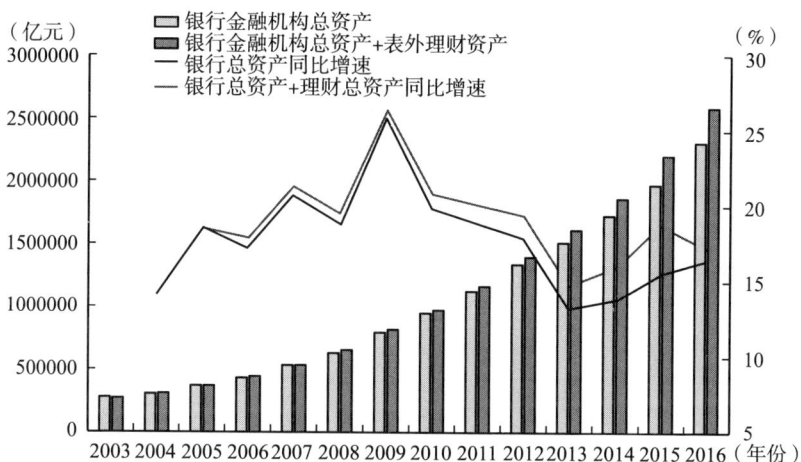

图 4 - 13　中国银行业的总资产规模持续高增长

资料来源：Wind，中泰证券研究所。

相对低的经济增速与较高的货币增速，必然导致杠杆率不断上升。杠杆率有它的极限，这就决定了持续宽松的货币政策或积极的财政政策不能持久用下去。实质上，这是一道简单的数学应用题，正如权威人士在 2015 年 5 月 9 日第三次发文指出的那样："货币扩张对经济增长的边际效应递减"、"树不能长到天上，高杠杆必然带来高风险，控制不好就会引发系统性金融危机，导致经济负增长，甚至让老百姓储蓄泡汤"。

正是基于对系统性金融危机的担忧，从 2015 年下半年开始，我国金融监管力度明显加大。以银行表外业务为例，在 2007～2015 年的 8 年中，银行理财产品余额每年的增速几乎都维持在 50% 以上，但 2016 年增速不足 25%。此外，很多金融创新类项目被搁置，股票发行注册制和上海战略性新兴板被延后。

综上所述，假定 2016 年全社会总债务率为 260% 左右，如果非金融企业部门的杠杆率能够从目前的 160% 以上降至 2020 年的 140%，同时政府与居民部门的杠杆率合计至少提升 20%，那么，至 2020 年全社会的杠杆率能够维持与目前差不多的水平就已经很不错了。

从国际经验看，如果经济不出现硬着陆，那么，全社会的杠杆率降下来的难度非常大，如我们既要稳增长，又要保就业，投资增速就很难降，故企业杠杆率的下降难度就很大；一旦出现诸如股市大跌之类的意味，在多方博弈之下，金融机构降杠杆的进程也得放缓。但如果总是一味去谋求"无痛疗法"，最终则不得不接受更大的痛苦。

（原文发表于 2017 年 5 月）

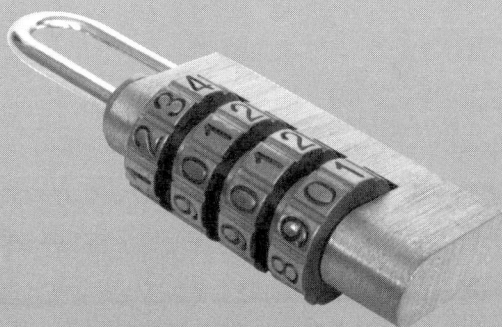

THE WEALTH CODE

第五章

投资之道：道可道，非常道

20世纪90年代初，李迅雷从一名大学研究所里做着经济学术研究的学者，转身成为中国资本市场上从事宏观研究的首席经济学家，确实经历了一场奇特的转型。作者在上海财经大学读硕士研究生时，就不断在国内经济学核心刊物上发表论文。不过，对于资本市场上的投资者而言，最想看的是大势判断和直接的投资建议，而不是建立在多重假设基础上的逻辑演绎过程，这使得李迅雷一时非常困惑：若能够确切知道明天股市的涨跌或某些投资品种的涨幅大小，那还何必去做又累又苦的研究呢？投资始终是有风险的，所有的投资建议都基于发生概率的大小。

90年代初，中国股市盛行的是技术分析，如KDJ指标、MACD、RSI、威廉指标等，更令人不明觉厉的是艾略特的波浪理论，如果你不懂得这些，那就不能成为"股评家"。在这样的市场环境下，作者仍坚持基本面分析，故与当时备受追捧的股评人士格格不入。作者关于投资分析的第一篇文章就是《技术分析和分析的技术》。文中提出，技术分析作为基于量和价的波动能够反映所有信息的分析方法，本身并没有错，容易出错的是分析的技术。如今，技术分析早已成为证券市场上被边缘化的分析方法，但也不等于该方法不行。投资者对股评人士的批评多于称赞，更多是由于早期的股评人对资本市场的分析不够客观、严谨和专业所致。

用理性的分析去剖析市场的非理性，把复杂的理论和概念简单化，这是作者一向坚持的研究风格。从 1993 年开始，李迅雷陆续发表的关于宏观经济、债券和股票等各类文章，深得业内关注成为了中国最早从事债券研究的分析师。在那个年代，作者对于通胀、利率等宏观指标的预测相对精准，尤其是在国债期货被爆炒阶段所做的分析和预测，在价格发现方面几乎都得到了印证。

股市的涨跌有规律可循吗？基于历史数据，当然可以找出一些规律性的东西并以此预测未来。不过，也许你这一次预测对了，下次也对了，但不可能屡试不爽，否则，这个市场就没有存在的基础了。在 2006 年国泰君安证券年度策略会上，作者发表了策略报告——《道可道 非常道》，所要表达的就是上面的意思：规律可循，但并非铁律。不过无论如何，投资总还是应该顺势而为。历史很漫长，人生很短暂，这对于投资操作的意义就是"拐点难寻，趋势可随"。比如，2006 年股市快速上涨之后面临调整，接下来将何去何从，当时的争议很大。于是，他发表了《究竟是寻找拐点还是追随趋势》一文，认为趋势还将延续，这一判断得到了市场的印证。同年，他又提出中国的城市化进程还将持续且会加速，货币将超发，因此，在当时人们收入差距还不大的情况下，谁勇于先行加杠杆投资，进行"买自己买不起的东西"，他的财富积累就能超越他人。这篇《买自己买不起的东西》使得不少人茅塞顿开，借钱加杠杆买了房产甚至是别墅，从而实现了财务自由。

股市究竟是什么？这个看似简单的问题，却在考验资本市场参与者的理解深度。作者根据诠释学大家傅伟勋先生对"道"的释义，提出股市的"六义"并做出了详细的解析。比如，关于中国股市估值水平长期偏高、长期亏损的公司反而更具投资价值的现象，李迅雷用"流动性溢价"和"管制红利"进行解析。

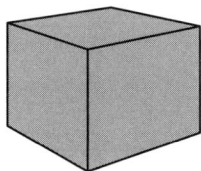

■ 道体（dao as reality）——股市作为经济（stock market as economy）
■ 道原（dao as origin）——股市作为估值（stock market as evaluation）
■ 道理（dao as principle）——股市作为社会心态（stock market as psychology）
■ 道用（dao as function）——股市作为功能（stock market as function）
■ 道术（dao as technique）——股市作为博弈工具（stock market as casino）
■ 道德（dao as virtue）——股市作为公司治理（stock market as corporate governance）

傅伟勋诠释学：道有六义同理，股市也有六面

　　股市是经济的体现形式之一，可以通过研究宏观经济的长期趋势与短期波动来把脉股市，作者认为"短期波动用辩证逻辑，长期趋势用形式逻辑""预测只是一门艺术而非科学"，不妨把市场研究上升到哲学层面，更能揭示中国特色资本市场的本质，探寻出资本市场变化的长期趋势。

买自己买不起的东西

买自己买不起的东西（上）

　　"买自己买不起的东西"具有三重含义：（1）一般来说，想买而买不起的东西是大家公认的好东西，也是价格不菲的稀缺资源；（2）当你觉得买不起的时候，大部分人也同样觉得买不起，而只有你的投资思维有别于大众，领先一步行动，才能进入"少数人发财"的队列；（3）需要倾囊甚至负债投入，才可能有丰厚的回报。如此看来，这一句简单的话要落实到行动上，则非常不简单，不仅考验着一个人的思维模式和洞察力，也检验着他的胆识和魄力，还有筹措资金的能力。

事实上，越来越多的人开始做起发财梦，因为自己的身边不断涌现出发了财的人。通过基尼系数就可以清晰地知道，中国在 2006 年基尼系数上升到 0.47，在亚洲仅次于菲律宾，并超过了所有的欧洲国家。而在改革开放初期的 1981 年，中国的基尼系数仅为 0.29。

基尼系数数值越大，说明收入分配越不公平。一方面，中国经济高速增长，人均名义 GDP 在 2001 年跨越 1000 美元后，2006 年达到 2070 美元，GDP 总量超过 27000 亿美元，1996～2006 年十年增长 200%，人均名义 GDP 2006～2016 年接近增长 300%。另一方面，中国社会正在上演"抢钱游戏"，财富迅速向少数人集中。发展经济学有一个经验公式，在人均 GDP 从 800 美元向 2500 美元迈进的过程中，贫富差距将不断扩大，直到超越 2500 美元才逐步收敛。但中国迄今为止贫富差距并未显著缩小，"抢钱游戏"还在延续。对于想抢更多的钱、获取超额收益的投资人来说，选择何种盈利模式甚为关键。

因此，作者提出要走在"恩格尔曲线"的前面。

1857 年，著名的德国统计学家恩格尔阐明了一个定律：随着家庭和个人收入增加，收入中用于食品方面的支出比例将逐渐减小，这一定律被称为恩格尔定律，反映这一定律的系数被称为恩格尔系数。其公式表示为：恩格尔系数（%）＝食品支出总额/家庭或个人消费支出总额×100%。根据联合国粮农组织提出的标准，恩格尔系数在 59% 以上为贫困，50%～59%为温饱，40%～50%为小康，30%～40%为富裕，低于30%为最富裕。因此，对改革开放三十余年的中国而言，恩格尔曲线应该是一条不断向下延伸的曲线。按现在通俗的说法，就是消费升级。如果不能先于恩格尔曲线作出变化，那么在投资上要获取超额的收益就会变得异常困难。

比如，20世纪80年代初，大家的收入水平都差不多，贫富差距不大。脑体倒挂现象很明显，国营企业的老工人，其收入往往要比大学年轻教师高，"研制导弹的收入不如卖茶叶蛋的"恩格尔系数普遍都在50%以上。在当时，如果想要获取比别人更多的收入，往往是把自己的人力资本作为投入资本，通过两条途径致富：一是放弃铁饭碗，做个体户；二是以留学为名出国打工。但在那个时候，真要放弃现有的工作，脱离计划经济的体制，需要很大的勇气。

再比如，20世纪90年代初股票认购证每张30元，有人统计过，如果花3000元买上100张，并把所认购的股票卖出，将获利100万元。但当时在投资回报率还不明朗的情况下，即便花300元买10张股票认购证，也是一笔相当于发达地区两个月工资的风险投资，这将影响到当月的吃饭问题。

从中国不同历史阶段的投资机会可以看出，随着恩格尔系数的下降，人们的致富路径发生了明显的变化：从最初的出卖劳动力到实业投资，从股票买卖到资本并购，社会财富向勇于冒险的人集中（见表5-1）。此外，20世纪90年代中期以前，获得超额收益的主要途径是人力资本、商品及虚拟资本的跨地区或跨期套利，主要原因是中国的市场化程度不高。90年代中后期开始，中国逐步融入到世界经济体系中，与世界经济波动及热钱流动的趋向越来越同步。

表 5 - 1   各个历史阶段的生财之道

时期	恩格尔系数	背景	典型的生财之道
20 世纪 80 年代上中期	65% ~ 75%	计划经济时代，收入平均化	出国打工，追求人力资本的高回报
20 世纪 80 年代末期到 90 年代初	60% ~ 65%	短缺经济下的价格双轨制	利用商品获得价格的差异，倒卖原材料等商品，全民经商
20 世纪 90 年代上中期	1995 年农村 58%，城镇 49%	资本市场初成到快速发展	利用国库券及股票一级半市场的地域或时间价差进行套利
20 世纪 90 年代中后期	2000 年农村 50%，城镇 40%	消费升级，经济由短缺转向过剩，贫富差距扩大，进入减息周期	实业投资中与消费升级及出口相关行业，及资本市场的股市和债市均有丰厚回报
2000 ~ 2005 年	2005 年农村 45.5%，城镇 36.7%	经济加速发展对资源的需求上升，股市泡沫破灭	土地、矿产、房产及电力、高速公路等公共设施投资
2006 ~ 2010 年	城镇低于 30%	经济出现了流动性过剩，在人民币升值和加息预期下，经济增长速度略有放慢，资本开始从实业流向资本市场	投资与人民币升值相关的资产、稀缺性资产、古玩艺术品等，把握并购机会

　　无论处于哪个年代，都会遇到发财的机会，表 5 - 1 所列出的典型生财之道，实际也代表了不同阶段热钱的流向。但当你感觉机会来临的时候，能否敢于冒风险进行投资？比如，在你的消费需求还没有满足的时候，能否压抑消费而把积蓄用于投资或套利？再如，与你收入相当的人只有实力买一套房子，你敢买两套？人家买经济适用房，你敢买别墅？在更多的时候，应该选择后者，即买你买不起的东西，因为恩格尔曲线

总在下降，人们的收入水平总在提高，等到大家都攒到与当初的投资额相当的钱款想要投资的时候，价格也已今非昔比了（稀缺物品或买不起的东西，永远只是被少数人拥有）。

有人说，艺术品投资是当代最暴利的行当，尤其是本国的艺术品，原因之一是新兴国家的富有阶级投入大量资金购买本国艺术品，如俄罗斯、印度和中国。统计表明，艺术品和古董的价格与一个国家的经济地位具有明显的相关性。20世纪90年代开始，中国当代艺术品开始进入国际艺术品市场，并在此后十年上涨了几十倍，显然大大超过大多数人收入的增长速度。也许艺术品的涨幅正是与少数人的财富增长同步，它就属于少数人了。但反过来想，如果现在我们已经彻底买不起这些艺术品的话，那么十年前还是有相对购买力的。作者认识的某位投资家，十余年前就开始收藏古玩书画。这位投资家总是到国际著名的古玩拍卖市场购买昂贵的中国古董。问他为何不在国内市场上淘宝，他说进行古玩和艺术品投资，首先，要规范，避免买到的是赝品；其次，需要有公开的记录，以便保证流动性；第三，只要是稀缺的，就不担心价格的上涨空间。他相信中国的古玩价格将继续上涨，原因是全国的别墅越来越多、越来越贵，说明有钱人越来越多了，对于摆在别墅里能彰显主人身份和品位的古玩、艺术品的需求就会水涨船高。

古董和艺术品或许确有可观的投资回报，但毕竟是专业程度较高、进入壁垒较高的行业；相对而言，股市则是一个平民百姓和富豪都可以参与的市场。不妨以股市为例，贵州茅台是目前A股中最贵的股票，有人总嫌它贵而选择买入低价股。大多数情况下，我们应该相信市场是有效率的，高股价说明它物有所值，茅台过去的业绩也充分表明它可以给投资者满意的回报；而且，由于高股价给不少投资者造成心理障碍，又使得其价格往往会低于合理的估值水平。所以，买这类高价股比买低价股的理由更充分，更何况你买的是股份而不是整个企业，不存在"买不起"之说。

在本文发表的 2006 年中国经济流动性过剩越来越显著、靠高投资拉动的经济面临调整的背景下，在人民币早晚要升值的共识下，虚拟资产价格的上涨是必然趋势，投资稀缺性资产，如人口膨胀的大城市房地产、拥有垄断地位的港口机场、高增长行业的龙头企业等，才有希望获得超额收益。由于这个市场不乏先知先觉者，我们不能期望自己总能以最低的成本买到最好的东西，但应该追随趋势，赶早不赶晚。

巴菲特和索罗斯这两位风格迥异的大师有一个共性，那就是抓住机会就高比例建仓，正如索罗斯的名言：一旦发现机会，要两只脚踩上去。全球的富人几乎都是运用财务杠杆来玩"抢钱游戏"，实现快速的财富积累。

买自己买不起的东西（下）

——还能买自己买不起的东西吗？

2006 年，当作者第一次撰文提出"买自己买不起的东西"这一观点时，很多人不能理解，甚至还揶揄说，"既然我买不起，那怎么买呢?!"但也有一部分人看明白了，并且真的咬牙买了那些"买不起的东西"，过了五六年之后，他们便开始感谢说："就是当年看了您的文章，咬咬牙买了别墅，从而实现了财务自由。"不过，这也让那些后知后觉的人们产生疑问，现在开始买自己买不起的东西，会不会为时已晚？

时隔十年，经济环境发生了很大的变化，"买自己买不起的东西"这一观点是否依然适用？

所谓"买自己买不起的东西"，并非在提倡盲目超额消费，而是指投资加杠杆。如今，大多数人对"杠杆"一词已耳熟能详，但在十年前这一概念却鲜为人知，大部分人不习惯或者说不敢加杠杆。而在那个时候，人们的收入和财富差距远没有现在大，故有些人加了杠杆而其他人不敢，这样，贫富差距就一年年的越拉越大。

2006 年末至 2015 年末，中国的 M2 增加了三倍，但一线城市的房价涨幅远超三倍。可见，买房还是一种可以加杠杆的投资品。不过，从 2006 年末至今，上证综指居然是下跌的，这岂不是"失去的十年"？

此外，GDP 增速、铁路货运量、粗钢产量、黄金、石油价格均出现了拐点并回落，而且，一大堆大宗商品的价格也已经跌得面目全非。其实，最令人担心的是中国流动人口的下降，外出农民工的数量不再增加，而这些是中国经济三十多年发展的动力。

过去十年货币超速扩张，持有货币是最大的风险。尽快把货币变成实物资产尤其是房地产，是比较安全的做法。而持有"能创造价值的资本"——股票，也是有一定风险的，但比现金和存款要安全很多，因为个股的算术平均涨幅远超过上证综指。

十年后的今天，你同样会发现，持有货币的风险还是很大，不仅是因为 M2 的扩张速度依然很快，而且人民币的贬值风险也在加大。那么，今后该如何投资呢？可以有如下选择：（1）把人民币置换成非本币的坚挺货币；（2）投资海外资产；（3）等待本土资产价格的暴跌；（4）继续玩金融管制下的估值扭曲游戏，相信在政府力量的作用下中国不会发生金融危机。

但在全球经济都在放缓的今天，不管选择怎样的投资策略，加杠杆的风险恐怕是在加大。因为目前国内无论房地产、股市还是债市，泡沫都是很明显的。而在全球范围又是何种情况？经济疲弱的直接原因是各国都在长期放水（货币）以稳定经济局势，导致效应递减，根本原因是人类历史发展至今，长期和平等因素导致了前所未有的全球人口老龄化。

因此，杠杆是把"双刃剑"，适时恰当加以运用，可实现财富快速增长，但在经济放缓、资产泡沫吹得巨大的时候，杠杆所带来的风险也是加倍的。

（原文分别发表于 2006 年 5 月和 2016 年 2 月，本书对部分数据作了更新）

太在意眼下就没有未来

投资与投机不同。投资是长远的事，不仅需要智慧和勇气，还需要放眼长远，跳出"只顾眼前"的思维模式和追涨杀跌的投机行为。在这个过程中，投资人或决策者不仅需要对趋势做出准确的判断和把握，还需要保持冷静清醒的头脑，耐得住寂寞，经得起诱惑。

十余年前，即 2006 年的时候，陈凯歌导演的一部电影《无极》受到热议。电影在开场就描述：一个流浪的女孩从战死的士兵手中捡到一个馒头，这时，一个贵族男孩说，这个馒头是他的，如果女孩答应做他的奴隶，馒头就归她。女孩答应了，却趁男孩不备把他打晕从而逃跑了，由此埋下了一场大规模血战的祸根。后来，这部电影被人改编成一部带调侃的短片——《一个馒头引发的血案》。这则故事与中国股市很相像，在一开始就被什么东西给绑架了。

举中石油为例。记得 2000 年以前，中石油就有在 A 股上市的打算，谁知消息一出，散户们立刻炸锅了：大家已经亏得惨不忍睹，如果再发这么一个巨无霸，那就相当于月球撞击地球，全完蛋了！为了保护中小投资者利益，监管部门做出不让中石油在国内上市的决定。中石油只好放弃 A 股发行计划，转而在香港以 1.2 港元/股发行。其他大型央企见状，只能纷纷到香港上市募资。

据统计，截至 2005 年底，在海外上市的 310 多家中国企业的市值达到 3700 亿美元，是沪深两市可流通市值的 2.39 倍，其中，80% 是具有垄断性资源的优质国有企业，金融保险、电信、石油石化、航空、有色金属等涉及国家经济金融命脉的垄断性行业龙头企业，无一例外在香港上市，H 股市场有成为中国主板市场之嫌。

就这样，为了维护 A 股市场的稳定，使得原本想在国内发行的优质投资品种流失海外；为了迁就现有投资者的偏好或情绪，而放弃了发展潜在投资者（拥有 15 万亿元存款的储户）的机会，真可谓是捡了芝麻丢了西瓜，而且"芝麻"也并未因此而满意。

中石油 2005 年报显示，这一年中石油赚了 1334 亿元的净利润，超过日本丰田，再度成为亚洲最赚钱的上市公司。如此诱人的利润究竟让谁分享了呢？除了大股东中石油集团外，最引人注目的是巴菲特。他从 2003 年起持续大笔吸纳中石油股票，累计买进了 23.84 亿股，占中石油 H 股总额的 13.35%。按照当时该股票平均价计算，每股成本约为 1.75 港元。从 2007 年 7 月起，巴菲特开始抛售中石油，减持价格为 11 ~ 15 港元，盈利估计超过 200 亿港元。

在 2006 年作者发表《中国证券市场"馒头"案》的时候，上证综指为 1200 多点，牛市刚刚起步，中石油尚未在国内 A 股上市。因此，中国乃至亚洲最赚钱公司的分红就与国内老百姓无缘了。但是，中国老百姓对中石油的贡献却是不能漠视的。有人依据汽油、柴油及航空燃油价格上涨幅度，测算出 2005 年国内消费者对中石油的净利润贡献达到 600 亿元。但就是因为 A 股的投资者太"小气"，不肯让中石油、中国铝业、中国移动、中海油、中国人寿等一批最赚钱的大公司在国内发行股票，唯恐砸了他们的场子，终因太在乎小利而酿成大错，这就是中国股市早期的"馒头案"。

过去十五年，中国股市因为太在意眼下的利益和市场的稳定，使得投资者们大多没有分享到中国经济高增长带来的高收益。例如，2001～2005年上证指数从最高的2245点下挫至998点，跌幅超过50%，流通股持有者的市值减少了8499.7亿元。投资者除了要忍受资产的大幅缩水外，还要忍受这四年或更长时间的煎熬。对于证券市场的中介——券商而言，由于委托理财业务的亏损和融资承销的萎缩，四年中有三年出现了整体亏损，包括南方、华夏、大鹏在内的一批大中型券商相继破产或重组，使国有股东的利益受到损害。而同期的香港H股市场，在不断扩容的同时，指数却上涨了228%。所以，A股市场相对于H股市场真可谓赔了夫人又折兵，同时也应验了邓小平的一句话：长痛不如短痛。

更具戏剧性的是，2007年10月起股市从6124点暴跌，恰恰是因中石油在国内上市所引发。而且当时中石油出于好意，还特意将发行价格压低为16.7元，而当时其港股价格已上涨到19港元。A股开盘后，中石油价格最高冲至48元/股，大家都嘲笑股神巴菲特也不过如此。就连巴菲特自己在接受记者采访时，也承认卖早了。但是，中石油居然成为这次股市暴跌的导火索，成为证券史上令人意料不到的"馒头血案"。

关于中石油，散户从最初对1.2元发行价的抗拒，转变为后来16.7元发行价的接纳和疯抢，这种只顾眼前的思维模式和追涨杀跌的投机行为，能够把持得了未来吗？同样，为了稳定市场，在过去二十五年间曾出现过9次暂停新股发行的情况，这是否也有过于顾忌指数下跌、过于在意市场短期表现而不顾及其未来健康发展之嫌？

市场自有其变化规律，股票跌了发行价降低，投资者的持有成本就会降低，获利空间就会增大，所谓福兮祸之所伏，祸兮福之所倚。市场必须有优胜劣汰的机制，连续亏损的公司要退市，企业才能更关注自身经营，给股东带来更高的回报，投资者的理念也会趋向价值投资。如果过度干预市场，控制股票的供给，则发行价就会居高难下，投资者的持有成本增加；如果不让差的企业退市，投资者的价值投资理念也很难树立起来。与此同时，寻租、内幕交易等行为就会屡禁不止。

历史总是不断重复，十年前的"馒头案"仍历历在目，然而，现在与过去似乎并没有多大区别，现实还在延续历史：国际板在将推之际消失了，注册制在将推之际暂缓了，战略性新兴板不提了；IPO 依然排着长队，发行价依然被指导着。不过，股市在中国经济中的地位还算不上什么，"馒头案"至多让投资者少了一些财产性的收入，让融资者多了一些财富溢价。我们更应该关注的是，中国经济在过去近四十年的改革开放过程中，有没有因小失大的情况，有没有为了眼前的经济稳定而影响到改革的进度。

股市、楼市与经济都是相关联的，政策应对上也势必大同小异。如目前房地产泡沫非常明显，居民的房贷规模迅猛增长，尽管有关行政部门已经采取了多种措施来稳定房价，但居民购房的热情仍然不减。如果没有有效的措施来化解房地产泡沫（2014 年中央经济工作会议上就提出了化解泡沫和去杠杆的目标），那么，金融危机就会离我们越来越近。

事实上，早在 2010 年我国就开始了房产税试点（上海和重庆），并承诺待条件成熟之后就在全国推广。然而时至今日，房产税仍未推广。房产税无论对抑制房价，还是缩小贫富差距，或让地方政府摆脱对土地财政的依赖，都是一举多得的税改举措。在美国等西方国家，房产税、资本利得税和遗产税对于缩小贫富差距起到了非常积极的作用，故在西方国家家庭的资产配置中，房地产的配置比例占比通常都低于 30%，远低于中国大陆。台湾地区也是如此，居民租房率远高于大陆，因为房产的持有成本较高。而中国的税制改革远远落后于经济发展，尽管税制改革的口号早在十多年前就提出来了。如今，若真要开征房产税，恐怕却要三思了，因为一旦引发房价暴跌，便是一场波及全球的金融危机。

改革总是要付出代价，就像目前修高速、高铁和城市轨道交通一样，越早修建，对当年的财政压力虽大，但成本越低；越晚修建，成本越高。所以，这就是顾及眼前还是着眼未来的问题。不改革看似没有付出、没有成本、没有代价，但其隐性的代价和成本却是巨大的，而且，改革必须与经济发展相匹配，如果不适时推进改革，那么，过了这个村可能就没有这个店了。

就当前中国经济而言，尽管面临下行压力，企业收入增速下降，民间投资增速回落，但就业压力还不大，通胀又低，所以并不需要担忧经济增速的问题。需要担忧的，恰恰是经济结构转型表象后面的资产泡沫问题。比如，2016年上半年第三产业增速较快、占比提高，看似产业结构在改善，实际却是金融和房地产在第三产业中占比上升的结果，这种靠泡沫来拉升第三产业占比的"结构改善"，我们应该给予的是负面评价。

因此，中国的经济应着眼于未来，中国的金融市场、资本市场和房地产市场也应该着眼于未来，中国的财税改革、土地改革、国企改革更应该从长计议。着眼于未来并不意味着我们要重新设计、重新规划，只要把我们过去的诸多规划重新审视一遍，看看哪些是必须落实的就够了。其实，权威人士也反复强调，"一分部署，九分落实"。可见，中国的未来不在于部署，而在于落实。那种喊了几十年的"既要，又要，还要"的口号，真的不能再喊下去了，因为未来我们面对的是已经无法绕过去的供给侧结构性难题。

所以，无论是投资也好，决策也罢，如果还是那么在乎眼前，那就真的没有未来。

（原文发表于 2016 年 8 月）

摆脱思维定式，探寻事物本原

投资是长远的事业，需要建立起自己的研究框架和逻辑体系，注重发现长期趋势。作者根据多年来对金融行业的认知和从事宏观及资本市场研究的心得，认为投资者应该克服投资过程中的思维定式，学以致用，真正智慧而理性地投资。

投资之"道"

凡事皆有道。台湾有一个研究诠释学的学者叫傅伟勋，他对"道"的诠释很到位，提出道有六义：道体、道原、道理、道用、道术、道德。这六义即立方体的六面，对于我们有很大的借鉴意义。

中国人喜欢一分为二的看问题，而正如上段中傅伟勋对"道"的诠释，我们为何不能一分为六或更多元化的看问题呢？多角度看问题可以得出更加客观、全面、细致和精准的结论。我们现在已到了数字化的时代，所以，分析问题的方法不能一直停留在古代的阴阳五行、因果轮回的传统思维上。

以股市为例，可以较为直观地反映出这种"道"，也可以生动地诠释股市之"道"在六个维度上的表现。

"道体"对应"股市作为经济"。大家都认为，股市是中国经济的晴雨表，股市好时，经济比较强劲；股市不好时，经济也不景气。我们用股市的表现来对经济趋势进行判断，这没错，但需要了解"中国特色"；而吴敬琏说股市就是一个赌场，也没错，主要取决于从什么角度看待这些问题。我们都听过"瞎子摸象"的故事，每个瞎子摸到了大象的不同部位，然后就认定整体就是这个样子，这是不够全面导致的错误，所以，建议运用多元分析的方法，建立立体思维方式，对于现实生活中的研究对象，不能简单而草率地对待。

"道原"，对应"股市发现价值"。我们不能只算平均市盈率来代表估值水平，因为平均市盈率只适用于正态分布；对于偏态分布的市场中，则用中位数更能反映。但具体讲股市偏高还是偏低，也不只用市盈率，还要参照市净率等来估值。

"道理"对应"股市作为心态反应"。从心理学角度来讲，市场就是炒预期，虽然宏观经济不景气，但是预期政策可能会比较好。比如，2017年要召开"十九大"，那么"十九大"会对我们的预期产生什么影响？我们今后的改革、经济建设会有哪些可以期待的事情？可以说，股市就是反映了社会的心态。再比如，2015年的经济增速是往下走的，但股市却很火爆，因为大家对大众创业、万众创新有一个很高的预期，只是预期随着2015年监管的加强而改变。

投资者从投资角度分析市场，监管层从监管角度看待市场，所以"道用"对应"体现股市功能"。监管层最看重的股市功能是直接融资功能，如有人问周小川行长"怎么来降低中国企业的债务率"，周行长答复说可提高直接融资的比重，股权融资比重提高后，债务率就会下降。周小川的回答很能诠释股市的功能。以20世纪90年代为例，当时多个地方证券监管部门邀请作者参加他们的课题，内容主要关于股市功能的发挥，比如如何利用资本市场优化省内产业结构等。还有，朱镕基任总理时也说过"国有企业要早上市"，好的和坏的一起上市，这样也可以解决当年国企债务水平偏高的问题，但是这个功能有否得到很好地发挥呢？过去几年我国国有企业债务率上升的幅度，远远快于股东权益增长的速度，说明虽然股市有这个功能，但是否能发挥好，就要看实际操作情况了。

"道术"对应"股市作为博弈工具"。通俗地说，股市是一个"赌场"。最近，监管部门连续出台很多举措来规范资本市场：不许借壳、不许炒作石墨烯、退市制度严格执行等，监管内容越来越具体。如果全社会的资金都在这个"赌场"里，那么怎么搞经济建设呢？

"道德"对应"股市作为公司治理"，改善公司治理结构有利于投资回报率的提高。企业上市之后变得更加透明，对董事会、监事会、高管层有着更多的要求，要有信息披露、分红政策，要维护中小投资者的权益。

基于以上分析，我们大致可以从六个方面认识市场，也就是可以从多个角度来分析市场，而不仅仅用一分为二的传统思维。传统思维的逻辑往往是单一的、线性的，而单一的推断往往是不成立的。在做市场分析的时候，分析师们比较注重股票估值水平的高低，而影响估值水平的因素有很多，如宏观因素、心理因素、估值因素（现金流贴现等），多种因素共同作用导致了市场波动。影响股票市场估值的第一个因素是上市公司经营业绩，上市公司通过提高自身经营业绩来提高估值水平；第二是市场的资金成本，通过宏观降准、降息，降低市场的资金成本可提高估值水平；第三是投资者的风险偏好，风险偏好越高，估值水平就越高。2016 年的"韭菜"越来越少，两融规模在缩减，尽管利率下行有利于估值提高，但风险偏好的提高有可能降低估值，所以，我们不能只讲估值不讲偏好。

还有一些经济现象，有时可以通过数学常识来解释。比如，贫富差距是一种经济现象，按常理应该运用经济学理论来解释，但作者发现中国及全球贫富差距似乎与人口的多寡有关，即人口越多的国家基尼系数越高，这一现象其他学者似乎关注不多。以公司部门资金的发放为例，部门人数越少，奖金方差越小，反之则方差越大；同理，国家越小，国内的贫富差距就应该越小。这里应用的只是一个数学常识。

既然，我们学了那么多的经济学常识，学了之后就应该尽可能的去应用，否则思维就很难突破既有模式，即思维定式。比如，大家非常习惯的一个分析方法，就是把我国和发达国家做比较，然后推出中国以后会如何的结论，讲得理直气壮。然而，究竟有多少可比性呢？天时、地利、人和都不一样。

摆脱平庸的思维定式

有一次，作者和王能教授聊到关于学生的培养（王能：曾就读南京大学少年班，美国斯坦福大学金融学博士，哥伦比亚大学金融系主任，兼任上海财经大学金融学院院长）。王能教授说到一个现象，很多中国学生的西方金融理论和方法都学得不错，可一旦落笔写论文，就大脑短路了，思考方式会很自然地切换回中国的传统思维。由此看来，中国传统式思维对我们的影响是根深蒂固的。

俗语说"学好数理化，走遍天下都不怕"。但是，如果学到的东西不能应用于实践，那么读书学习的价值就没有发挥出来，思考方式固化平庸，恐怕就难有长进。中国传统式思维有很多值得继承的精髓，比如西方逻辑学中的充分必要条件，在中国古代早已有之，如墨子《经说》中"故，小故，有之不必然，无之必不然。体也，若有端。大故，有之必然，无之必不然，若见之成见也"；刘徽《九章算术注》中还有假言推理、选言推理、联言推理、二难推理等各种演绎推理形式，甚至还有数学归纳法的雏形。但遗憾的是，在中国墨家学说之后，这些精髓未能得到很好的传承和发展，总体上看，逻辑学与数学都作为阳春白雪，没有广而用之。

中式思维中也不乏平庸者，尤其那些不合逻辑却被社会广泛接受的思维方式，这是应该摒弃的。比如运用演绎法思维时，不少人常会用单一的联想方式，而且自古有之，举个例子：

郢人有遗相国书者，夜书，火不明，因谓持烛者曰："举烛。"云而过书举烛。举烛，非书意也，燕相受书而说之，曰："举烛者，尚明也，尚明也者，举贤而任之。"燕相白王，王大说，国以治。治则治矣，非书意也。今世举学者多似此类。（摘自《韩非子：外储说左上》）

上文讲的是楚国郢都有一个人要给燕国的宰相写信，因烛火不够明亮，于是对侍从说"举烛"，并顺手把"举烛"二字误写到信中。燕国的宰相读过信后十分高兴，说："举烛就是崇尚明察，崇尚明察的意思就是任用德才兼备的贤良。"他把这个意思告诉了燕王，燕王也十分高兴并以此来治国，把国家治理得井然有序。国家确实是治理好了，但"举烛"并非这封信的本意。这种穿凿附会、曲解原意的情况，在现实生活中普遍存在。

现实中主观臆断的思维方式也十分普遍。比如，在讨论股市的未来走势时，经常可以听到有人说："明天股市不能跌了，如果跌破半年线，整个走势就被破坏了，就会发生死叉"（一根时间短的均线在下方向上穿越时间长的均线，且这两根均线方向均朝上走叫黄金交叉；反之，短均线从上下穿长均线，并两均线朝下叫死亡交叉）。这意思是说，如果明天股市不涨，就大难临头了？技术分析只是一种依据量价变化做出预测的方法，但从长期看，全球股市都是不断上涨的，因为大部分企业都在创造新的价值。若真出现死叉而后暴跌，或许还是买入机会呢。

影响股市的因素很多，影响其他市场的因素也很多，我们不能任凭自己的想象，做单一因素的演绎推理，而是应该用多元方程式 $Q = F(x, y, z)$ 来分析。大部分人平时做题解答得很好，那么，在现实生活中也应该习惯这种多因素分析的方法。只有从多角度来分析问题，才会看得比较全面。

不仅如此，很多人做研究或看问题时，在时间序列中容易给"当前"的变量赋予过大的权重，这往往也容易导致错误。举 2016 年 6 月浦东机场爆炸案为例，事件发生后，浦东机场的安全检查马上升级，而虹桥机场的安检为什么不升级呢？一个事件发生之后，我们给了这个事件过多的当前权重，认为这个事件还有可能再度发生。这种现象不仅存在于我国，在世界范围内也普遍存在。

事实上，如果给予当前变量过高的比重，将导致研究分析或思考问题时失衡。现在和未来大多处于一个均衡的局面，在这个局面中，不应该给予当下过高的权重。比如，2003～2004 年"非典"爆发阶段，很多人认为"非典"是灭顶之灾，有可能影响我国未来的经济，甚至还有人写了关于"非典经济学"的书。然而，实际上在中国传染病的发病率排序中，结核病排第一，乙肝排第二，"非典"排在很后面的位置，只不过对 2003 年的影响比较大。

诸多案例显示，我们在进行思考、做分析和预测的时候，大多把当前发生的事件给予过高的权重，在重大事件发生后市场异动，股票暴跌或者暴涨，可见，这些事件对大家情绪的影响是短暂的，将被修复。事实证明，正确的结论更依赖于全面、客观、公正的理性判断，所以，我们观察的时间跨度一定要足够大。

这样的例子不胜枚举，就连统计数据有时也会"骗人"，在某一阶段从统计数据中发现的现象，到了下一个阶段很可能就不复存在了。以库兹涅茨为例，他认为收入分配存在"倒 U"型走势：当人均 GDP 提高到 10000 美元以后，贫富差距就可以缩小了。之所以得出这个结论，是他在第二次世界大战之后到 20 世纪 70 年代期间观察到了这个现象，并依此而做出的判断，然而 80 年代至今，整个社会的贫富差距已经在拉大，他的"倒 U 型理论"显然无法适用了。这再次证明，投资抑或分析问题，一定要看长期趋势，而不是短暂现象。

学以致用，发现"新大陆"

我们现在学的金融学、统计学等都来自西方，虽然我们中国人对数学是有贡献的，但对现代数学的贡献还是微乎其微。因此，如何对所学的知识进行良好的运用显得非常重要。

中国有句挖苦人的话，"你的数学是体育老师教的"，意思是你的数学太差。其实，"差"并不要紧，关键是能否恰当地运用，加减乘除在现实生活中运用得最多，只要计算得准确就可以了。作者读小学和初中都是在"文革"期间，小学毕业后被选拔至县体校的少体班打篮球，初中数学确实是体育老师（篮球教练）教的；不仅如此，作者的语文也是体育老师教的。

但作者更喜欢"应用"，比如学过物理和化学知识后，就常一个人躲在家里做化学和物理实验；学了电子知识之后，家中所有与电工有关的活都由我来包办。此外，还自己组装了收音机，在那个信息不太发达的时代，通过收音机又学到不少知识。

如果所学的知识不在实践中应用，就很容易忘记，忘记之后的知识要想重新拾起并非易事。以数学为例，大部分人平时用得最多的是加减乘除。虽然加减乘除最为基础和简单，但却很有用。比如，作者在2012年撰写《中国经济结构存在误判》报告时，用得最多的依然是加减乘除。用的工具虽然简单，但并不影响文章的分量。这篇文章发表之后，引起了中国高层的重视。这说明，无论研究抑或投资，其本质不在于你运用的工具有多先进，而在于一定要去发现别人没有发现的东西，这才是研究和投资的价值。

事实上，大部分国人的思维特性决定了他们更愿意相信命运或奇迹的发生。澳门博彩业的规模远超拉斯维加斯或是一个侧证，因为中国人的形象思维比抽象思维更发达。但是，赌场的收入大幅增加，与其相对应的必然是赌客的大规模亏钱。这就意味着，这种相信会出现奇迹的侥幸心理可能带来惨重的代价。尽管如此，华人对全球博彩业的贡献仍然是最大的。既然大家读了那么多年的书（大部分是西方学科），数理化基础也非常扎实，那么，我们就应该用所学的知识和逻辑方法来分析问题和处理问题。

（原文的标题为《学以致用　知行合一》，根据 2016 年 7 月内部培训的演讲材料整理）

投资是多重哲学观之间的套利

从电闪雷鸣看投资逻辑

随着投资经验的积累，投资者变得越来越理性，也越来越关心宏观经济数据。每当经济数据一公布，就会引发各式解读，或喜或悲，或激昂或淡定。这样的现象反映出投资者理性程度的提升，与成熟市场的投资理念日益接近。但是，数据反映的是过去，而投资买的是未来。只有把握未来的情况，才能准确把握市场走势，做出正确的投资判断及行动。比如，投资者在四月看到的是第一季度的各项经济数据，这其实已经成为历史了，不必对此过度解读。投资者更应该关心的，则是第二季度乃至全年或未来的经济走势。

数据的发生与公布，就好比闪电和响雷之间的关系。由于光的传播速度比声音快，所以，我们总是先看到闪电，而后才听到雷声。同样的道理，数据的发生就如同闪电，而数据的公布就已经算是雷声了。有不少人听到雷声便万分恐惧，担心被劈死，但实际上当你听到雷声的时候，其实正是表明对于这组雷电，你已经安全了。因为威胁生命的闪电，已经是过去时了。

雷电的知识能够被人们所掌握，但明白这一现象是一回事，并不能完全帮助人们克服对于雷电的恐惧心理。或许是因为声和光相比，前者对人的震撼力更为强大。由于人类生理反应和理性思维兼备，故还是很难克服诸多非理性的恐慌。同样，投资行为看似理性，但受情绪的影响却很明显。比如，估值低、成长性好的品种应该随时可以买入，但投资者选择购买时机往往取决于两种因素：一是价格出现上涨时，二是当别人推荐时。此外，从众心理也是投资非理性的一个典型表现，所谓"羊群效应"。不少投资者常常是追涨杀跌、亏损累累。所以，投资过程是理性与情绪相纠结、贪欲与恐惧相伴随的过程。如能克服情绪的困扰，应该能够提高投资业绩。

但无论是闪电还是响雷，均不能构成投资决策的最佳依据，因为投资要着眼未来，而闪电代表即时变化，响雷也不过是这一自然现象的滞后反应。因此，研究并预判未来才应成为投资决策的主要依据。这就要考验投资者的分析工具、数据获取渠道和分析判断能力。这也是巴菲特能如此成功，而大多数投资者跑输市场的原因。有人可能会说，预测未来也需要获得过去的数据。此话不错，这就需要我们对过去的数据及其成因、真伪等进行深入研究。

举宏观数据为例。相对于其他数据，央行公布的货币数据准确度更高，而由下级层层上报的经济总量数据相对误差会大些，如"人均可支配收入"、"固定资产投资总额"等数据的误差更大。因此，投资者应该对数据产生的基础、可靠性、同比环比的关系等进行了解，不仅要过滤掉噪音（雷声）对投资决策和行为的干扰，还要分析事件（闪电）发生的成因和影响力，以便把握今后的经济走向。

影响市场走势的主要因素不仅包括经济数据的变化，还包括应对经济波动的对策，即政策。从历史上看，中国股市走势与经济走势的相关性并不大，却与政策变化的相关性较大，如 2008 年末至 2009 年中，我国 GDP 增速一路下行，但上证综指则上涨了近一倍。上涨的主要动力是政府提出了两年 4 万亿的投资计划，故经济不好则意味着政策会变好，反之亦然。而在 2009 年下半年至 2011 年的两年半中，我国经济增速高歌猛进，而股市却成为全球股市表现最差之一。可见，简单根据经济数据来把握股市投资机会，在中国基本是失败居多。

所以，即便你能准确预测经济数据，股市大幅攀升的经济增长逻辑似乎也不成立；此外，再来一次投资拉动型刺激政策的可能性也不大，故政策逻辑似乎也不成立。这就是所谓的历史不会简单重复。但如果从经济转型、改革与创新、消费升级等角度看，过去经济高增长导致的泡沫风险尽管存在，但管制的加强又使得风险可控。因此，市场机遇往往来自于超越一致预期的部分，来自于寻常分析套路之外的逻辑。

你买入的只是你想象中的未来

当投资者做出买入决定时，这个决定必然包含着他们对资产增值的预期，即它的未来。投资者先要做出分析与判断，来预计该行为所带来的价值或后果。对此，投资者买入的，只是想象中的未来。

以股市为例，股市上有句话叫"买股票就是买未来"。这句话尤其适用于中国股市，因为国内投资者一般不太在意股票的估值水平，而更看重未来的成长性。比如，同样是创业板，纳斯达克 100 指数的市盈率为 22 倍，纳斯达克综合指数的市盈率为 30 倍，而深圳创业板的平均市盈率为 64 倍（2016 年初数据），是国内银行股平均市盈率的 10 倍多。可见，国内投资者还是很看好创业板企业的未来。

不过，根据二八法则，创业成功的企业毕竟是少数，大部分都会失败。因此，国内投资者给予创业板的整体估值似乎偏高了。不过，究竟偏高了多少却很难估算，这还要考虑国内股市极低的退市率、流动性溢价等因素。当然，估值水平高低与否确实很难做前瞻性的判断，当你看好这家公司，买入并且一直持有他们的股票时，这家公司真实的未来与你投资时所想象的未来一样吗？答案，常常出人意料。

成功，有时是一个概率事件，绝大多数公司未来的变化都会超出大家的预期。市场上有太多关于如何成功投资的书，里面介绍的无非是成功者的经验或上市公司实现高成长的成功案例。无论是哪一种，都是事后诸葛亮般通过倒序的方式进行解释，并没有太大的意义，因为给成功找理由总是很容易的，不容易做到的是如何准确的预测未来，判断哪些上市公司能够成为成功的企业。

从统计学角度看，成功往往是偶然性体现，因为偶然性符合概率的分布。比如，让猴子掷硬币，每次出现正面的概率为50%，如果让猴子连续掷硬币10次，那么连续10次均为正面的概率就是50%的10次方，约等于千分之一，也就是一千只猴子中应该有一只猴子连掷硬币10次均为正面。难道我们要给这只"成功"的猴子树碑立传，介绍其神奇的成功经验吗？

当然，人肯定比猴子聪明，因此，在投资上的成功率肯定比猴子高，但终究还是逃不脱概率的分布。据说，A股市场26年来赚钱的人只有20%，不赚不亏的有10%，其余70%的人都在亏钱。亏钱的人一般换手率都比较高，一直持有一般不容易亏钱。所以，像"成功学"这样的心灵鸡汤，很难帮助投资者提高成功率。

回到正题，投资者基于对公司未来的判断而买入的股票，有多少符合预期呢？结论是基本都不会符合预期。2002年，作者曾领衔国泰君安证券研究所出了一本书叫《未来蓝筹》。这本书非常畅销，面市不久便很快断货了。该书中选中的蓝筹股都是当年的行业龙头或比较有竞争力的公司，如白酒企业中选的是五粮液而不是茅台，银行中选的是招商银行，钢铁企业中自然是非宝钢莫属，石化行业是中石化入选，纸业是华泰股份，房地产是万科，机械行业中有深中集和振华港机。

如今看来，这些被选中的龙头企业至少有一半未能成为蓝筹。道理很简单，你能把握今后五年乃至十年的经济和行业发展走势吗？十年之前，中国正处在重化工业化的巅峰阶段，周期性行业的企业看似前景灿烂，如今，则普遍面临产能过剩压力。三十年河东，三十年河西，过去的所谓成功经验在新的环境下不再适用。

十年之前（2007年），大家都在憧憬中国经济未来的黄金十年，谁预料到2007年10月份之后就出现股灾，2008年又会发生全球性的金融危机？中国的GDP增速目前已连续十年处在下行的轨道。十年前，你所想象的未来是今天这个样子吗？如果不是，那么未来十年你所想象的，将与2027年的真实情况一样吗？

某些心灵鸡汤的文章讲，假如你一直看好万科，在上市的第一天就应该买入，持有至今就可以获得七八百倍的收益。但问题是，1990年你能预测到万科会成为中国房地产领域的龙头企业吗？要知道，万科在20世纪90年代初处于多元化经营的状态，公司旗下不仅有万佳百货，还有蒸馏水业务（怡宝蒸馏水），甚至还有礼品公司。由于那时为短缺经济时代，所有行业中估值水平最高的是综合类上市公司，如当时飞乐音响本属于电子类的上市公司，但突然有一天上交所宣布将它归入综合类，于是当天其股价涨幅超过10%。

在过去二十多年的时间里，行业的变化日新月异。可以看到，过去被追捧的银行业如今已遭受冷遇；互联网泡沫破灭后又重新泛起；过去诸如计算机这样的新兴产业，到如今也成了传统行业。因此，即便持有某股票不超过两年时间，也有可能因为新的事件的出现而被颠覆想象并改变初衷。

从图 5 - 1 可见，这 14 家公司中八只是概念股，至少有七家企业已经改变了主营业务，如飞乐音响的音响业务收入只占总收入的 1.33%，主营业务是照明工程；爱使股份已更名为游久游戏，方正科技就是原来多次被举牌的延中。这些变化恐怕是人们想象不到的。但同时，我们也会发现涨幅超过 100 倍的股票中，不属于蓝筹股的公司占比约 50%。不是蓝筹股，为何也能涨那么多呢？这与中国股市的游戏规则有关，即无论上市公司如何亏损也基本不会被摘牌。如此一来，上市时间越早、盘子越小的股票，被重组或借壳的机会就越多，这也是作者所提到的，只要游戏规则不改变，买入并长期持有中小市值股票一般都是赚钱的，根本不需要做基本面的分析，也不需要预测未来。因为从本质上讲，这些"特色"使得人们不仅很难做基本面分析，也无法预测未来。

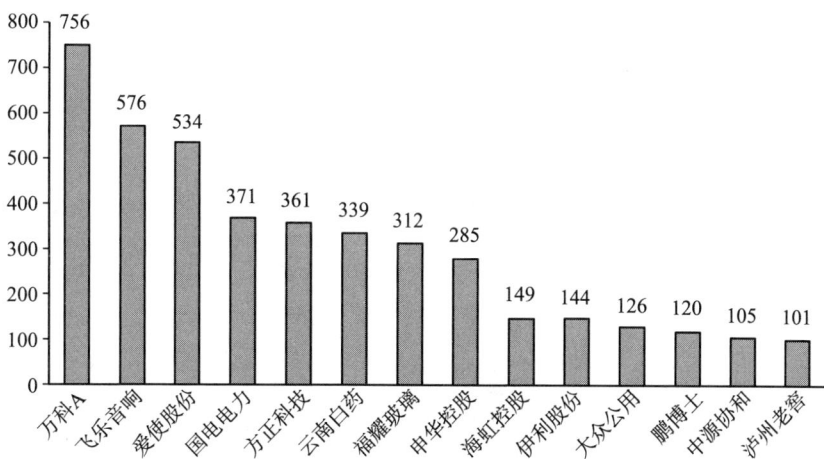

图 5 - 1　自上市以来较发行价涨幅超 100 倍的 A 股个股一览（截至 2013 年 9 月）

资料来源：《证券时报》2013 年 9 月 12 日。

不单是这些发生了重大变化的公司，即便是主营业务突出并未有大变化的公司，投资者所做的预测或所想象的未来与真实的未来也差异巨大。如 2000 年之前，五粮液的市场份额超过茅台，而如今茅台真正成为了国酒。又如，当年看好那些行业龙头的未来趋势时，投资者未必没有考虑到全行业的产能过剩问题或者国企所存在的治理结构问题，只是那个时候，投资者预期行业集中度会提升，赢家可能通吃；或者预期国企改革推进后，公司治理结构可以得到完善。而结果却是，这么多年来制度性的因素很难改变，改变的是消费偏好、劳动力成本等。所有对未来的展望，都基于当前的现实，而现实又是在特定条件下的一种表现，若未来这些条件不再存在，那么，预测与实际结果就会大相径庭。

有海外的研究人员向作者抱怨，说目前国内的卖方报告都不做未来 5 年的估值模型了，以至于这些报告无法在美国销售，因为美国要求分析报告必须有对未来 5 年的盈利预测，否则就是假冒伪劣产品。但国内有多少上市公司在未来 5 年依然坚守自己的主营业务，而不进行新业务的引入或并购重组呢？如果不搞点定向增发，恐怕投资者也会失望。所以，国内的分析师要预测未来 5 年的情况，既有难度又有苦衷。

2005 年末，作者主笔撰写 2006 年投资策略报告时，引用了老子《道德经》开篇的第一句话作为题目——《道可道　非常道》。引用此话的意思是，作为卖方，券商研究所必须对未来做出预测，以便向客户推荐行业及相关个股；但如果预测得精准，则只是运气好罢了。这篇报告用了很大的篇幅回顾中国经济和产业结构的变迁特点，提出了一些新的估值方法。事实也证明，自 1990 年上海和深圳证券交易所成立以来，没有人能够准确预测市场，即便有过一两次的准确预测，也是偶然的，预测不准则是常态。尽管这就是实际情况，但仍然有不少人喜欢迷信权威，相信有股神的存在——这其实是一种心理需求，和人类与生俱来的对安全感的索求有关系。

既然预测不准，并不存在股神，那么投资靠什么赚钱呢？谙熟A股独特游戏规则与散户偏好或能获得超额收益。作者曾在2015年末做过测算，2011～2015年，深圳创业板指数上涨了139%，表现次好的上证380指数上涨了58%，上证综指表现较差，只上涨了26%。也就是说，即便不去做预测，只要不买大盘股，多少都能涨。道理很简单，企业总是在不断地创造价值，更何况在不退市的潜规则下，重组股具有超额收益。据测算，2015年所有股票的算术平均涨幅为63%，是被那些市值最大的股票组合"拖了后腿"——年涨幅只有3.4%（占总市值5%），从而拉低了上证综指的涨幅。2015年市值最小的股票组合（共130只），虽然只占总市值的5%，但其平均收益率却达到142%。但是，2016年至今，中小市值股票的表现却非常差，大市值蓝筹股受到追捧，这也是游戏规则变化所致。所以，用老套路行不通了。

虽然关于股票未来的想象与未来的真实情况会有偏差，甚至大相径庭，但这未必会影响个体投资者的收益，因为其他人同样预测不准，而且可能和你有同样的想象，这就是所谓的一致预期。在一致预期的作用下，股价就会被推升，个体投资者反而可获得超额收益。回顾中国股市历次关于概念股的炒作，几乎每一个概念都是实际业绩差于预期的，但这不重要，重要的是这些概念股的估值水平大幅提升了，个体投资者的价差收益也因此得以实现。

看一下当今国内这些体量巨大的私募大佬，几乎没有一个是靠长期持有诸如万科之类的超级牛股而发达的。这些投资高手在炒作的概念被证伪之前，即在事实真相水落石出之前就获利离场，并开始酝酿下一个热点。因此，每个投资者都只能买到自己所想象的未来，但如果你想象的美好未来不能得到大家的认同，那就只有顾影自怜了。

A股市场是一个最具有羊群效应的市场，因为散户占了85%的交易量（见图5-2），换手率全球领先，所以，研究投资行为有时候比研究估值高低更有意义。就如经济学研究一样，虽然经济学的含义是优化资源配置，但研究政策如何操作，以及政策的执行情况，解决权威人士提及的"一分部署，九分落实"的难题才更具有实际意义。

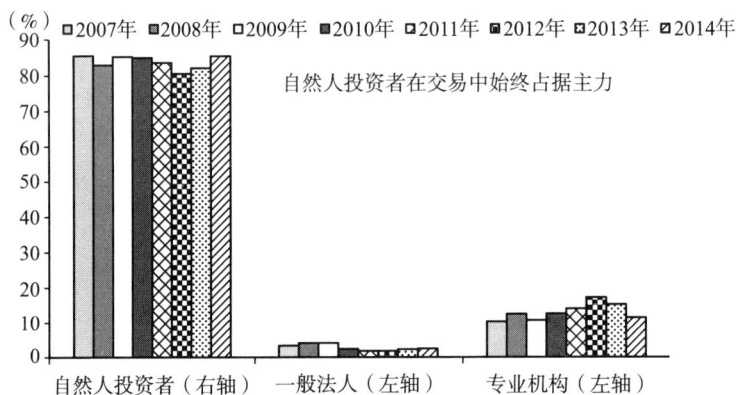

图5-2　中国股市散户的交易量占85%（美国只占20%）

资料来源：海通证券策略团队。

其实，把握群体行为偏好的意义不仅限于股市，至于梦想是否与未来的现实一模一样并不是最重要的因素。比如，中国历史上每一次农民起义都是既有理念又有口号，如均平富、均田免粮；有田同耕，有饭同食，有钱同使，无处不均匀，无人不饱暖……这些农民领袖所提出的理想，在当时具有很大的诱惑力，可谓振臂一呼而应者云集。尽管在现实中，没有一个农民领袖的口号能够兑现，但他们借助庞大社会群体的力量实现了个人目标。

因此，尽管你买的想象中的未来不会变为现实，但这不是关键因素，关键的是你根据想象所编的故事要有人信，信的人越多则成功率越高。股市里如此，股市之外也一样。

（原文分别为2012年和2016年发表的两篇文章，本书作了汇集整理）

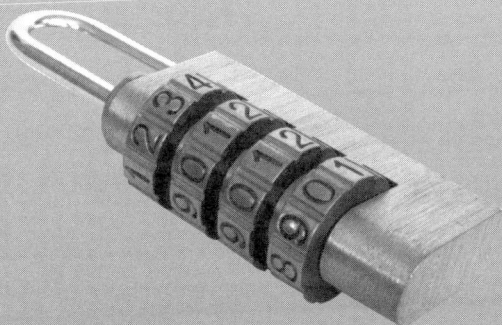

THE WEALTH CODE

第六章

股市的逻辑：摆脱认知局限

A 股高估值的深层原因与未来结局

A 股的长期高估值之谜

A 股自有交易以来长期处于高估值状态，在过去 27 年的大部分时间里，所有 A 股平均市盈率的波动均衡点维持在 40 倍左右，远高于成熟市场 20 倍甚至更低的水平。但迄今为止，对这一现象的各种解释都不能令人十分信服。中国股市的高估值现象，与某些新兴经济体股市的估值水平长期偏低一样，像是一个谜。

1985 年，美国两位经济学家梅赫拉（Rajnish Mehra）和普雷斯科特（Edward Prescott）首先提出了"股票溢价之谜"——股市的投资回报率高出无风险债券投资回报的幅度过大，以至于无法用传统金融学理论来解释。比如，从 1925 年末到 1995 年末，美国股市的年回报率平均为 10.1%，而美国国债的年回报率为 3.7%，股票的溢价（或称风险溢价）竟然达到 6.4%。如果 1925 年末将 1000 美元投入美国股市，那么到 1995 年末，股票的价值将为 84.2 万美元，是投资国债收入的 66 倍。

目前，针对股票溢价过高的现象，学术界还没有令人信服的解释。

相比美国等发达国家的成熟市场，国内股市的发展时间还不到三十年，如果从 A 股的风险溢价水平来看，可以发现 1999 ~ 2007 年间，A 股的平均溢价水平还比较低，在 2003 年前基本上还是负溢价（见图 6 - 1）。如果只考虑从 1996 年开始的牛市到 2005 年熊市结束这段近十年的 A 股回报率，会发现其明显低于国债投资的回报率。

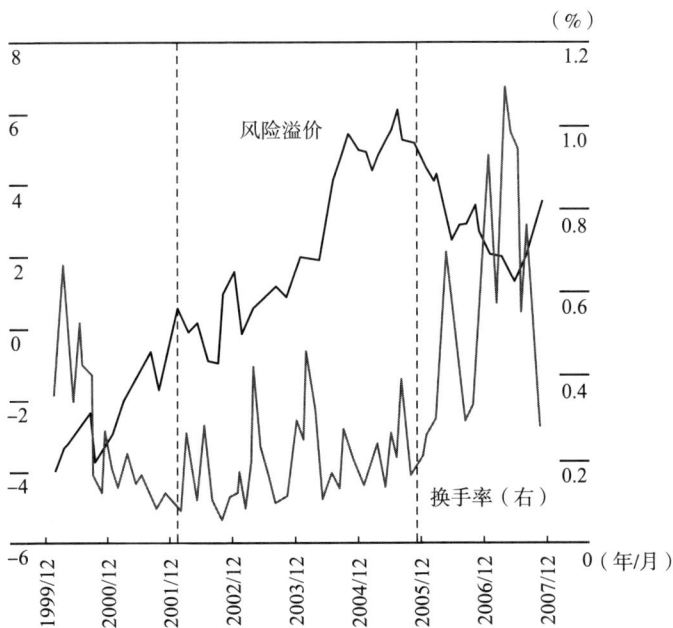

图 6 - 1　A 股风险溢价与换手率

注：选用沪深 300 指数中 2000 年以前上市的所有公司的加权平均值序列，换手率为月度单位，数据由姜超提供。

从估值的角度看，中国股市长期处于高市盈率和低股息率的状态（见图 6 - 2）。低股息率主要是由于在高市盈率背景下，投资者对送股的兴趣远远大过分红，故上市公司在股利政策方面也大多采取低分红方案。一般而言，历史上平均股息率达到 2% 属于比较高的范畴。从市盈率（PE）水平来看，1994 ~ 1995 年中国股市的 PE 维持在 20 倍左右，这主要与当时的高通胀率（15% 以上）有关。总体上看，A 股自有交易以来的平均市盈率水平在 40 倍左右，远高于成熟市场 20 倍甚至更低的水平。A 股市场熊市中的市盈率低点，也与不少成熟市场牛市高点的市盈率水平接近。

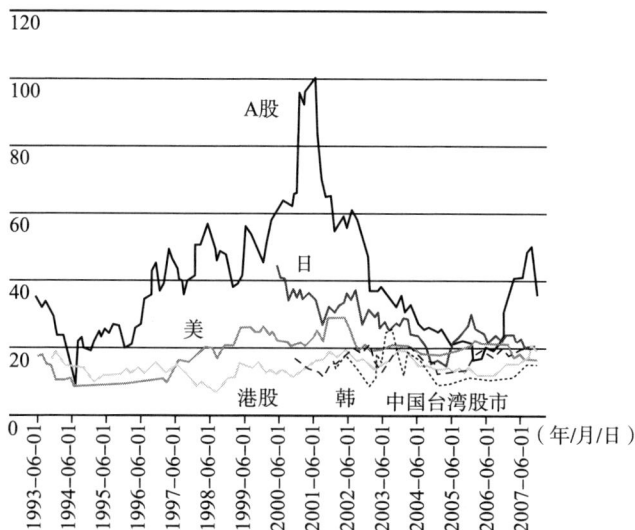

图 6-2　海外市场与 A 股市场动态市盈率比较

资料来源：Bloomberg、Wind。

风险溢价水平和市盈率水平的国际比较均说明，A 股一直处于高估值状态。如果再比较同一上市公司 A 股和 H 股的价格差，就更能说明这一问题。实际上，A 股股价长期以来高于对应 H 股的股价，虽然到了 2005 年末平均溢价水平降到了 40% 左右，但随着 A 股的牛市兴起，溢价又提升到了目前的 70% 以上。同样，A 股对 B 股的溢价也长期维持在较高水平。无论是 B 股市场对境内投资者进行开放，还是国内 QDII

产品的迅猛推出，都没能有效提高 B 股和 H 股的估值水平，从而缩小 A 股与它们之间的差距。

从 2011 年一季度看分行业板块的表现情况，可以发现一个很有意思的现象，即 2010 年跌幅较大的板块，如房地产、金融服务、黑色金属等都表现比较好，而 2010 年涨幅较大的板块，如医药生物、电子元器件等则成为表现最差的行业。即便是 2011 年初大家信誓旦旦、一致看好的"十二五"期间主题投资品种如水利水电建设、云计算、触摸屏、新能源等，也成为一季度跌幅居前的品种。由此可见，行业发展前景或行业的成长性被看好，未必表明归属于该行业的股票就只涨不跌。同样，传统行业或周期性行业在货币政策趋紧阶段，也未必只跌不涨。因为影响股价波动的因素实在太多，但最根本的因素还是估值水平。

因此，有人将这段时间以来房地产、金融板块的走强定义为"估值修复行情"，也有人认为是风水轮流转，更有人认为风格转换开始了，毕竟中小市值股票走势强于大市值股票的时间已经超过两年。但究竟风格能否真正转换，现在还难以下定论，还要拭目以待。不过，要期望 A 股市场的估值结构从此趋于合理，恐怕就是一厢情愿的事了，因为二十多年来无数次所谓的价值回归，都被随后的估值扭曲或泡沫所取代。深交所网站数据显示，创业板市盈率与 2010 年相比已经腰斩，至 2017 年 6 月回落至 50 倍左右，但还是主板的近两倍，中小板则为 40 倍左右，相比香港创业板 10 倍左右的平均市盈率，A 股市场的中小市值股票仍然高估了。而同时不少大市值行业股票如金融、石化、钢铁、煤炭等却低于 H 股或与 H 股估值接近。

因此，A 股市场虽然已经成为全球市值第二大的市场，但估值无序化，说明离成熟还十分遥远。正如中国的汽车市场规模超过美国，成为全球第一大车市，但中国的交通秩序却远不如美国等发达国家一样。据美国 2006 年统计数据，美国二十多年来机动车增长 73%，但交通事故死亡人数却下降27.5%；日本机动车拥有量增加了 3 倍，但交通事故死亡率下降了 55%。中国自 1987 年以来交通事故的死亡率一直居世界之首，其中 80% 是驾驶员违章引起的，尽管 2006 年中国汽车的保有量占全球 7.5%，但交通事故死亡率则占到 20%。

股市虽然与交通秩序风马牛不相及，但当反映股市成熟度和交通秩序好坏时，大致都可以用人均 GDP 水平来衡量，如 2015 年中国的人均 GDP 在全球排名第 76 名，非常靠后，交通状况比较糟糕，而股市表现也很差。上证指数从 2000 年末至 2010 年末只上涨 35%，而同期名义 GDP 上涨了 2.8 倍，香港的国企指数更是上涨了 6.8 倍。为何同属国内企业，在香港表现却如此之好呢？

海通证券研究所曾分别对 146 家在 A 股上市和 134 家在香港上市的央企及央企控股企业的分红率水平（红利占净利润的比例）进行统计，从 2001～2009 年，A 股央企的 9 年平均分红率是 20%，而 H 股央企则达到 36%。尤其是在 A 股市场最低迷的 2004～2005 年，A 股央企的分红率不足 10%，而香港上市的央企分红率则在 40% 左右。有道是"橘生淮南则为橘，生于淮北则为枳，叶徒相似，其实味不同。所以然者何？水土异也。"因为 A 股市场的大部分投资者只对送股游戏、重组游戏感兴趣，追求的是价差收益；在 A 股市场的大部分时间里，上市公司盘子越小、行业越有想象力、地点越偏僻，给予的市盈率水平越高，我们可以称为"信息不对称溢价"，而这类公司在成熟市场绝对是要遭遇估值折价的。投资理念上的差异、估值的扭曲，也影响到上市公司的行为，如轻分红、重融资，轻经营、重投资等。A 股投资者二十多年来过高的回报预期，其结果却是大部分人的长期亏损，而 H 股主流投资者对国企一年两次分红的要求，却导致了上市公司股价上涨大幅超过 GDP 增速。

基金持有的股票占流通市值只有 10% 左右，个人投资者的交易额要占到全市场的 85% 左右，A 股成为全球最大的散户市场，估值无序的局面短期内恐怕难以改变。

A 股高估值之谜的三种解释

A 股高估值现象长期存在的原因究竟是什么，学者和市场人士曾给出过多种解释，其中主要有以下代表性的观点：（1）供求关系说。国内市场股票供给不足，需求大于供给，从而导致股价高企。此外，由于我国资本市场发育不全，投资渠道较为单一，也导致了股票这一投资工具始终供不应求；（2）发展前景说。中国经济高速增长，买股票就是买未来，故投资者对未来的看好导致 A 股市盈率水平高过其他市场；（3）缺乏真正的做空机制说。由于 A 股的融资规模远远超过融券，做空操作障碍较多，股价因此能维持较高水平。

对于第一种解释，作者认为理由过于表面化，且不够准确和全面。比如，A 股的扩容（供给）远远大于 B 股（这么多年几乎没有新发 B 股），在资金（需求）方面，A 股主要只对国内投资者开放，而 B 股既对国内个人投资者开放，又对全球所有投资者开放。但 2007 年上证 A 股指数超过 5000 点的时候，而几乎同时为 100 点起步的 B 股指数只有 350 多点。从投资渠道来看也并不单一，如房地产一直是 2000 年以来国内投资者参与度最高的投资渠道之一，但这也并没有对股市产生明显的挤出效应，2005 年下半年至 2007 年第三季度的股市大幅上涨，形成了股市和房市齐飞的态势。

当然，股价从短期看，确实受到了股市扩容（供给）和资金流入（需求）之间不平衡的影响，在历史上也曾经因为股价下跌过快而使得监管部门不得不多次暂停股票发行。有人曾对 2000～2005 年股市扩容和指数变动之间的相关性进行实证分析，发现两者之间相关性并不显著。事实上，在 A 股由于持续下跌而暂停融资期间，香港的 H 股则迎来高速扩容期，而且，随着中国电信、中国铝业、中国人寿等在港上市，香港国企指数不断上涨，与国内 A 股的持续下跌形成反差。

原国泰君安证券研究员姜超曾通过对 A 股风险溢价的研究，提供了如下的估值计算公式：

$$E/P = r\text{实} + r\text{信用} + r\text{流动性} - g\text{实}$$

其中，E/P 为市盈率的倒数，风险溢价则分解为信用溢价和流动性溢价：r 风险 = r 信用 + r 流动性。

当实际利率（r 实）等于实际永续增长率（g 实）时，市盈率的倒数就等于信用溢价加上流动性溢价。他认为，影响股价的一个主要因素是流动性溢价。由于实体经济的减速，2008 年的信用溢价略有回升约为 4%，而流动性溢价则有望恢复至 2007 年 −1.5% 的平均水平，因此，E/P 等于 2.5%，对应的市盈率为 40 倍。

近年来，中国的股票换手率几乎为全球最高，因此，流动性溢价率为负是可以解释的，而且，我国的风险溢价与换手率基本上呈负相关关系，当换手率上升时，风险溢价（信用溢价相对稳定，所以风险溢价主要由流动性溢价决定）水平则下降，也就是估值水平上升。但是，究竟是换手率的提高导致股价上涨，还是股价上涨的预期导致换手率提高呢？作者认为，流动性溢价的作用确实存在，而且"价升量增"与"价跌量减"本身属于交易过程中的正常现象，所以，作者对于用价量关系（一般而言，量增价升、量缩价跌）解释估值上升或下降的原因没有异议，如监管部门通过提高交易印花税来增加交易成本，从而减少交易频率，或通过增加市场容量来降低换手率，两者都有一定的效果。但要以此来解释中国股票的估值水平长期高于其他市场则依然难以令人信服，无论是目前 A 股的交易成本还是市场的扩容规模，都超过了成熟市场。但从长期看，A 股的平均年换手率水平已经名列全球前茅，这可以解释 A 股高估值的部分原因，却难以解释高估的幅度为何这么大。

对于第二种"中国经济发展全球领先"来解释 A 股的高估值现象，作者认为也缺乏说服力。事实上，包括 H 股在内的中国海外发行股票的估值水平，已经高于同行水平，估值中已经体现了"中国因素"。经济前景说可以解释中国企业在海外发行受到热捧的原因，但无法解释 A 股与 H 股之间长期难以弥合的巨大价差现象。从图 6 - 3 中也可以看出，尽管中国 GDP 高速增长，但上市公司的 ROE 大大低于"金砖四国"中的其他三国，说明中国经济主要靠外延式增长，中国与其他国家股市相比，属于高市盈率、低收益率。

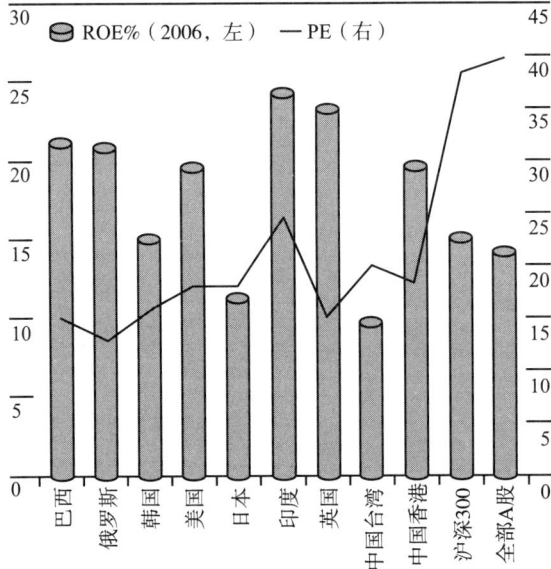

图 6 - 3　2006 年 A 股和其他地区股市 ROE 和 PE 比较

资料来源：Bloomberg、Wind。

对于第三种"中国股市缺乏真正做空机制"来解释高估值现象，作者认为有一定道理。行为金融学中，也用"套利的有限性"来解释股市泡沫现象。因为即便在有做空机制的市场中，卖空也受到约束，套利是有成本的。比如，国内当初的国债期货市场由于规模非常小，故总体有利于多头，即便国债期货价格已超过其内在价值，但多头利用市场规模过小、空头无法获得足够交割品种的市场属性，仍能把期货价格拉升到离谱的地步。如今，A股已经有了融券做空机制，但融券交易的规模不足融资的10%，所以估值水平还是没有明显回落，而B股至今仍没有做空机制，为何股价也没有因此获得较高估值呢？

综上所述，对股票高估值的三种解释都不能令人非常信服，尤其在解释同一上市公司的A股与H股或B股何以存在较大的价差方面，更难以自圆其说。是否能用别的理论和方法来解释呢？如在行为金融学对股市泡沫的解释中，有赌场资金效应、过度自信、大傻瓜效应与羊群行为等理论。

赌场资金效应会导致投资者提高自己对风险的容忍程度，即投资者将股市中获取价差收入当作唯一盈利模式，最极端的例子是目前市场上多只认沽权证，如钾肥认沽、招商认沽等，其实际价值几乎为零，但市场投机者却敢于以较高的价格买入，即便这些品种临近到期日，其价格还没有回归理性。也许是大傻瓜理论使得买入者坚信还有后来者跟进，或羊群行为使得投资者跟风交易……但这些理论似乎对股价上涨的解释比较有说服力，在股价下跌时则不然，尤其对中国A股无论处于上涨阶段还是下跌阶段，其估值水平始终处于全球股市高位的现象，还是缺乏解释力。

是否因为中国股市在1992年5月"揭盖"（放开涨跌停板）之时就已经给了A股估值一个较高的定位，从而形成了A股市场显著高于全球水平的"基准市盈率"呢？或者就像某些金属具有记忆功能一样，任凭如何弯曲，最终还是会大致恢复到初始状态？类似的现象还有韩国的股市，长期以来估值水平总是低于大多数股市，我们同样也难以理解韩国股票的估值长期偏低现象。

估值是一门难以驾驭的艺术

2006 年以来，股市的大幅上涨使大家对股市泡沫问题越来越关注了，这自然涉及估值。比如，中国工商银行成为全球最大市值的银行股；而中国人寿 A 股股价最高时也比其在香港上市的 H 股要高出 70% 左右。通过市值对比或不同市场间的股价差异分析，本身就是在运用一种估值方法：相对价值法。

估值方法大致可以分为三种：相对价值法、内在价值法和成本法。相对价值法是运用最广泛的估值方法，比如市盈率（P/E）法、P/E/G 法、EV/EBITDA、市净率（P/B）法、股价、市值及其他财务指标的国际比较、行业比较等。内在价值法较为复杂，主要采用折现方法如 DCF（Discounted Cash Flow）——现金流贴现法、经济增加值（EVA）和期权定价方法等；DCF 模型又分为自由现金流贴现模型（FCFE、FCFF）和股利贴现模型（DDM）。成本法或重置成本法，可以反映企业的公允价值或并购价值。成本法不仅可用于企业的估值，也经常用于古玩、艺术品等的估值。

在估值的实际运用中，通常会对不同标的采用不同的估值方法；或对同一标的采用多种估值方法，以便相互印证。但实践中，一般的投资者往往会偏爱一两种估值方法，由此会影响投资行为乃至投资收益率。比如，用股利贴现模型进行估值所得到的估值结论往往比较保守，它比较适用于经营业绩比较平稳、分红率较高的行业，如高速公路类上市公司，对风险投资类企业如果用此法，显然会使得估值结果偏低。

事实上，在相对价值法中，市盈率法是应用最广泛的估值方法，几乎成了全球资本市场彼此评价的通用语言，但这种估值方法的缺陷也是非常明显的。比如，各国经济的成长阶段不同，低增长国家证券市场的PE 应该低于高增长的国家，政局不稳定国家的 PE 应该也低于政局稳定的国家。即便在同一市场，各个行业间的 PE 水平也基于行业的成长性而各有差异。如果我们单纯以 PE 的绝对水平来衡量估值是否合理，或者以所谓的国际标准来评价中国股市的整体股价水平，显然很难解释证券市场的诸多上市公司市盈率偏离均值的现象，也很难解释中国股市尽管市盈率已经高于国际平均水平，却依然能持续上涨的原因，同时也会错失很多投资机会。同样，在应用经济增加值（EVA）方法进行估值时，计算公司的资本成本采用 CAPM 模型，而中国上市公司 β 系数的稳定性问题显然值得考虑，有些上市公司的 β 系数出现周期性及突变性的特征，如果 β 系数不具有稳定性，则由此估计出来的资本成本率，其有效性就值得怀疑。

如果我们回顾一下中国股市的变化特征，可以发现其估值水平处于"合理"或与国际股市有可比性的时间很短，而且，大部分时间都处于相对高估状态，低估的时间只有 1990 ~ 1991 年、1995 年和 2005 年。因此，我们在估值方面，总是容易得出股价水平过高的结论，但市场却并未因为意识到股价过高而及时下调。这不仅是中国股市的特征，成熟市场也不例外。

比如 1995 年末，美联储召集的专家一起交换了关于股市的看法，大家一致认为，股市处于特殊阶段，应让投资者注意，这个特殊阶段即股市正进入"非理性繁荣"阶段。两天以后，美联储主席格林斯潘发表了股市"非理性繁荣"的演讲。尽管那只是在一次私人晚餐会上的演讲，全球投资者却十分清楚"非理性繁荣"概念的意义。当天，主要发达国家的股市作出了下跌反应，日经指数下降3.2%，德国DAX指数下降4%，英国富时指数下降4%，美国道·琼斯指数前半段交易下降2.3%。然而，管理层的警告只是在短时间内让投资者清醒一下，美国的股市继续带动全球股市向上。美国股市的真正下跌是在格林斯潘发出警告5年之后的2000年中旬才发生，而中国股市滞后于美国网络股泡沫的破灭，直到2001年中旬才下跌。

由于股市总是处在波动中，要么是非理性繁荣，要么是非理性萧条，因此，理性的分析师和理性的投资者就不得不长时间处在困惑之中。当分析师认为股价低估，建议买入的时候，股价却跌得更凶，于是他们不得不面对客户的抱怨和泄愤。而当分析师认为股价过高，建议卖出的时候，股价却不断超越分析师给出的目标价。

估值本身实际上是一门艺术，但不少人将自己认可的估值方法或理念当作万能钥匙，决定自己的投资取舍。实际上，企业的价值是很难用一种估值方法来评价的，企业的未来更难以预料。股市也不能仅就估值论股市的泡沫大小，不同的股市都具有周期性波动特征，每当市场出现持续的周期性向上或周期性向下的时候，估值方法的有效性就大大降低，理性投资者如果想以估值方法来决定买卖时机，难免困惑与缺憾。正是基于这种不确定性，估值的结论也应该是一个区间而不是一个点。所以，想通过估值方法的运用来决定买卖时机，未必能提高胜率。

（原文的标题为《A股高估值之谜》，发表于2007年，本书作了部分补充和修改）

股票高估值现象仍将延续

精准预测股市的走势有可能吗？即便可能有人能够每次都说准，也是符合概率分布的，毕竟我国有 1 亿股民。但那么多年过去了，迄今还没有听说哪个人是股神。作者认为，与其猜测股市的走势，不如去发现和研究这个市场不同于其他市场的特质，也就是这个市场的游戏规则和定律，如果能够掌握这些规则和定律，投资不就变得简单了吗？

未来，A 股投资理念会与欧美接轨吗

关于对未来的预测，经常会被证伪。1994 年初，作者在中证报的第一版发表了《未来中国证券市场十大趋势预测》，提出：未来 A 股市场的估值水平会大幅下降，实现从投机到投资的转型；A 股与 B 股的股价将接轨；散户主导的市场将变为机构主导的市场；投资者未来将不再惧怕新股扩容；分红将成为投资收益的主要来源……

对于 1994 年来说，2016 年应该属于未来吧？但作者所预期的十大趋势竟没有一个兑现。那些看似合理且能够被大部分人认可的预言，在过了 22 年之后，居然都错了。可见，预测市场未来的变化确实很难，逻辑推论很容易获得，但与现实却大相径庭。

记得 1995 年股市日交易量突破 100 亿元时，有官方媒体庆贺中国股市只用了 5 年的时间，就走过了发达国家 200 多年的股市发展史。但历史没有那么容易跨越。作者曾在 1995 年撰文认为，中国股市发展成为成熟市场，可能要花 20 ~ 25 年的时间。这在当时看来，是很悲观的预测。如今，二十多年过去了，中国股市依然属于开放度很低的新兴市场。当初被认为是保守的预测，如今却变成冒进的误判。

那么，再过二十年，国内股市能被国际金融公司（世界银行子公司）认定为成熟市场吗？估计还是不可能，因为开放度那么高的韩国股市都还没有升格为成熟市场，它至少排队等候了 20 年。因此，看一个市场能否进步，还是要看与该市场紧密相连的社会政治环境。

不要把这轮股价大跌看成是估值回归

大涨大跌是新兴市场股市的特征。不少投资者和学者，把 2015 年下半年以来的股市下跌，认为是估值的理性回归，即实行注册制之后，股票会放开发行，壳资源不再有价值。但这仅仅是对股市暴跌的一种解释而已。股市下跌的原因众多，历史上股市转熊的次数也很多，但上涨的时间比下跌的时间更长。如果每次都是价值的理性回归，那么，估值就应该回归合理水平。

事实上，就市盈率水平而言，2007 年之前平均市盈率的波动一直以 40 倍左右为中轴，大约是成熟市场平均水平的 1 倍以上，但企业的平均 ROE 却低于成熟市场。2008 年之后，平均市盈率的波动中轴有所回落，但市盈率的中位数却明显上升，大致维持在 50 倍左右。这主要是由于大市值股票的估值水平明显回落所致，但中小创股票的市盈率依然非常高。

2007 年，作者曾经撰文《A 股高估值之谜》，认为用风险溢价率为负数，具有一定的解释力，我国的风险溢价与换手率基本上呈负相关关系，故流动性溢价的作用确实是存在的（见图 6 - 4），而且，"价升量增"与"价跌量减"本身属于交易过程中的正常现象，所以，用价量关系对于解释估值的上升或下降原因大家都没有异议，如监管部门通过提高交易印花税来增加交易成本，从而减少交易频率，或通过增加市场容量来降低换手率，都有一定效果。

但要解释中国股票的估值水平长期高于其他市场，单用流动性溢价还是难以让人信服，对此，作者认为可以用"信用溢价"来解释，因为 A 股几乎没有退市现象，经营亏损的公司还可能被借壳。

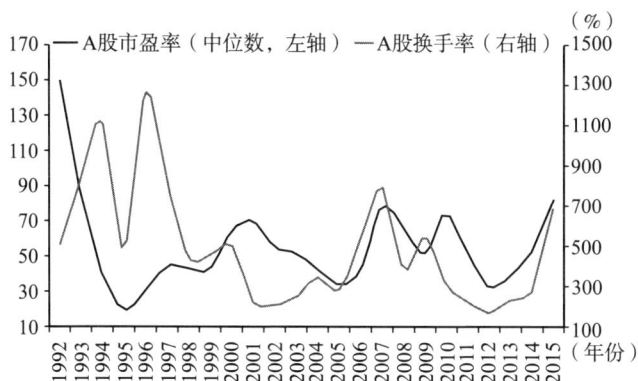

图 6 – 4　A 股市盈率和换手率

资料来源：海通证券郑英亮。

　　A 股市场显然是"受保护"的。假如 A 股市场让政府退出，如交易所实行公司制，不归监管部门管，股票发行随行就市，公司亏损符合退市要求的就退市，政府不再承担稳定指数的责任，则很多股票的价格会撑不住，由此带来的总市值减少部分，可视为对"政府作用"的估值。

　　比如，在股市交易非常活跃的 2015 年，IPO 发行规模只有 1500 多亿元，这只相当于 A 股市场火暴时半个多小时的交易量。这就是发行管制的结果。股票供不应求，是导致高估值的核心原因；不退市，是导致垃圾股被爆炒的主要原因，此外，国企改革、并购重组等游戏规则一直存在，也是导致题材股长期高估值的主要原因。

　　比如，2006 年初至 2015 年末的过往十年里，若每年初都平均买入市值最小的那 5% 股票（例如，2011 年初为 102 只，市值门槛为 16 亿元），年均收益率（复利）将高达 40% 多，市值增长了 56 倍；而若买入市值最高的那 5% 的股票，十年来市值只增加了 1.6 倍，简直是天壤之别。同期所有股票的平均涨幅是 7.6 倍。高市值组合唯一跑赢低市值组合的年份是 2006 年。

尽管从今后看，政府对股市的作用会不断减弱，但这同样也是一个渐进的过程。只要这个市场受管制，稳定股市被看成是稳定社会的重要指标，高估值现象也会持续下去。既然历次股市大幅下跌之后又再回升，已经证明过去的历次下跌都不属于估值的理性回归。只要那些被认为估值偏高的股票价格长期居高不下，其价差收益远远超过大市值、低市盈率的股票，那么，就不能认为是估值回归。既然如此，那这次股价下跌会是例外吗？

维持股票高估值已事关金融稳定

2015 年下半年的股市暴跌，最初原因或因为清理场外融资，之后又是由于担忧人民币贬值等因素。但目前 A 股的总市值已经跌至 50 万亿元左右，但仍是全球第二大市场。在金融混业化背景下，银行资金通过各种渠道流入股市的规模应该不小。而且，由于实体经济的投资回报率下降，民营企业资金流入股市的也不在少数。

所以，虽然 2015 年下半年股市暴跌的幅度小于 2007～2008 年，但所带来的风险显然要大于那时，比如，场外融资、两融业务、股票质押融资、结构化产品、银行票据抵押融资等都是过去所没有的。

2008 年之后，中国经济的杠杆水平大幅提升，尤其是在提出去杠杆的目标之后，杠杆率不降反升。目前中国的 M2 规模接近美国的两倍，但 GDP 只有美国的 60%，因此，杠杆率过高，导致资产价格泡沫化的现象非常明显。股市的泡沫破灭虽然能够承受，也不会导致系统性风险，毕竟 50 万亿元的总市值中，涉及银行的资金估计不会超过 2 万亿元。但所引发的悲观预期，将来肯定会涉及对房地产的资产重估。

房地产的资产总市值估计在 250 万亿元左右，是股市的 5 倍。所以，要控制房价，显然是超出政府的能力。尤其在目前人民币贬值预期之下，更应该稳定各类资产的价格。2015 年中央经济工作会议不提"泡沫化"（2014 年中央经济工作会议曾提到），而是只提去杠杆，其实是有道理的。2016 年中央经济工作会议提出了两条底线：一是稳增长；二是不要发生系统性金融风险。可见，要防范发生系统性风险，先要稳定预期。

因此，在当前的国际国内经济形势下，需要强化金融管理，而非放松管制。不仅是要强化管理汇率，而且要管理各类金融产品的发行和销售，严格限制各种以互联网名义开展的各类理财融资活动，同时，也要控制和调整房地产市场的供需结构。

从这个意义上讲，股票维持高估值对于稳定其他资产价格也是有利的。政策虽然无法逆转市场趋势，但它可以改变趋势的斜率，从而延缓风险爆发的时间，或者部分化解风险。因此，每逢股市下跌就认为股价跌至估值底的判断，并不符合中国当前的国情。以不引发系统性金融风险为底线的政策底，应该是要守住的。换言之，股价的高估值水平今后还会继续维持。

回顾 25 年股市的历史，作为市场的每一方参与者，都应该认识到管制导致股价扭曲、制度套利，投机让股市变成赌场，功利得不偿失，维稳代价巨大。究竟谁是得益者，答案其实很清楚。

当然，对于坚守价值投资理念的 A 股投资者而言，投资被低估、被错杀的股票，同样可以获得高回报。尤其是进入全流通时代后，A 股整体的估值优势已经显现，这两年来央企在 A 股市场的分红率已经与 H 股市场十分接近，说明市场也在逐步规范和进步。

（原文发表于 2016 年 1 月，本书略作修改和数据更新）

A 股不是被经济牵着的那条狗

知已知彼，方能百战不殆。对股市与经济学之间关系的正确认知，是在股海中取胜的决定性因素。多少投资者因理不清这二者之间的关系而困惑于其中不能自拔。

教科书里对于股市有着传统的描述：股市是经济的"晴雨表"。但过去国内老股民通常抱怨，经济增长那么快，股市的表现却如此差，意思是股市没管好。不过，股市与经济或多或少总是相关的，如果无关，那么为何投资者要花那么多时间去研究宏观经济呢？因此，还有一种能够广为认可的说法：股市与经济关系，就像狗与牵狗人之间的关系，狗有时可以跑在人的前面，有时也可以落在人的后面，但终究是被人牵着的。

但实际上很多时候，资本市场的价格都是远远脱离基本面。尤其对于 A 股来说，它们与经济基本面的距离更远。

A 股曾经历技术分析的时代

估计大多数人不知道，国内股市研究曾经是技术分析的天下，那是在 1990~1995 年的时候。当然，现在仍有不少人还在做技术分析，但主流的分析师们则不屑于这种不需要专业背景的分析方法了。

对于 A 股而言，用基本面解释不了的现象，用技术分析倒是完全可以解释的。因为 A 股市场是高度管制的市场，管制则会导致价格扭曲。比如，A 股与 H 股同股不同价的股票比比皆是，有些价格之间的差异非常大，甚至股价相差五六倍。这就无法用基本面来解释了。即便沪港通已经实行了两年多，A + H 的溢价率也没有大幅下降。而 B 股对境内投资者开放都已经 16 年了，与 A 股的价差依然还是很大。

　　管制的市场会导致价格扭曲，开放的市场同样会出现价格扭曲，区别在于，管制会导致价格长期扭曲，而开放市场的价格扭曲是短期的。

　　据说美国最早做技术分析的大师，会居住在一个与世隔绝的地方，得不到任何信息。每天股市收盘后，会有人给他送来当天交易的各项数据，他根据交易量和交易价格来预测股价走势，因为量与价的变化实际上是所有信息的反映，而他则要避免各种市场噪声来影响他的判断。

　　作者应该是国内最早从事资本市场研究的人士之一，起始时间是在1992年。但在当时技术分析一统天下的时代，作者因为不懂技术分析，故不被市场认可为股评家。而如今，技术分析方法也早已不登大雅之堂了。但是，对于一个管制的市场，一个资金大进大出、换手率畸高的市场，基本分析的作用究竟有多大呢？

　　所以，在如今这样一个信息量巨大、信息传播速度极快的时代，有太多信息来干扰我们的判断，有太多利益或情绪来影响分析的客观性和独立性。既然价和量的变化能够反映所有信息，那为何就不能用技术分析的方法摆脱宏观和微观基本面的困扰呢？

股市变脸比兔子快　经济波动比树懒慢

　　2016年以来，周期股的表现要好于中小创，于是，有关新一轮经济周期将启动的预言又不绝于耳，各家卖方团队都纷纷推出周期股报告。如果新一轮经济周期真的起来了，那中国经济将真是绝路逢生，供给侧结构性改革也不需要了，去产能、去库存也不需要了，日本和欧盟不需要负利率了。

　　如果只是将大宗商品价格的上涨，看成是周期崛起的依据，那逻辑是太不充分了。大宗商品的价格波动往往是巨大的，会完全脱离基本面。比如，原油价格在2008年的时候，最高到了147美元/桶，而在

2016 年 1 月则跌破 30 美元/桶。如此巨大的波动，与全球原油消费量的稳步增长似乎没有什么相关性。

再看一下国际大宗商品价格，如铁矿石、煤炭和玉米价格，在过去四年中也出现过暴涨暴跌：铁矿石价格在 2003～2011 年的七年中，涨了 12 倍，之后又大幅回落，至 2015 年末下跌了 80%。煤炭价格也在过去四年中大约下跌了 60% 左右（至 2016 年 3 月）；玉米价格则在过去三年跌了 50% 左右。

相比之下，国内大宗商品价格的波动幅度要小于国际，原因在于国际市场被大资金和资源国的操控更明显，而国内价格的波动则更容易受到政府的干预。当然，政府是出于行业保护的目的。大家都指责发改委，说油价跌了不下调价格，涨了就上调。其实发改委自有它的调控逻辑，控制油价波动幅度无论对于企业还是消费者，都是有好处的。

正是因为全球货币增长的速度远远超过经济增长的速度，所以，资本市场的波动就会离经济的基本面越来越远。大资金可以操纵，资源国可以操纵，货币管制和资本市场的管制也可以操纵。如果是这样的话，所谓的"晴雨表"作用就很难体现了。

对于 A 股市场而言，其活跃程度在全球所有股市中都是屈指可数的。全球股市中非常活跃的纳斯达克股市 2015 年的年换手率也不过是 250% 左右，但 2015 年我国创业板的年换手率达到了 1200%，考虑到 A 股 80% 以上的交易量是个人投资者创造的，这样计算下来，个人投资者在创业板上的年换手率要超过 40 倍。如此频繁的交易，让 A 股市场只能成为一匹脱缰的野马，肆意妄为。

所以，股市与经济的关系，就有点像电影《疯狂动物城》里兔子与树懒的关系。兔子已经把一个故事讲过好几遍了，但树懒却还没有讲完这个故事。2009 年，A 股市场上就开始讲新一轮经济周期将开启的

故事，周期股大涨，但现实版的经济却只是持续两年的反弹。2010 年
之后，股市又炒作库存周期，结果也不了了之。2012 年周期股再次反
弹，但 GDP 增速却继续下行。

股市与经济的关系，就像《疯狂动物城》里的兔子与树懒的关系

　　2007 年至今，中国经济增速虽有反弹，但总体维持一个向下走势，
股市则已经经历了好几轮牛市和熊市。现实世界与虚拟世界之间的鸿沟
越来越大。2015 年的一轮大牛市，虽然短暂却很壮观，回过头来看，
经济比 2014 年更糟了，货币规模继续膨胀，债务的增长比 M2 更快。
尽管如此，股市的底部还是抬高了不少，一线房价涨得更多。投资也
罢，政策也罢，都难以改变经济增速下行趋势，只有货币，才能改变虚
拟世界的价格。

经济减速下仍可把握结构性投资机会

　　当前，认为经济增速将继续下行的人居多，作者也是其中之一。有
人据此认为作者是想刻意做空股市，作者自嘲何来这番图谋和能力。何
况看空经济未必看空股市，看空股市也未必看空板块和结构性机会。

2015 年以来，作者写了不少随笔，如《股票高估值现象仍将延续》、《为何 100 倍市盈率股票比 20 倍更有投资价值》。凡是股价上涨的时候，便会得到很多称赞，而股价下跌的时候，就骂声一片。

其实，无论是经济还是股市，它们的变化都不会是沿着一根斜线向上，或沿着一根斜线向下，都会有多次反复甚至逆转。但人们的逻辑却往往是一条直线，如人民币贬值斜率加大，则马上想到 1∶7 甚至 1∶8，斜率趋缓，则贬值预期大幅减低。最近人民币再度升值，就有人认为人民币对美元的合理估值是 5.5∶1。但作者认为，人民币贬值将是一个长期趋势，没有五年时间是不可能到位的；毕竟人民币升值过程大约持续了 9 年。同样，中国经济也不可能马上崩溃。当年为应对次贷危机，美国将 2009 年的财政赤字率提高至 10%，中国目前也不过 3% 左右，更何况，中国政府的资产负债表要比美国政府强多了。过去二十五年中，发生过经济衰退的国家很多，美国、日本、德国等国都在两次以上，但中国和法国却没有发生过一次。为什么呢？是因为政府的力量很强。

当然，不发生经济衰退未必是好事，就像人总是不发烧也未必身体健康一样。人们的悲观预期或乐观预期，是很容易被强化的，因为人是理性加情绪的动物。所以，股市的波动很多时候就是情绪的波动。又比如，年初对人民币、对经济看得太空，对货币政策判断得过于严历，而一旦出现了预期差，悲观情绪转眼变成了乐观情绪。一些人总担心着世界末日，其实，世界没有末日，只是每个人都有末日罢了。

这么多年来，大部分投资者都一直在为自己持有的资产上涨找理由。其实，任何一种资产价格的上涨，都是可以找到理由的。比如，股市作为经济"晴雨表"即便不体现在指数上，也可以体现在个别行业上；购房首付比例下调，房地产股肯定得益；南海局势紧张，军工股表现就好。但并不是所有资产价格的上涨都需要十分明晰的理由，这叫炒朦胧。

比如，2016 年发行的航天纪念币，几个月时间价格就从面值 10 元上涨至 63 元，涨幅 5 倍多，超过大部分 IPO 股票价格的涨幅吧。而2015 年发行的贺岁币（2 羊），也是 10 元面值，短短一年时间就涨到了123 元，涨了 11 倍。这些资产价格的上涨原因，都不用去研究行业属性、公司成长性或是否属于一线城市的核心地段。

荷兰的郁金香球茎曾被大肆炒过，国内的君子兰也曾被炒过，甚至还有普洱茶、大蒜和生姜。尤其是当今货币规模不断膨胀，资产荒日渐凸显的时候，整体估值水平就会被抬高。而真正股市的高手，是能够精准揣摩散户心理，又能做到反人性的人。

当然，不是所有的市场都在博傻，全球主流的成熟市场还是适用于价值投资理念的。A 股市场，尽管散户所占的市值只有 15% 左右，但交易量占比却超过了 80%，故仍被认为是散户市场。为了保护散户利益，稳定指数成为目标，一二级市场管制成为手段。既然如此，我们就不可能形成一个具有合理估值体系、能预期经济波动的股市。

总之，股市作为经济的"晴雨表"、股市是政策市或是资金市的种种提法，都有一定的道理，都会在某一阶段成为影响股价的主因，但对于估值水平的高低和股价的波动因素，千万不要照搬教科书，太认真、太机械去研究了。

（原文发表于 2016 年 3 月，本书对部分数据进行了修订）

股市将迎来价值投资时代吗

2016 年 5 月 13 日，作者参加了《中国基金报》举办的"第三届机构投资者峰会"，并主持当天下午的全球资产配置座谈会。作者发现，绝大多数的公募、私募明星大佬都在强调价值投资，这与 2015 年大家都谈成长、新中国、网络科技和工业 4.0 形成很大反差。那么，中国股市真的将迎来价值投资时代吗？

一个时段政策决定不了一个时代的到来

这段时间，监管部门对于中概股私有化后谋求在国内借壳上市、定向增发等再融资的套利模式明显收紧了。尽管迄今仍没有看到相关的政策法规出台，但作为对市场极其敏感的投资者，已经迅速做出反应，那些原本属于"壳资源"股票的价格出现了大幅回落。此外，周期股已经受挫，中小创在过去几年里的涨幅也已经透支，所以，增加对低市盈率价值股的配置比重也是合乎情理的。

但是，据此就认为价值投资时代到来了，则有点言重，即把当前的现状看成是未来的趋势。这是大家在判断趋势时经常会犯的错误，给予当前的影响因子过大的权重，因为当前的影响因子对大家的情绪影响较大，但随着时间的推移，情绪会回归正常，该怎样还怎样。比如，年初随着大宗商品价格的反弹，不少投资者认为新一轮经济周期要启动了，于是，周期股大涨。然而，随着宏观经济数据的不断披露，周期崛起之说很快就被证伪了。

这说明影响长期趋势的只能是长期因素，促成短期走势的，也只能是短期因素。投资者和市场分析人士之所以常常发生集体误判，就是因为屡屡用短期因素推出长期结果。研究宏观经济也是如此，月度数据甚至季度数据都只是短期因素，是反映不了长期趋势的。而且，趋势一旦形成，则延续的时间会很长。所以，长期趋势符合演绎法，短期反弹符合辩证法。人们总想发现什么或迎接什么，但历史不会因为人们急切企盼而改变它的节奏。

那么，决定中国股市是否进入价值投资时代的，究竟是哪些长期因素呢？作者认为，市场环境、市场参与者结构和上市公司素质，是判断中国股市是否进入价值投资时代的长期因素。

A股：有管制且开放度较低的市场

有管制的市场有多方面的管制表现，比如，股票发行的管制，包括发行规模和发行价格，还包括市场准入、交易管制和退出管制等。交易所尽管实行会员制，但已经有20年没有召开会员大会（直到2016年才恢复召开会员大会），而交易所成立至今总共也只有26年时间。当今成熟的证券市场，交易所大多实行公司制，且不少交易所已经上市，包括中国香港联交所、中国台湾证券交易所等。相比之下，国内的证券交易所作为监管机构的下属部门，需要承担太多的任务和职责，在多目标压力下，它们的市场化程度就很难提升。

例如，上市公司退市制度是解决企业优胜劣汰问题的重要制度。尽管A股早就有了退市制度。但真正退市的公司却非常罕见，原因还是在于保护"中小投资者利益"的良苦用心。但这种保护或只能助长投机，让投资者幻想"乌鸦变凤凰"，不利于形成价值投资的理念。又如，注册制是可以让发行制度更加市场化的，但却被推延了。

在开放度方面，目前，对境内投资者仅开通了沪港通和深港通；对外开放度也不大，QFII采取额度管理，至2015年末，QFII加上RQFII的市值规模仅占A股流动市值规模的1%。而韩国和中国台湾地区早就取消了QFII额度管理。

证券市场的管制放松对于价值投资理念的形成是比较有利的，如果既限价发行，又限量发行，那就人为造成供给短缺。过去27年来，炒新、炒小、炒短的市场交易套利模式得以长期延续，也是与市场维稳思维下的发行管制有关，管制导致新股短缺、小市值稀缺。从市场开放的角度看，境内外双向开放，有利于投资渠道多样化。由于投资的选择余地更大，有利于减少股市渠道单一而造成的过度投机。目前，即便是印度、韩国、印度尼西亚、菲律宾等新兴市场的股市，开放度也很高，表现为境外投资者的占比要大大超过中国，如韩国和印度大约在 30% 左右，中国只有 1%。

投资者结构散户化与机构思维散户化

A 股投资者结构最大的特点是散户占比高，为 50.4%（按自由流通市值计）；机构投资者占比低，公募、私募、保险社保等机构投资者占比仅 22.5%（见图 6-5）。而成熟的市场，如美国标普 500 指数投资者结构中，个人投资者只占 14.1%，机构投资者占比高达 66.5%。机构投资者中，追求绝对收益的投资者占比超过相对收益的投资者。

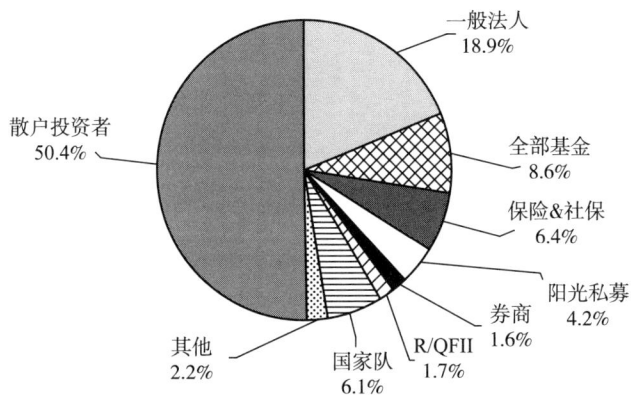

图 6-5 A 股投资者自由流通市值占比（2015/12/31）

资料来源：海通策略团队。

即便是机构投资者，如保险、QFII、国家队等与公、私募基金的投资风格也有差异，保险、QFII 更偏重于低估值的蓝筹股和价值投资，而公募和私募则偏爱新兴行业。公募和私募虽然名义上是机构投资者，但由于存在业绩排名、申购赎回或结构化产品的压力，实际上很难做到长期投资，因此，投资思维散户化倾向的机构也不在少数。

高换手率不利于价值投资

尽管个人投资者持有的市值占比为 50% 左右，但从成交量占比来看，2007 年以来个人投资者占比一直维持在 80% 以上，机构投资者占12%，企业法人占 3%。散户占比高，使得市场换手率高、投机氛围浓厚，以流通市值计算，2015 年主板换手率达到 609%、创业板 1259%，2016 年前 4 个月主板年化换手率降至 262%、创业板降至 797%。而美国纳斯达克市场是全球成熟市场中最活跃的股市，2015 年的年换手率也不过 242%，而且，美国的个人投资者的交易量占比也不过 20%左右。

当前 A 股的交易结构类似 20 世纪 80 年代的中国台湾股市、1970年前的美国股市。1985～1990 年中国台湾牛市期间，股市约 90% 的交易量都是由散户完成的，交易量巨大且换手率极高。1989 年，台湾股市每只股票平均年换手率接近 6 倍，而同期纽约证交所的股票年换手率仅 50%（见图 6 - 6）。

如此高的换手率，说明市场的主流资金都是以博取差价收入为盈利模式，在这样的市场环境下，怎么可能形成价值投资理念呢？

价值投资理念需要众多价值创造型公司来支持

2015 年上市公司年报汇总显示，最赚钱的前 30 家上市公司中，21

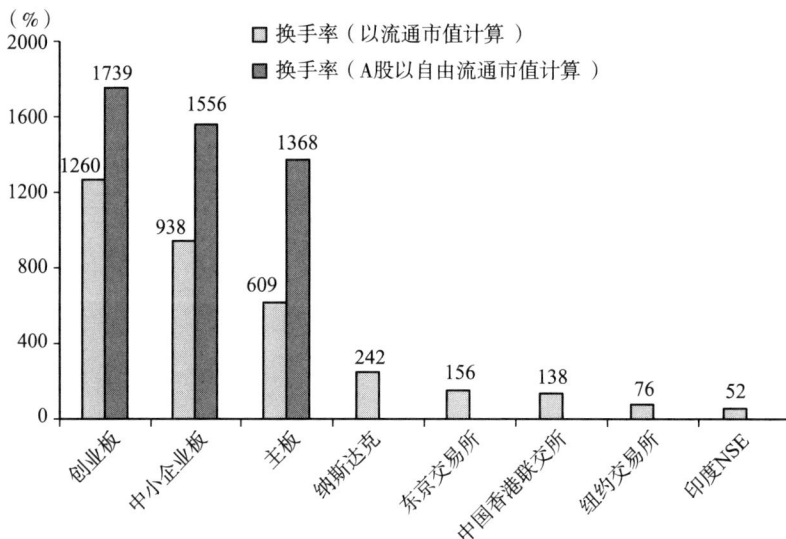

图6－6　2015年A股市场与全球主要市场的换手率

资料来源：海通策略团队。

家为金融企业，占比达到70%，仅四大行的净利润就要占到所有上市公司净利润的1/3。而金融企业作为中介机构，本身不创造价值，只有实业做强做大，才能创造社会财富。

分析上市公司季报数据发现，剔除金融企业之后，2016年1季度的上市公司平均净资产收益率已经降至6.5%，呈现逐季下滑态势。2015年美国进入全球500强企业的ROE为15%，尽管美国的GDP增速只有中国的三成左右。这说明通过刺激经济带来的高增长，并不能让企业的经营业绩同步提升，反而导致更多企业不务正业。A股公司再融资的规模要远大于IPO规模，这在成熟市场看来是匪夷所思的。

正是由于管制的长期存在，使得上市公司成为稀缺资源，因此，通过并购重组、私有化、借壳、改变主营业务投向等手段，便可以获得高溢价，其市值的增长会远高于盈利的增长，这就为企业套利提供了太多的手段和工具。因此，与二级市场的投资者热衷于股票交易一样，上市企业也同样热衷于资产交易业务。

如果把观察视野再扩大一些，就会发现不仅上市公司由于资本市场的高估值而热衷于套利，全社会都存在投机偏好，而且这种偏好存在于社会各阶层和各领域中。在这样的背景下，价值创造能力就相形见绌，价值创造型企业就不会太多，这也增加了价值投资理念普及和推广的难度。

不过，毕竟中国股市的历史还很短，不像美国股市已经经历了200多年历史，因此，尽管价值投资理念的形成还不到火候，但还是需要通过制度重构来推动，需要放松管制，引进更多的境外机构投资者，需要进行市场化改革，让 A 股市场变得更有吸引力和竞争力。同时，也需要有倡导价值投资理念的先行者带动市场走向规范和理性，如裘国根、窦玉明、邱国鹭等一批投资界大佬，他们长期以来都非常崇尚价值投资，如果机构投资者中崇尚价值投资理念的精英们影响力越来越大，可以倒逼上市公司提高公司治理水平，从而涌现出更多价值创造型企业。

（原文发表于 2016 年 5 月，本书对部分数据和文字作了更新和修改）

2017 年影响股市的经济、政治与人性

影响股市的因素很多，除了经济这个基本面外，还有政治和政策因素以及投资者风险偏好的变化，即所谓的人性。与债市相比，股市和利率波动的相关性远远不如债市，这也是导致股市极难预测的原因。作者曾经是国内最早从事国债研究的分析师之一，在 20 世纪 90 年代初的时候，只要算准未来几个月的保值贴补率，就能把握住国债期货的走势。

但若要预测股市，则难以确定经济、政治和人性这三个影响因子的权重是多少，那如何预测呢？当下，所有投行对 2017 年股市的预测都没有提供任何模型，既然如此，还是叫猜测更为确切。本文简要分析上述三大因素如何对股市产生影响，同时也包含作者对 2017 年经济、政治和人性变化的主观判断。

经济决定股市长期走势

第二次世界大战之后，全世界几乎所有经济体的股市都是上涨的，因为经济在增长，如美国股市至今仍在创历史新高。中国股市当前虽然处在调整过程之中，但长期趋势也是上升的。如果从 1990 年起一直等额买入所有 A 股，年化收益率远超投资楼市。之所以要强调等额买入，是因为上证综指加权平均指数，其中的大市值股票涨幅相对较小。

不过，当经济增速下降或持续出现负增长之后，股市的走势往往也会下行。比如，2007 年中国经济增速达到 13% 的相对高点之后，沪深两地的主板指数也创下历史新高。如今十年过去了，指数仍未突破当年的最高点。同样，日本经济失去了 20 年，日经指数在过去 27 年中一直大大低于 1989 年 38900 的历史最高点，迄今也只有最高点的一半。再有一个案例就是中国台湾地区，1990 年中国台湾加权指数创了历史新高后回落，随后 GDP 增速也开始回落，目前股指仍低于 26 年前创下的高点。

当然，经济走势影响股市只是一个笼统的概念，决定股价更直接的因素是企业的盈利状况。过去几年中，上市公司的盈利增速一直在下降，直至 2016 年二季度才出现了回升。有些分析师据此认为 A 股将走牛市，因为企业盈利回升了，但盈利将持续回升还是昙花一现呢？作者觉得还需要继续观察，因为 2017 年及之后，中国 GDP 增速将继续走平或回落，原因主要是基建投资增速和房地产投资增速都可能回落，周期性行业产能过剩的总体格局难以改变，上中游产业的产品价格传导或受阻。

即便经济继续下行，股市的结构性机会总是存在的，如 2012 ~ 2015 年的创业板和中小板就是牛市格局。而且，中国的货币规模扩张速度也远超 GDP 增速，相对于 GDP 的规模，中国股市总市值的占比不到 80%，低于 92% 的全球平均水平，占 M2 的比重就更低了。因此，中国股市尽管有泡沫，但也是与全社会的资产泡沫现象相关联的。2017 年即便出现经济减速，但估计幅度有限，故各大类资产的泡沫应该还能维持。

2017 年我国面临的一个重要外部变量是美联储持续加息对人民币产生的贬值压力，贬值对股市构成利空，不过，央行在货币政策上应对办法较多，如中央经济工作会议对货币政策的定语除了"稳健"，还加上"中性"，即要比 2016 年收紧些。从目前看，国内通胀低于预期，随美元指数走弱，人民币汇率稳中有升，有利于股市平稳。

政治决定股市走势的斜率

此处所定义的政治，除了指股市的监管政策和维稳政策之外，还包括监管以外的高层所赋予的寄托或任务。在监管政策中，发行制度对股价有很明显的影响，因为无论是审批制还是核准制，都对新股发行实行限价和限量的政策，如当股市出现大跌时，就暂停新股发行，当股市大涨时，就扩大发行规模，这虽然不能改变股市的走势，却能够让走势变得相对平缓。此外，监管部门还出台了各种维稳政策，比如，旨在保护投资者利益的股市退市制度、证金公司的平准基金、贫困地区企业的优先上市政策、金融机构的定向扶贫政策等。

在监管以外，高层还赋予了股市更多的责任或寄托，如股市要为国企改革服务，为经济转型和产业结构调整服务，为提高直接融资比重、债转股服务。而且，当遇到重大政治活动时，还希望"股市成为政治的晴雨表"。

2017 年下半年将召开"十九大"，对于中国资本市场应该是件"利好"，但 2017 年又是供给侧结构性改革的深化之年，抑制资产泡沫和去杠杆也是重要目标之一，在稳中求进的总基调下，高层一方面要抑制经济脱实向虚，防止更多的热钱流向金融市场；另一方面，又担心资产泡沫破灭引发金融危机。所以，金融维稳仍是 2017 年的重要目标，股市会否出现一个年初年尾指数差异不大的 V 型走势呢？

人性决定股市的流动性

人性在参与股市时所表现出来的弱点就是贪婪与恐惧。前不久，网络热传的一篇文章中，一个卖方分析师提到自己辞职的原因，是因为这个行业离人性太近。有投资高手说，投资是反人性的游戏，意思是投资要成功，就必须克服人性的弱点。国人大多有赌一把的偏好，这对股市的交易和估值水平都有影响。

在美国，衡量投资者情绪变化的一个指数叫 VIX，即恐慌指数，VIX 指数是芝加哥期权交易所使用的市场波动率指数，常见于衡量标准普尔 500 指数期权的隐含波动性，它是了解市场对未来 30 天市场波动性预期的一种衡量方法。VIX 越高，表示市场参与者预期后市波动程度会更加激烈，同时也反映其不安的心理状态；相反，VIX 越低时，则反映市场参与者预期后市波动程度会趋于缓和。

中国股市的交易非常活跃，换手率长期处在全球股市的领先水平，这说明投资者具有强烈的交易偏好，也更加情绪化。A 股估值高的原因，除了货币超发和不退市因素（信用溢价低）外，流动性好（流动性溢价低）也是导致股票过高估值的重要因素。此外，新兴市场的波动性一般要较成熟市场大，这也是投资者的不成熟所致，而中国股市尤甚。中国股市的换手率中散户占到 85% 左右，是一个非常典型的散户市场。

不过从长期看，随着机构投资者比重的增加和投资者素质的提高，市场终究会趋向成熟，流动性总体是下降的。2015 年或成为中国股市历史上交易额最大的一年，尽管今后股市的市值还会继续扩大，但换手率的下降却是必然趋势。而且，随着沪港通和深港通的开通，中国投资者的投资选择余地越来越大，从这个角度看 A 股的估值，未来长期高估的现象会逐步消失。但就 2017 年而言，一个连注册制都要延后的制度不完善的市场，要期望投资者马上成熟并不现实。

以上分析了影响股市的三大因素：经济、政治与人性。如前所述，股市预测之所以困难，是因为这三大主要因素的权重是无法确定的。更进一步说，这三个权重因素的本身也是处在不断变化中，比如，人性因素、宏观经济因素与估值因素在股市波动周期不同阶段的影响程度是不一样的。但毋庸置疑的是，人性因素对股价波动的影响权重在大部分时间内都要超过宏观经济、政策和估值等因素，说明其他两个因素的变化相对稳定，而人作为情绪的动物，对股价的影响会更大。这正如禅宗六祖慧能和尚所言：风未动，幡未动，仁者心动也。

在股市见底和见顶阶段，人性的因素对股市的影响可以占到 60%，即极度恐慌或极度乐观。行业分析师能够通过估值分析来判断股市的最佳时期是在股市的初涨阶段，其次是牛市的中期；宏观经济因素对股市影响较大的时间大多发生在牛市的孕育成长阶段。

就 2017 年的股市而言，既不能看成是股市的触底阶段，也不能看成是见顶阶段，由于稳增长政策不变，积极财政政策下基础设施投资仍将维持高增长，在经济稳定、管制加强、防范金融风险被视为头等大事的背景下，股市处于箱体震荡阶段的概率较大，经济、政治和人性这三大因素的权重会相对比较均衡。这个时候，新变量的出现对股市的影响会比较明显，即所谓的"黑天鹅"事件。比如，特朗普上台之后，其经济与政治政策将如何对全球及中国产生影响仍有不少待解之谜，包括对中国的外贸出口、人民币贬值幅度的影响以及国家外交与军事战略的影响等。但无论外部环境如何变化，中国为应对内外部的风险因素，将更多采取加强管制手段对抗风险，先稳而后再求进。

（原文发表于 2016 年 12 月，本书补充和更新部分数据）

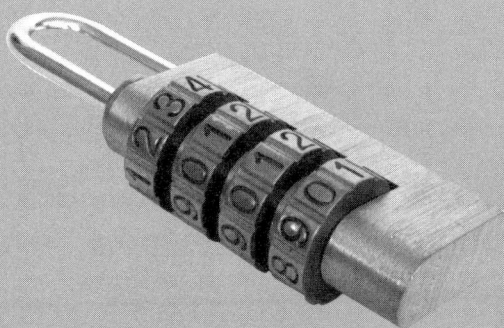

THE WEALTH CODE

第七章

中国房价如何看

　　2000 年至今，中国的资产规模出现了快速增长，其中，房地产是大类资产中规模最大的资产，也是居民在资产配置中占比最大的一块资产。相比股市的起起落落，房地产市场在过去 17 年中，除了个别年份有过小幅回落外，基本上就处在一个超级大牛市中。中国房地产市场究竟走向何方，中国房价到底如何看，是只涨不跌，还是会出现所谓的泡沫破灭？

六个维度看未来房价

　　未来房价的走势是如今最热门的话题，因为国民的大部分资产都配置在房地产上。影响房价的因素很多，随便找一个指标画一条曲线，就可以与过去的房价走势做相关性分析。但只凭这一个变量就可以预测未来房价走势了吗？如果可以这样预测的话，那发财岂不是太简单了。事实上，许多所谓的预测结果在逻辑上都不堪一击。对于房价的未来走势，我们需要从多维度进行分析，作者提倡从六个变量分析房价，因为经济体错综复杂，不能仅用一个侧面或两个侧面来反映其特征。因此，分析房价就像观察一个立方体，每一面都会相互作用着影响经济或房价。

为何房价高企——从人口现象到货币现象

2000～2010年：房价上涨更多的是一种人口现象

中国房地产的主要数据是从2000年开始有的，房地产开发投资增速有过两次高点：一次是2007年，增长达到30%；另一次是2010年，达到33%。2007年之所以出现了阶段性高点，与经济过热有关，该年也是GDP增速的阶段性高点，后因2008年美国次贷危机的影响而回落。2009年，中国推出两年4万亿的投资刺激计划，使得2010年房地产开发投资增速创出历史新高。

■ 劳动年龄人口的峰值出现在2010年

居民对房地产的需求不外乎是居住（或改善性居住）和投资这两大需求。拉动这两大需求的，从人口的角度看，一是与人口的年龄结构有关，二是与人口流动有关。从美国和日本的案例看，购房与购车的主力人群年龄段一样，都是25～44岁。

美国房地产周期与人口结构密切相关，房地产属于典型的年轻型消费品，25～44岁是房地产消费的高峰期，而45岁以后房地产消费占比会持续下降。日本在20世纪80年代出现人口老龄化，其中25～34岁年龄段的人口数量不断下降，从1981年的1995万人降至1991年1573万人，降幅达到21%，最终在1991年出现了房地产泡沫的破灭。因此，从国际经验看，随着45岁以上中老年人口占比的上升，房地产消费会遭遇历史性拐点。

根据中国指数研究院的调查结果，25～34岁年轻人是购房的第一大群体，约占购房人数的 50%，第二大群体是 35～44 岁的人群，约占购房群体的 24.5%，故 25～44 岁这一年龄段要占到购房人数的 75% 左右。

中国由于计划生育的实施，人口红利的拐点已经出现，15～64 岁劳动年龄人口占总人口比重的峰值在 2010 年已经达到 74.5% 的高点，到 2013 年这一占比降至 72.8%。预计到 2020 年，这一占比将会降至 70% 以下。而 25～44 岁青年人口的总数在 2015 年达到了顶峰，今后也将开始下降。从美、日、韩等国的经验看，伴随着 25～44 岁人口总数见顶，地产销量也会出现拐点。

中国房地产开发投资增速在 2010 年见顶，与劳动人口的峰值一致，而且乘用车（占汽车产量约 85%）销量的增速也在 2009 年见顶，时间相距很近。从美国的案例看，消费乘用车的主力比房地产更年轻些，即 25～34 岁年龄段的群体比 35～44 岁的群体购买量更多，而住房购买量则相反。可见，影响房地产的一个重要因素——人口年龄结构已经在 2010 年就发出了衰变信号。

■ 流动人口增速的峰值出现在 2010 年

影响房地产的另一个重要因素——流动人口的变化又是如何呢？由于国家统计局只在近些年才公布流动人口数据，故此处只能从外出农民工数量的增速变化来替代人口流动情况。从公布的数据看，2010 年外出农民工增速达到了峰值，为 5.5%，对应增加了 800 万左右的非农劳动力。但仅仅隔了 5 年，2015 年外出农民工数量只增加 0.4%，接近零增长。而且，流动人口数量也净减少 560 多万。这说明 2010 年不仅是劳动人口年龄的峰值年份，也是人口流动量的一个峰值年份。

人口流动的加速，不仅推动房地产业繁荣，而且还对区域板块的房价带来影响，因为人口迁徙就是城镇化的过程。2000～2010 年间，人口迁徙总体方向是从西往东流动，这与东部的房价涨幅高于中西部是一致的。例如，上海 2000 年的常住人口为 1670 万人左右，2010 年达到 2300 万人左右，增加约 630 万人，增幅为 38%；北京 2000 年的人口为 1380 万人，2010 年达到 1960 万人，十年增加 580 万人，增幅为 42%；深圳 2000 年常住人口为 700 万人，至 2010 年增加到 1035 万人，十年增加 335 万人，增幅为 48%。这三大城市常住人口在 2000～2010 年的增速，分别是京津冀地区、长三角地区和珠三角地区最大的，同时，房价涨幅也在全国各大城市中位居前三。

从 2000～2010 年的人口流动特征看，同样是东部沿海发达省市，拥有 7400 多万人口的江苏省，这十年中人口增长竟然比上海还少 200 多万人；而河北省的人口增长比北京少了 100 多万人。因此，不难得出结论，中国这十年所经历的城镇化，更确切地说是大城市化，可以解释一线城市房价涨幅要远高于二三线城市的成因。

用人口年龄结构与人口流动这两个人口现象来解释房价变化的特点，还是有一定说服力的。实际上，中国经济增长也是一种人口现象，即所谓的人口红利。如中国的出口从高增长变为负增长，其实也与劳动力供给的变化有关。劳动力成本的上升导致全球范围内的产业转移，并影响到不同区域国家经济的盛衰。

■ 中国城镇化率难以达到西方水平

2010 年之后，中国不仅人口老龄化趋势更加明显，而且人口流动的速度也大幅放缓。例如，上海户籍人口中 60 岁以上老年人的比重已接近 30%，同时，上海人口流入速度大幅放缓，"十三五"规划建议要求上海常住人口控制在 2500 万，这意味着 2010～2020 年上海人口的净增长不足前十年的 1/3。2015 年北京常住人口仅增加了 19 万人，外来人口则出现负增长，上海也是如此。对超大城市实行人口控制或是人口流入减少的原因之一，但人口流动速度的整体放缓却与超大城市的人口政策关联度不大，而与人口老龄化及农村可转移劳动力的减少有关。

有人统计，过去五年中三四线城市的房价同比是下跌的，这与这些城市的人口老龄化和人口停滞增长有关。自 2011 年中国开始对部分大城市实行住房限购以来，大批房地产开发商投资三四线城市的房地产，导致这些城市的库存大幅增加。开发商投资三四线城市的理由之一就是中国城镇化的提升空间还很大。从第五次和第六次人口普查结果来看，中国之前公布的城镇化率水平大大低于普查结果，也就是说，目前公布的城镇化率可能要低于实际水平。

此外，中国与发达国家城市化率的提升不能简单进行类比，因为中国的人口是未富先老，而美日欧等发达国家是未老先富。因此，今后中国的城镇化虽然还有提升空间，但要小于发达国家且速度也会放慢。即便日本和德国这两个成功转型的制造业大国，自 20 世纪 70 年代成为发达经济体之后，其城市化率的增速已降至年均 0.3% 以下。

2011 年至今：房价起落更多是一种货币现象

如果说 2010 年之前全国房地产市场走了一轮全面普涨的大牛市的话，那么，2011 年之后就是结构性牛市了。随着流动人口增速的下降，房价受资金面的影响开始上升。

2011 年之后，中国的房价更多体现为货币现象。自 2009 年起，中国广义货币 M2 的规模超常增长，超过了美日成为全球最大。同时，M2/GDP 的比例大幅上升，从 2008 年的 1.58 倍迅速上升至 2011 年的 1.9 倍左右，如今已经超过 2 倍。中国经济靠投资（货币与之配套）推动越来越明显，整个经济的杠杆水平也大幅上升。房价受货币的影响可以从三个方面来说明：第一，居民收入水平的高低；第二，货币政策的松紧程度；第三，社会资金的集聚和流向。并且，这三个因素又是相互关联和相互影响的。

从居民收入水平的角度来解释各地房价高低的差异，还是有一定说服力的，如上海、深圳和北京的房价之所以高，是因为人均可支配收入位居全国前三；尽管浙江省的 GDP 总量远低于江苏省和广东省，但人均可支配收入高于后两者，这就可以解释浙江整体房价高于江苏和广东的原因。

比较典型的案例是温州。2011 年之前温州的房价可以比肩杭州，而杭州的房价水平在全国仅次于京、深、沪三地。在 2000～2010 年的十年间，温州常住人口增长 20%，远低于一线城市的人口增速，而且，温州的人均 GDP 也低于浙江省平均水平，那么，为何温州的房价涨幅如此之大呢？人均 GNP 是重要解释变量，温州的商人不仅遍布全国，在欧洲也有一定规模，这就使得温州人的实际收入水平要远高于人均GDP。因此，温州的民间资金总规模非常可观，温州的炒房团曾经名噪全国。

但 2011 年之后，温州的房价便出现了大幅下跌，原因是在宏观经济走弱的背景下，温州人经营的企业负债率过高、债务成本过大的问题凸显出来，只能通过卖房来解决流动性问题。而地方政府又通过大量供给土地来弥补财政资金不足，进一步逆转了温州房地产市场的供求关系。另一个案例是鄂尔多斯，其房价也是在 2011 年达到峰值之后开始下跌，一个仅仅靠煤炭涨价而发展起来的城市，势必也会因为煤炭价格的下跌而衰落。

不过，房价的涨跌与央行的货币政策也有较大的相关性。例如，2011 年不仅多地区房价出现下跌，钢铁、煤炭、有色及其他一些大宗商品的价格也出现了向下的拐点。这应该与央行收紧货币政策有关——

2011 年共有 3 次加息和 6 次提高存款准备金率。此外，央行还上调了房贷首付比例。可见，房价下跌或涨幅下降与货币政策收紧也具有明显的因果关系。

回顾 2010～2015 年这五年间官方一年期存款利率和法定准备金率的变化，可以看出货币政策总体趋于宽松，如 2010 年的一年期利率为 2.75%，存准率为 18.5%，到 2015 年末利率降至 1.5%，存准率降至 17%。其中，2015 年分别有 5 次降息和降准，故房价表现大大好于 2014 年。有研究机构统计，2010 年末至 2015 年 11 月，一线城市房价累计上涨 45.53%，涨幅明显。相比之下，二线城市的涨幅仅为 10.73%。同期，三四线城市房价同比涨幅不断递减。一线城市中，深圳市新建商品住宅价格上涨 77.2%，为全国之冠。

然而，2000～2010 年这十年间，也是房价涨幅最大的 10 年，全国平均房价上涨 4 倍左右。存款利率从 2.25% 提高到 2.75%，存准率从 8% 大幅攀升至 18.5%。但从货币政策的大方向看，这十年有紧有松。货币政策在收紧阶段未能阻止房价上涨，故 2000～2010 年房价走势主要体现为人口现象而非货币现象。

关于社会资金的集聚和流向对房价的影响，可以北京、上海和深圳为例。如果单纯从人均可支配收入的角度看，这三个城市居民平均收入也不过比中国最贫困省份高出 1 倍多一点，但为何平均房价水平却比后者高出七八倍呢？这有社会资金和财富向一线城市集聚的原因。大城市拥有先进的医疗、教育和文化等公共服务集聚优势，也拥有着更多的投资信息、财富增值等机会，这是其他地方难以相比的。因此，它们不仅吸引着国内资金的流入，也同样吸引着国际资本。

居民收入结构对房价的影响不容忽视

大家经常喜欢用房价收入比或房价租金比证明中国房价过高，但普遍忽视了居民可支配收入比低估的问题。作者根据国家统计局公布的2014年居民可支配收入的抽样调查数据推算，2014年城镇居民的可支配收入总额为21.61万亿元，农村居民可支配收入为6.49万亿元，加总之后为28.1万亿元；同时，国家统计局又公布了2014年"住户部门实物交易资金来源—可支配总收入"为39.11万亿元，则住户部门可支配总收入超过居民部门可支配总收入11万亿元。

尚不清楚"住户部门"与"居民部门"之间的统计差异有多大，从相关统计解释看，"住户部门"应包括居民、个体工商户和非公司私营企业以及为住户服务的非营利机构等。但即便把个体工商户等后面三类的可支配收入剔除（假设有3万亿元），仍难以解释住户部门可支配收入与抽样调查所获得的居民可支配收入之间的巨大缺口。也就是说，居民可支配收入被大大低估了，中国的实际房价收入比并没有那么高。

由于居民可支配收入比低估，居民收入结构中的贫富差距可能比公开的数据更大，因此，在居民的资产配置方面，财富一定会向少数人集中，富裕阶层拥有的房产数量或许超出大家预期。少数人拥有大量住房，使得一二线城市的社会房源更加紧张，这又导致住房供不应求，房价居高不下。

如果用中国居民房贷余额占2000年至今居民所购住房总市值的比重来计算（这属于窄口径），大约为20%左右，如果按住宅总市值来计算，估计只有10%左右，相比目前美国的40%，中国居民购房的杠杆率其实很低，这也从一个侧面说明中国高收入群体的购买力很强，统计局的数据大大低估了这类群体的实际收入水平。

同时，也可以解释为何在货币扩张规模如此之大的情况下，这么多年来通胀的总体水平不高的一个原因，即低收入群体的收入增长不够快。高收入群体的可支配收入主要用来投资，尽管国家统计局公布的相对贫富差距在缩小，但绝对差距在扩大。

居民收入结构的改善一般要经历较长时间，若不发生经济危机等意外事件，贫富差距的缩小很难实现，这也意味着持续了那么多年的高房价、高股价等资产荒现象仍然难以在今后几年内就消失。

产业结构变化导致各地房价分化

前面曾提到人口流向对房价的影响，其中一个主要观点是中国正在经历大城市化过程，所以一二线城市房价走势较强。如果再进一步观察，会发现并不是所有大城市（常住人口超过100万人）的人口都以相近的增速在膨胀，有些城市增长较快，有些大城市人口在减少，这与中国的产业升级和产业结构演进有关。

比如，近年来东北地区房价的下跌，与该地区 GDP 增速大幅回落有关，传统的重工业优势不再，债务率上升，产能过剩导致就业机会减少，于是人口向外转移。尽管振兴东北老工业基地喊了那么多年，但在产业升级和经济转型方面似乎起色不大。因此，尽管东北也有沿海开放城市，但就像美国的汽车城底特律，虽然曾经有过的繁荣景象，但汽车业的衰落导致城市破产，房价也随之大幅下跌。

又如，深圳这几年来人口的大量流入，与深圳金融与高科技产业的崛起有关；世界银行2017年1月26日的一份报告指出，以广州、佛山、深圳及东莞组成的珠三角都市区，已超过日本东京，成为全球面积最大、人口最多的都市区，人口超过阿根廷、澳洲或加拿大，达4200万人。而随着广深产业转移，广州、深圳的大量人口必定会更多地流向周边地区，如东莞和佛山，从而带动这两个城市房价的上涨。过去讲广东要"腾笼换鸟"，如今东莞正在实施的是"机器换人"，因此，珠江三角洲地区房价的上涨，与制造业产业升级导致人口大量流入与收入水平提高有很大关系。

再如，上海、浙江、江苏这一轮房价的上涨，与三次产业中服务业比重上升和先进制造业的发展有明显的相关性，如上海的服务业比重这几年来快速上升，目前已经超过70%，浙江主要靠杭州等城市互联网、云计算、人工智能等相关产业的高速发展，对人口产生虹吸效应，从而拉动了房价上涨。相比之下，宁波与温州几年来乏善可陈，故房价表现疲弱。总体看，长江三角洲地区经济潜力仍比较大，上海的产业结构优化对周边城市的辐射效应也更加明显。

总体看，始于2015年的房价上涨，就是一个结构性的房地产牛市，除了长三角和珠三角这两大地区房价涨幅较大外，其他两个地区是京津冀与中部的武汉、郑州、长沙等城市集群。

这四大区域板块也是为中国GDP贡献份额最多的前四大地区，同时也是发展经济前景较好的地区。房价不仅反映供求关系，同时也反映了购房者对房屋所在地的经济发展前景和公共服务提升的预期，就像买股票就是买未来一样，房价也是未来社会经济环境与福利的贴现值。

外部因素对国内房价构成负面影响

由于国内货币的超发导致资产荒，资产荒又使得国内资产估值水平偏高，于是国内的企业、机构投资者和居民通过各种途径增加海外投资的规模。2015年中国成为规模仅次于美国的境外直接投资最多的国家，这其实也是货币超发后外溢的表现。

过去三十多年来，中国由一个农业国变为全球制造业第一大国和外贸出口第一大国，外汇的大量流入使得人民币持续9年升值，但2014年之后，人民币开始贬值，外汇储备也随后开始下降。同时，美元指数持续走强，尤其当美联储开始加息之后，人民币的贬值速度明显加快，导致国内居民的换汇需求大幅上升。

为了改变人民币贬值预期，2017 年央行将或多或少地收紧货币，这又将导致利率上行，因此，在货币贬值趋势下，房价继续上涨的理由似乎不充分，即便采取外汇管制措施来稳定汇率，也很难改变大家的思维定式。

随着特朗普当选美国总统，贸易保护主义的思潮将愈演愈烈，这对中国的出口显然不利，加上美国经济复苏已经确定，2017 年继续加息应无悬念，外汇储备的减少和海外利率水平的提高，会在一定程度上倒逼国内的利率水平抬升。

总体来看，贬值对房价不利，升值对房价有利，人民币目前已经从升值周期转为贬值周期。

政策对当前房价的影响最明显

尽管决定房价最主要的因素是人口，包括人口年龄结构与人口流向，其次是货币规模和货币流向，但这些变量中短期内相对稳定，不会成为房价波动的触发因素。而数据表明，政策变化对房价短期的影响最明显。

如不少人认为央行调整基准利率对房价会带来影响，从逻辑上是可以这样解释，但通过相关性分析，并不支持该结论。研究发现，房地产政策对房价的影响十分明显，如图 7－1：如果考察"金融机构贷款加权利率"，计算"个人住房贷款"与"一般贷款"之间的相对水平，可以完美解释房价的每一次拐点（2008 年末才开始有数据）的出现都与政策出台有关——这正是房价对政策导向的充分反应："利率相对水平"提升背后反映了政策的收紧，表明房贷利率打折幅度缩减，二套不予支持、外地户籍限购等一揽子调控政策开始升级。

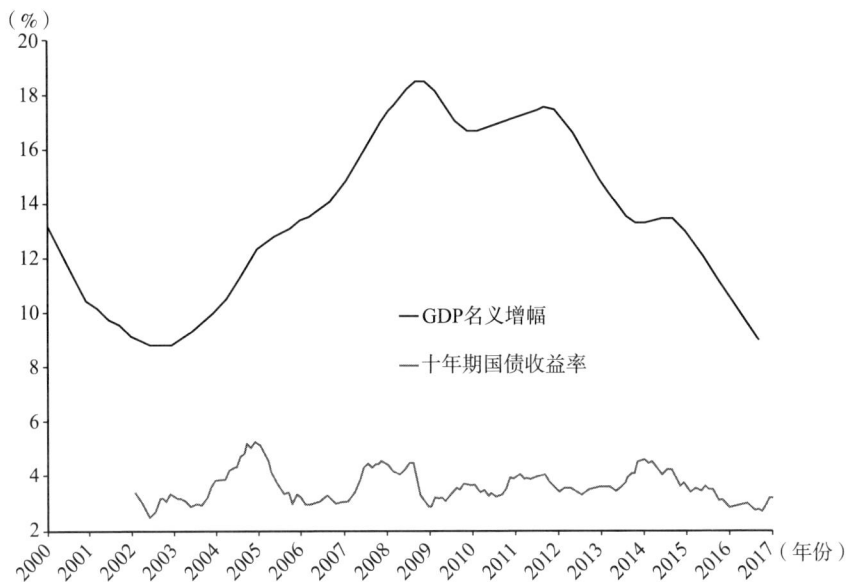

图 7 - 1　GDP 名义增幅与十年期国债收益率

资料来源：中泰宏观王晓东供图。

　　既然房地产政策对短期房价的影响非常大，那么，对 2017 年相关政策的研究就显得非常重要。2016 年末的中央经济工作会议提出，要坚持"房子是用来住的，不是用来炒的"的定位，综合运用金融、土地、财税、投资、立法等手段，加快研究建立符合国情、适应市场规律的基础性制度和长效机制，既抑制房地产泡沫，又防止出现大起大落。这意味着接下来，还会有更多的房地产调控政策要出台，包括房产税等立法手段。

　　在抑制房价上涨具体方式上，中央经济工作会议提出：要落实地方政府主体责任，房价上涨压力大的城市要合理增加土地供应，提高住宅用地比例，盘活城市闲置和低效用地。特大城市要加快疏解部分城市功能，带动周边中小城市发展。概况下来，就三句话：一是地方政府要承担房价上涨的主体责任；二是二线热门城市要增加土地供应；三是超大城市要疏散人口，带动周边小城市发展。

这样看来，2017 年的房价很难上涨了，从长期看，由于人口老龄化，房地产开发投资的增速仍会不断下降，房地产走势并不乐观。从中期看，不排除房价有反弹的可能。但从短期看，全国总体房价应该有所回落或最多走平。

2017 年后流向楼市的资金或将减少

随着人口流动性的减弱，中国楼市已不再具有全面普涨的行情，那么，资金推动型的结构性行情还能持续多久呢？对此，不妨还是从居民收入水平及变化、货币政策的松紧程度和社会资金的流向这三个方面来分析。

首先，从居民的收入水平看，自 2013 年起，居民可支配收入增速不仅呈现下降趋势，而且低于 GDP 增速，更大大低于全国整体的房价涨幅。此外，居民房贷增速提速、购房加杠杆也是从 2013 年开始的，除了为满足消费所需之外，投资性购房的群体比例应该不低。国内居民强烈的投资房产偏好，使得购房者不仅需要支付巨额的购房款，且还贷压力长期存在，因而抑制了日常消费需求。比如，2016 年新房（住宅）销售额是 9.9 万亿元，占城镇居民可支配收入总额（人均 3.36 万元 × 7.93 亿人）约为 37%，即便扣除 2016 年银行给购房者的 4.96 万亿元新增房贷，加上 20 万亿元左右居民房贷余额的利息成本约 1 万亿元，估计购房者在楼市上的投入费用要占城镇居民可支配收入总额的 23%（目前农村居民在城镇购房总规模金额很小）。

其次，从货币政策的宽松度看，央行将 2017 年货币政策回归中性的态度非常坚决，因为 2015~2016 年的货币政策整体偏宽松，导致了货币泛滥，如 2016 年商业银行的总资产增加 30 多万亿元，远超 M2 的规模增长。今后几年随着经济增速回落及外汇净流出，货币增速应该会缓慢回落。在全球的货币流动性趋紧的趋势下，中国也面临利率上行的压力，此外还有去杠杆的供给侧改革任务，故今后的货币环境对于楼市而言并不利。

最后，从社会资金流向看，尽管楼市目前还是社会热钱的最大去处，但热钱会随着热点切换而改变流向。过去楼市一直能成为热钱的主要流入市场，与楼市的赚钱效应有关，因为土地受管制，故市场化的供需调节机制一直没有形成，从而造成了房价泡沫不断变大。

但世界上没有只涨不跌的市场，房地产周期一般是 18 ~ 25 年，如果从 2000 年开始算起，这个周期的上行阶段也已走得差不多了。若楼市今后几年一直稳住不涨，则会引发投资客的抛售压力，因为既然是投资，总得追求预期回报率，那么楼市要维持价格平稳就很难了；如果楼市今后几年继续上涨，则泡沫继续扩大，也为楼市泡沫的最终破灭起到催化剂作用。

市场上还有一种观点认为，可以通过货币贬值的方式来替代房价下跌，如俄罗斯就是这种模式。但中国经济的体量要远大于俄罗斯，且中国是制造业第一大国和全球出口第一大国，尽管存在较大的本币贬值压力，但贬值不可能一步到位，作为全球第一大经济体的美国也不能容忍人民币大幅贬值。中国目前面临的问题是作为非贸易品的房子、股票等存在明显泡沫，而作为可贸易品的生产资料或消费品的价格与国际价格基本接轨，并不存在明显的"泡沫"（或通胀）现象。如果通过贬值可以让房价不跌，那又如何能同时实现生产资料和消费资料的价格不涨呢？

可以设想一下，如果人民币贬值压力加大，则央行必然上调利率，事实上，美国步入加息周期后，将对中国目前偏低的利率水平构成持续的上推压力，从而打压房价。更何况在外汇管制条件下，居民配置外汇资产的比例极低，有长期增配外汇资产的动力，这也势必会导致减配房地产。

总之，经济增速必然会随着人口老龄化和人口流动性的减少而不断回落，2016 年中国的外贸出口在全球的份额首次出现下降，表明我国货物流动性也开始减弱，从增速看，人口流、资金流与货物流均在下降，这是经济的发展阶段特性所决定的，没有任何力量可以逆转，哪怕是继续限制土地的供给，也无法避免房地产熊市的出现，这就像股市必需的经历熊市和牛市一样，到了熊市，采取如暂停新股发行、国家队救市等也难力挽狂澜。

因此，我们分析或预测房地产市场的盛衰，不能仅仅局限于判断土地供给政策、房地产去化率或房产税何时推出，而是应该把楼市和股市、债市一样，放在宏观经济的大系统、大周期里去看，这样才会看得清楚、想得明白。

今后该如何避免房价大跌

大家都很熟悉"通胀是一种货币现象"这句弗里德曼的名言。其实，任何资产价格偏离了基本面，都可以是一种货币现象。2015 年上半年，A 股出现一轮没有业绩支撑的暴涨，是一种货币现象；而全球某些大宗商品价格的暴跌，是经济脱实向虚的表现，资金流向金融领域也是一种货币现象。

过去那么多年里，凡是预测房价普跌都属于误判，所谓的空置率、房价收入比或房价租金比、人均住房面积、房价总市值占 GDP 比重等诸多指标，都不能成为判断房价何时见顶的有效依据。但随着时间的推移，房价出现普跌的概率越来越大，因为房价已经成为货币现象，而货币的流动性要远远高于人口的流动性，说走就走，很难控制得住。

房价的利好因素包括：第一，截至 2016 年末，我国居民按揭贷款余额占住房总市值的比重保守估计只有 20%，美国该指标则超过 40%，即居民没有被动卖房压力；第二，地方政府通过这些年的借新还旧，偿债压力减小；第三，一线城市及很多二线城市还处于限购状态。

房价的不利因素包括：首先，部分开发商的流动性压力。房地产开发贷款占银行贷款余额的 10% 以上，表外业务清理所导致的资金链问题会危及银行；其次，持有房产群体的一致性行为，容易发生踩踏事件，就像 2015 年 6 月股市大跌一样。人口老龄化背景下，投资者将更倾向持有金融类资产。此外，中国投资性购房比重过大，在租金房价比不高的背景下，大家都在追求价差收益，这与股市的投资行为异曲同工，差异仅在于投资周期的长短。

国内房地产行业最大的压力是库存偏大，主要集中在三四线城市。因此，今后房地产投资出现负增长是大概率，关键是如何去库存的同时，还能避免房价大跌，因为房价大跌基本等同于金融危机。如果为了实现去库存的目的，而简单的鼓励农民工举债买房，实际上是在用一个问题去掩盖另一个问题。

根据国家统计局 2017 年的数据，进城农民工在城镇的自购住房占比只占 16%，这说明当今的房价水平并不是中低收入群体可以接受的。为何三四线城市楼市库存难去？抛开供求关系不谈，就业机会与公共服务能否满足需求是关键，如果没有就业机会，那么，举债买房靠什么还钱？若公共服务匮乏，则居住环境不好，大家还是不愿在此买房。

因此，应更多顺应市场发展的趋势。目前，中国一二线城市的产业集中度仍然不够，三四线城市产业优胜劣汰过程还远远没有结束，如果一味采取政府补贴、银行贷款等措施鼓励农民工在未来可能成为鬼城的地方买房，还不如把这些钱用于全社会福利水平的改善，用于公共服务均等化的支出。否则，市场在资源配置中起决定性作用就会成为一句空话。中国二线城市吸引人口流入的空间或许更大，人口的集中度会因公共服务的改善而提高。当然，这也不能一概而论，需要按照市场原则来予以政策配套。

如今需要做的事不仅在供给侧改革上，更是需求侧改善。因为前者是长期要做的慢活，后者是为了避免风险发生的急事。要刺激需求，则不应让农民工加杠杆，而是应该扩大政府支出用于民生，提高中低收入群体的收入和福利水平，缩小贫富差距，即政府加杠杆，让政府出钱买房作为低收入群体的廉租房。如果有可能的话，可以想办法让富人加杠杆，增加对国内的投资，而不是让他们在海外投资。

（以上文章发表于 2016 年 2 月《房价如何看——从人口现象到货币现象》；2017 年 1 月《六个维度看未来房价》；本书对部分数据作了更新）

中国房价还能涨多久

写下这个题目时，作者自问，自己知道答案吗？确实不知道。若是知道，不就可以赚大钱了吗？但这并不妨碍探讨中国房地产及其他资产长期高估的问题，从而判断出哪些因素可能是促使估值偏高的主因，哪些因素可能成为资产价格泡沫破灭的诱因。

对价差的偏好重于对价值的偏好

在 A 股市场中，流动性溢价是导致估值高低的重要原因。如果 A 股市场的流动性非常好，则溢价水平（期望回报率与无风险利率之差）

可以相对低。股市中可以用换手率来反映流动性的高低。长期以来，A
股市场换手率居全球主要股市之首，尤其是 2015 年的换手率奇高，主
板换手率超过 6 倍（年交易额与平均可流通市值之比），中小板超过 9
倍，创业板则超过 12 倍。创业板的估值水平高于中小板，中小板又高
于主板（见图 7 - 2）。

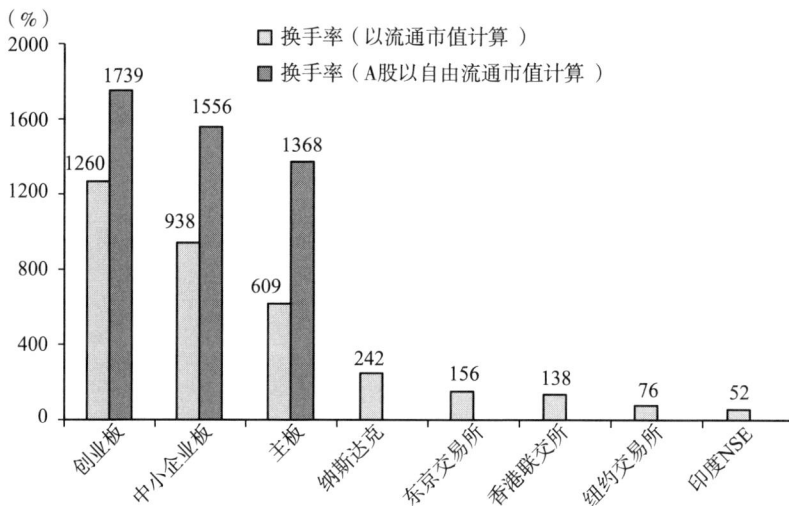

图 7 - 2　全球主要股市换手率

资料来源：海通证券策略团队。

2017 年以来，A 股的换手率大幅下降，主板降至 2.6 倍，创业板也
不足 7 倍。同时，股价也大幅回落。尽管如此，中国股市的换手率还是
高于全球主要股市的水平，A 股剔除银行股之后，估值水平与全球主要
市场相比仍然高出很多。

同样的道理，国内的房地产交易数据也非常之大。根据国家统计局
数据，2016 年 1 ~ 4 月份全国商品房销售额比 2015 年同期增长 55.9%，

2016 年应该也比 2015 年同期增长 50% 以上。从全球看，中国的房地产交易量是最大的，仅北京一个城市的房地产交易量就超过全日本。

　　一个市场如果交易活跃，说明这个市场有存在的合理性。如果过度活跃，则说明投机性较强，投机的目的是为了获取价差收益，股市、期货市场如此，房地产市场也是如此。股市换手率如此之高，本质上是短线投机，目的是为了获得价差收益。而购房的目的主要有两个，一个是自住，另一个则是通过投资来获利。国内居民的家庭资产，大约 2/3 配置在房地产上，远高于大部分国家居民的房地产配置水平，这也说明国内居民对房地产投资的偏好远胜于其他金融资产，同时，房价高估问题也必然存在。

　　权威人士曾经在访谈中说，"房子是给人住的，这个定位不能偏离，要通过人的城镇化'去库存'，而不应通过加杠杆'去库存'。"同时，他也首次提到"房地产泡沫"，表明了高层对于高房价的担忧。获取价差的偏好是与交易偏好一致的，这是否与东亚国家的文化特性有关呢？比如，全球金融中心都可以看成交易平台，东亚国家和地区中，就有东京、香港、新加坡（属于华人圈）、上海和深圳等。此外，澳门的博彩业收入也是全球第一，远超拉斯维加斯。中国最大的互联网公司 BAT，实际上是通过做大平台来确立它们在国内乃至全球的地位。相比之下，中国在制造业方面具有国际品牌的超强企业屈指可数。因此，中国人追求价差的偏好，或是大于创造价值的偏好。

"隐形刚兑"普遍化抬高资产价格

　　我国的刚性兑付不仅存在于信托、企业债等固定收益类产品领域，也存在于其他资产中，如股市、房地产等资产实际也或多或少存在着"隐形刚兑"的现象。比如，壳资源价值的存在实质上就是"隐形刚兑"，再差的壳公司也会因为有潜在资产注入的可能性，而维持较高的市盈率和市净率。26 年来，中国股市中退市的公司屈指可数，小盘绩差公司的平均涨幅远大于指数的涨幅。

那么，房地产市场是否也存在"隐形刚兑"呢？实际是存在的。比如，三四线城市的房地产库存现象长期存在，如果按照市场化原则降价销售，库存就可以化解。但事实上，不仅当地政府会干预房价，前期已购房者也会反对降价出售。因此，房地产开发商在商品房的销售方面存在多重约束。

然而，最大的"隐形刚兑"还是来自地方政府对房地产行业的支持。比如，2010 年我国就推出了房产税的试点，迄今仍未全面实施；2016 年初，为了推动房地产去库存，还降低了首套房的首付比例。地方政府为何一定要支持房地产业的发展呢？因为房地产投资带动的行业最多，如钢铁、水泥、有色、化工、家电、家具等。此外，房地产投资在商品房销售畅通的情况下，可以带来可观的现金流回报，而目前基建投资的现金流回报很少，但债务的增长却很快，这也是为何 PPP 项目推进较难的原因。

有统计数据显示，国内采取银行借贷方式购房的，只占所有购房者的 18%，远低于发达国家水平。而且，目前中国房地产按揭贷款余额占住宅总市值（2000 年以来购房总现值）的比重也非常低，只有 20% 左右。因此，在居民杠杆率水平较低的情况下，鼓励居民购房可以让居民加杠杆，也可以让企业和地方政府去杠杆，并且这是有操作空间的。不过，前提是房价不能出现大跌。

由于中国目前的市场经济体制不同于西方，政府的力量比较大，因此，"隐形刚兑"实际就是降低了市场信用风险，使得信用溢价水平大幅降低。尽管政府一直试图打破刚兑，但就目前体制而言，似乎并不支持。更何况在稳增长的既定目标下，必须维持中性货币政策以避免利率抬升，同时财政政策也必然是积极的。

汇率可控、通胀温和之下局部区域房价可撑

2016 年初至今最担心的两件事，一是人民币贬值，二是通胀跃升。目前来看，在资本管制的情况下，人民币贬值的主动权在央行。随着美国加息预期的上升，央行趁势下调了人民币汇率。因此，尽管人民币贬值的预期长期存在，但资本巨量外流的可能性似乎不大。第二，通胀看来是温和的，2016 年初蔬菜和猪肉价格的上涨还是属于季节性或周期性的，2017 年两者价格均已回落。既然通胀压力不大，那么，货币政策收紧的概率就低了。只要利率不继续上行，那么，对房价就不构成持续利空。

关于人民币汇率，作者判断央行会采取渐进式贬值的方式，或是退三进二的温水煮青蛙式。如此一来，人民币汇率贬值的幅度可以逐步增加，从而在一定程度上缓解贬值预期带来的资本外流，同时也打击了投机资金，使其无所适从。在资本管制情况下，渐进式贬值的路是走得通的，对经济的冲击也会比较小。同时，对于房地产市场而言，本币小幅贬值和温和通胀，都会对房价有一定的支撑作用，因为持有房产也是应对通胀和本币贬值的保值手段，前提是资本不出现明显的外流。

在货币供应量长期超发的情况下，中国为何没出现严重通胀呢？从过往数据看，CPI 与 M2 之间的关联度不大，却与 GDP 的关联度较大。目前的情况是，中国为了避免 GDP 增速的下行，采取了货币扩张手段来稳增长，但由于长期以来中国实行的赶超战略，导致总供给大于总需求，投资增速超过消费增速，名义 GDP 增速超过名义可支配收入增速，这才是导致目前 M2 增速与 GDP 增速之间"剪刀差"扩大的原因，也

是 CPI 难以上升的原因。

有管治的市场经济可降低危机发生概率

纵观 20 世纪 90 年代之后的全球经济，爆发全球性或局部性经济危机的频率比过去降低了很多，原因在于主要经济体都加强了政府调控经济的作用，采取了逆周期的政策。我国实行的是社会主义市场经济体制，因此，政府在经济中发挥的作用比西方国家更大。

不过，凡事都有两面性，如在经济增长中如何处理好效率和公平的问题，就始终没有一个完美的解决方法。同样，通过实证研究发现，市场化程度高的经济体，企业的效率整体较高，但抵御危机的能力较差；而行政化程度高的经济体，企业的效率整体较低，但抵御危机的能力较强。如在过去 20 年间，日本和美国均发生过两次经济衰退，但法国却未曾发生。同样，中国也没有发生过。

从过去一年来看，政府显然已加大了风险管控的力度，如权威人士曾提出，"防风险也是稳增长"。因此，稳定房价肯定也是政府部门的重要任务之一。目前，大家讨论最多的是社会债务率和杠杆率问题。中国社会总体债务率水平不高，高的部分是地方政府加上国企，但民间的杠杆率不高，尤其居民所持有的住宅资产杠杆率较低。比如，大家都认为中国的房价收入比过高，这也是判断房价是否过高的一个重要指标。但问题是，西方国家房价收入比要远低于中国，但为何西方人购房的杠杆率（房贷占房价的比例）要远超中国呢？这似乎成为一个悖论。

若仔细分析，则并不构成悖论：第一，中国人把房子作为可保值增值投资品种的不在少数；第二，中国居民部门的可支配收入总额存在低估，尤其是把房子作为投资品的高收入群体的收入被大大低估；第三，房价高涨的地区，往往是人口大举流入的地区，移民数量占到总人口的比重甚至超过 50%，故不能用西方人口流动率较低时的房价收入比来衡量；第四，中国持有房产不用交房产税，故持有成本低于西方，也是房价较高的因素。这相当于中国股市不用交资本利得税，所以股价较高，交易活跃一样；第五，中国年轻人购房，往往有父母资助，故房价收入比中的收入不应只包含夫妻两人；第六，中国的社会福利和保险水平较差，所以，贷款买房的杠杆率会低些。

就目前而言，确实很难预测房价何时会跌，虽然大部分人都认为房价存在泡沫。管制导致价格扭曲，这是符合逻辑的，同时，管制也能维持扭曲的价格。通过农业人口城镇化去库存的思路，作者认为不妥，因为以目前的房价水平，即便农民工转为城市市民之后，也买不起房子。至于城镇化目前所处的阶段，已经是后期了，因为流动人口数量已经是净减少。因此，房价持续上涨的原因，已经从过去的人口现象转为货币现象，货币的规模、松紧度及流向成为影响房价的主要因素。今后相当长的时间里，中国货币政策的偏宽松格局不会变化，房价高位盘整的可能性较大。当然，结构性上涨的概率会大于整体上涨的概率。

从政府部门的调控目标看，一定是要避免房价的大起大落，尤其是房价大跌可能导致经济危机的风险，这就会使得房地产周期的上行时间超过传统的周期理论。但即便通过加大管治力度和范围以避免发生金融风险，也难以避免房价的最终下跌，因为影响房价的因素实在太多了，很难预测今后引发房价大跌的导火索是什么。尽管加强管治是控制风险非常有效的手段，但也免不了会挂一漏万、防不胜防。

综上所述，2016 年初至今，人民币贬值和通胀预期这两大因素对房价的负面影响似乎已经消除，目前尚看不到导致短期房价下跌的因素。今后，估计管制的力度和范围都会增加，用以避免由于经济结构失衡导致的风险。但是，结构性改革的难度很大，如果结构性问题不能够改善，那么，即便有再多的管制，其效果也是挂一漏万，时间拖得越久，房价的下跌就越难以避免。

（原文发表于 2016 年 7 月，本书对部分数据作了更新）

政策收紧：为何受伤的总是股市而非楼市

过去，国内投资者对五月的股市往往比较憧憬，称之为"红五月"，而 2017 年，财经媒体上很少出现"红五月"这三个字了，倒是有不少人借用西方股市的谚语——Sell in May（五月卖）来表达对五月股市的担忧。从 2017 年 5 月第一周股市的表现来看，似乎也印证了 Sell in May and go away 的趋向。然而，股市的上涨或下跌，往往是解释容易而预测难，因此，本文想探讨的不是股市为何下跌，而是在政策同样收紧的情况下，为何楼市表现强劲但股市表现差劲呢？

楼市与股市分处周期的不同阶段

年初至今，人民币汇率表现非常稳定，于是，不少人认为中国股市表现理应不错，原因是汇率稳定后换汇需求下降，热钱外流就会减少。此外，政府对楼市的调控力度越来越大，手段也越来越多，故长期滞留在楼市的资金将会撤出，股市自然就成为热钱流入不可多得的地方，故有理由看好股市。

但近来 A 股的表现却不尽如人意，即便是一带一路、雄安新区等振奋人心的主题，也未能给股市注入持久的活力，大家似乎对全球经济的复苏和国内经济的回暖视而不见。股市走弱的原因不外乎有以下几点：一是经济指标虽然好转，但恐怕已经见顶，股指是经济领先指标，不是经济数据的滞后反映；二是金融监管日渐严厉，导致金融市场利率上行，引发股债双杀。

从政策调控力度来看，楼市政策的严厉程度远超股市，如限购城市的数量不断增加、房贷利率提高、首付比例上升、一手房限价等，而股市除了受金融监管政策的负面影响外，并没有遭遇具体的打压举措。此外，金融监管政策的趋严对楼市也构成负面影响，但楼市为何未像股市那样弱不禁风呢？这恐怕与楼市仍处在牛市不无关系。

楼市相较股市存在三大优势：第一，除了投资或投机性需求外，楼市还存在着刚需和改善性需求；第二，中国从农业社会转型到工业社会不足 30 年，加之农耕文化的深远影响，导致国人对土地和房屋的偏好超过其他投资品种；第三，A 股作为新兴市场，上市公司的治理结构存在各种缺陷，使得中小股东行使权利受到一定限制，中小投资者感到"做股东不如做房东"。

从中国目前情况来看，楼市销售的热点正从一二线城市向三四线城市转移，这与人口流向的逆转似有一定相关性，也与三四线楼市库存减少及房价收入比相对较低有关，似乎正在经历牛市中的"补涨行情"，不过，以股市的经验而言，"补涨"常常意味着牛市进入尾声。

对于股市来说，其走势摆脱不了经济基本面的约束。中国经济增速自 2010 年见顶之后，一直处在缓慢下行过程中，上市公司的盈利增速也未出现持续好转的迹象。因此，股市在 2015 年上半年出现短暂牛市之后，如今即便不定义为熊市，也至少属于"调整期"。

楼市泡沫与股市泡沫究竟哪个大——基于流动性的思考

记得 2016 年中央至少三次提及"抑制资产价格泡沫"，第一次是在 2016 年 7 月的政治局会议上，将"抑制资产价格泡沫"放在"降成本"的话题上；第二次是在 2016 年 10 月的政治局会议上，将"注重抑制资产价格泡沫"放在"货币政策"的话题上；第三次是在 2016 年末中央经济工作会议上，再次明确"着力防控资产泡沫"。这里的"资产泡沫"，显然是指房地产泡沫，因为 2016 年股市交易清淡，楼市的销售额创出历史新高。

多数人会认为楼市泡沫比股市大，毕竟股市一直在跌，楼市一直在涨；或许认为股市的平均市盈率应该不高，如上交所 A 股的平均市盈率只有 16 倍。如果将深交所的主板、中小板和创业板的股票加在一起考虑，则目前所有 A 股的平均市盈率约为 35 倍。此外，在 3000 多家上市公司中，市盈率高于 50 倍的股票在 2000 只以上，即超过了 2/3，且所有 A 股的市盈率（剔除非经常性损益后）中位数大约为 70 多倍。

而楼市房价收入比最高的城市是深圳，大约为 45 倍，位列全球第一，北京、上海等均未超过 40 倍，全国所有城市房价收入比的中位数大约为 22 倍，且比 2000 年的 31 倍明显下降。

有人统计了 2011～2015 年 A 股上市公司的分红数据，发现五年平均股息率在 2% 以上的公司只有 207 家，平均股息率在 3% 以上的公司才 80 家，在上市公司总数中的占比分别为 6.55% 和 2.53%。与股息率对应的是居民住宅的房价租金比，全国平均约为 2%，也显著高于 A 股的平均股息率。

上述分析表明，如果说楼市存在"资产泡沫"，那么，股市的"资产泡沫"则更大。我国股市经历了从 5000 多点大幅下跌之后，为何仍有那么大的泡沫呢？这与 A 股市场流动性过强有关，即流动性决定风险溢价水平，流动性越好的资产，对风险回报率的要求越低，即给予交易价格的折扣率越低。

股市的流动性远好于楼市

从图 7 - 3 可见，中国房地产交易最活跃的城市之一——北京楼市的年换手率不足 10%，而相对不活跃的上交所，历年股票换手率都超过 100%，这也是 A 股泡沫可以更大的理由。事实上，A 股的换手率全球领先，如 2016 年，主板的年换手率为 2.3 倍，创业板超过 7 倍，在全球各大主要股市都是领先的。

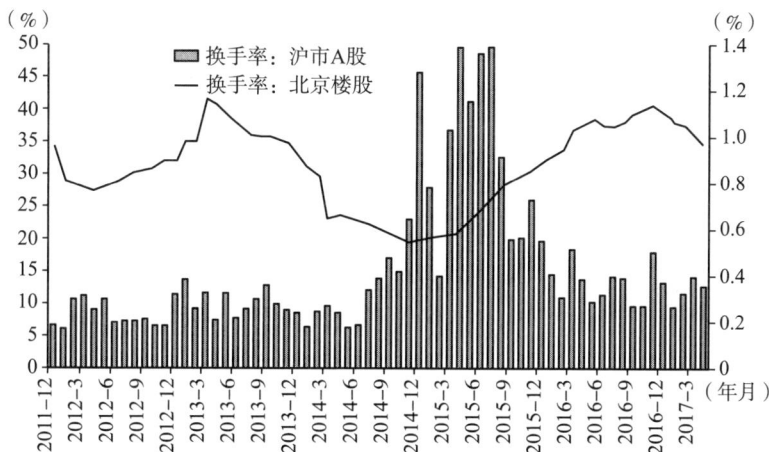

图 7 - 3　北京楼市换手率与 A 股沪市换手率

资料来源：Wind，中泰证券研究所盛旭供图。

高流动性是 A 股长期高估值的一个重要原因，但自 2016 年起 A 股的换手率明显下降，同时伴随着股价的回落。同时，随着楼市的火暴，二手房交易活跃度大幅提高，热钱流向楼市。2017 年 4 月中旬以来，A 股的保证金余额连续三周下降；同时，由于港股的估值优势，流入港股的资金则在不断增加。因此，除了 A 股与楼市存在一定此消彼长的关系外，A 股市场的吸引力还受到港股的挑战。

政策需张弛有度——抑制泡沫而非消除泡沫

政策调控在实际操作过程中的难度很大，因为社会与经济对政策的反应复杂，远不像化学和生物反应那样简单。这轮金融监管的主要目的是"去杠杆"，即供给侧结构性改革的五大目标之一，同时也是为了让经济能够"脱虚向实"。

但问题在于中国经济"虚"的程度已经大得惊人，即金融的体量与实业相比过大，金融的增加值在 GDP 中的占比过高，超过英国、欧盟、美国和日本等发达经济体，这对于一个人均 GDP 只有 8000 多美元的新兴经济体而言，金融结构严重失调。

因此，要让中国的金融杠杆率和资产估值水平回归正常值，只能逐步且分阶段进行。冰冻三尺非一日之寒，一个已经持续了 20 多年的股市泡沫（高市盈率），不能期望在短期内消退。2017 年，A 股中超过 1200 家上市公司的市盈率在 100 倍以上，为何这些股票的市盈率能够长期维持高位呢？恐怕与并购重组、借壳上市的预期有关，这类似于一线城市学区房的估值模式，即"含权"，故如何抑制"壳资源"带来的泡沫，是否完全限制借壳，恐怕也需要三思而行。

同样，国内货币大膨胀始于 2009 年，那时为了应对次贷危机而出台了规模空前的经济刺激政策，之后，每次为了经济稳增长而付出的代价都导致金融规模的超速扩张，如 2012 年开始银行理财产品规模爆发式增长，尽管传统信贷业务减弱，但表外融资业务飙升；2016 年则是广义财政大扩张背景下银行总资产规模大幅增长。

好在中央经济工作会议已经把"稳中求进"作为治国理政的总原则，提倡经济不出现大幅回落和不爆发系统性金融危机的"底线思维"。

　　因此，金融监管需要把握好度，如目前我国金融监管的模式主要是三会的"分业监管"，优点是各司其职、责任到位，但在目前金融趋向混业化的时代，更需要统一监管和协同监管，如银监会在对商业银行去杠杆的时候，需要与证监会协调政策的力度和出台时机，关注此举对资本市场可能带来的影响；央行在让货币政策回归中性的时候，需要关注此举对企业融资成本的影响。如果急于求成，则可能导致因泡沫破灭而带来的金融危机。

　　从历史来看，每次货币膨胀之后都伴随着货币政策的收缩，如2011年开始清理地方融资平台，并不断加息和提高存款准备金率；2013年清理非标业务，导致钱荒（见图7-4）。

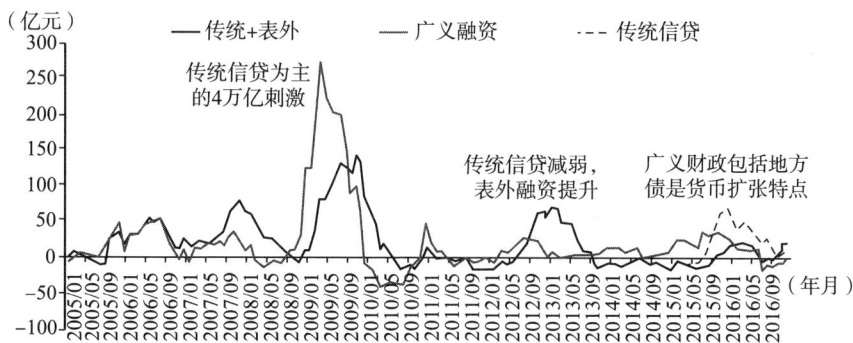

图 7 - 4　2009 年至今经历三次货币扩张周期

资料来源：Wind，中泰证券研究所王仕进供图。

　　但是，过去每一轮监管收紧都会因力度过大导致经济增速戛然而止，其结果是货币体量越来越大，如今已经构成对经济的巨大威胁。2017年，则把防控金融风险放到更加重要的位置，对银行进行 MPA 考核，一行三会齐监管。因此，这轮金融监管应该吸取过去屡犯的教训，意在长远，更需要张弛有度。

（原文发表于 2017 年 5 月）

人性在楼市上的疯狂无法计算

不管怎样，楼市终将会迎来繁华落尽、寂寞成殇的那一天，只是早晚而已，因为中国早就成为自有住房拥有率最高的国家之一。当投机的力量耗尽，人们会幡然醒悟，原来购房刚需会随着房价的下跌而突然消失，土地稀缺的故事是那么不靠谱；若干年后，当独生子女们把四位老人送进了养老院，会面对那几套空置的房产发愁，房地产也成为钢铁、水泥、煤炭等过剩产业之后的又一大过剩行业。以后的历史书，一定会描述今天仍在上演的这场荒诞剧。

大家都知道牛顿说过这么一句话："我能算准天体运行的轨迹，却无法计算人性的疯狂度。"据说，牛顿买了当初大家都非常看好的南海公司股票，但最终因南海泡沫的破灭而亏了 2 万英镑，为此发出这番感慨。当前，中国一二线城市的房价也出现可观的涨幅，2016 年全球房价涨幅最大的十座城市中，中国就占据了四席，其中深圳和上海分居第一和第二位。如果仅从房价收入比或房价租金比来衡量，这些大城市的房价早已高得离谱了。那么，该如何理解当今楼市的疯狂呢？

为何楼市与股市的估值总是偏高

如果说，房价租金比（房价/年租金收入）相当于股市的市盈率，那么，房价收入比则有点类似于股市的市净率。从目前看，中国主要城市的房价租金比大约为 38.5 倍，上海、北京、深圳、厦门、南京则超过 50 倍，说明一二线城市的房价上升过快，导致市盈率快速上升。按照国际标准，房价租金比在 16.7～25 倍之间（或租售比＝月租金/房价在 1∶200～1∶300 之间）是房价的健康区间，也就是说，超过 25 倍就存在泡沫了。如日本尽管是负利率国家，但房价租金比在 20～25 倍之间，属于价值投资区域。因此，中国大部分地区的房价已经步入泡沫区域。

从房价收入比看，中国楼市的该指标已经领先全球。据国际货币基金组织的全球房价观察报告，2016 年上半年全球各大城市的房价收入比，深圳以 38.36 位居第一，北京以 33.32 位居第五，上海以 30.91 位居第六，广州以 25.85 位居第十。

实际上，不仅中国的楼市存在泡沫，股市的泡沫也长期存在，即中国股市的整体市盈率和市净率水平长期处在较高位置。2017 年 5 月，全部 A 股平均市盈率为 34 倍左右，市盈率中位数接近 50 倍，与中国一线城市的房价租金比一致。盈利率平均数是要考虑权重因素的，由于大权重的银行等板块市盈率只有 5～6 倍，故很多高市盈率股 "被平均" 了，而市盈率中位数则更能真实反映 A 股的整体估值水平。这也意味着，中国股市的市盈率中位数要高于中国楼市的 "市盈率" 中位数。

现在大家都在谈论楼市泡沫，但实际上股市泡沫比楼市更大，只是股市已从 5100 多点回落了 40%，而楼市却持续上涨了十七八年，且期间没有出现过大幅回调。不过，尽管股市的波动幅度一直很大，但若从长期且等权重持有 A 股的投资策略看，其复合增长率甚至高于中国房价的年化涨幅。最具说服力的案例是，如果从 2004 年购买刚设立的中证 500ETF，持有至 2016 年 8 月 10 日，累计收益率为 540%，年化收益率为 17%，跑赢了上海房价过去 8 年的年化涨幅。该 ETF 以中小市值股票为主，故不受大市值股票估值水平下移影响。即便在 2007 年股市的最高点 6124 点等额买入所有 A 股，持有至今的收益率也能达到 168%。

为何高市盈率的股票能长期维持如此高的年化涨幅呢？其核心原因是"资源稀缺"，这是由证券市场长期股票供给的管制所致，即股票发行时常因股市的下跌而中断，发行规模的增长远低于货币规模的增长，存量上市公司很多成为壳资源，通过不断注入新资产而提升估值，极少因经营亏损而退市。

相比股市，楼市在供给上的管制要少得多，地方政府在商品房的土地供给方面具有很大的自主权。尽管如此，由于住宅用地指标被严格管控，随着部分大城市人口的不断集聚，住宅用地供给的稀缺性与股票供应的稀缺性有异曲同工之处，但这都是人为造成的。例如，上海工业用地数量在城市建设用地中占比过大，郊区的工业用地又占整个工业用地的1/3，但这些工业用地所创造的产值不足上海工业总产值的10%。既然效率那么低下，为何不把部分工业用地转为住宅用地呢？更何况随着经济增速下行，去产能还将延续，会有更多的工业用地出现闲置。

除了供给管制因素导致股市和楼市估值水平偏高外，政府还通过维稳手段从需求端维持股价和房价的较高水平，如2015年7月国家队入市，对股市进行"维稳"；在楼市方面，2016年初降低购房的首付比例，房产税自2010年试点之后，一直没有推广。

一轮完整的牛市不会止步于价值实现

纵观各国股市和楼市的价格变迁过程，会发现都经历了这样一个过程：从价值低估到价值实现，再从价值实现到价格泡沫，最后泡沫破灭，价格走入低估区间，酝酿新一轮周期的启动。国内也是如此。例如，从1990年至今，股市前后经历了五轮牛熊交替的过程，且每一轮下跌都以"价值回归"为理由，但A股的高估却是常态。

不妨举一个二十多年前国债期货的案例。很多人都认为，当年国债期货的关闭是因为发生了"327事件"。"327事件"之前，该品种的价格是被低估的，即做多者发现了价格并去实现价值，空头属于误判。"327事件"之后，国债期货价格继续上行，但这就属于多头无理了，他们利用国债现货品种的稀缺进行"逼空"，如319品种的合理价格应该是165元左右，但他们把它拉高到200元以上。所以，实际上国债期货的关闭是因为319品种的价格泡沫过大而导致的。

中国目前房地产泡沫虽然已经非常明显，即楼市已经完成了从价格发现到价值实现的过程，但泡沫究竟大到什么地步，确实很难衡量，只能说区域性的泡沫过大，三四线城市房地产库存高企，即便有泡沫也不算大。东部的一二线城市房地产的库存已经大幅减少，故泡沫化程度或许比较大。

如前所述，单纯从估值角度看，楼市的整体估值水平低于股市，如主要城市房价租售比在38.5倍左右，超过25倍合理估值上限不远，只有个别大城市房价泡沫比较离谱；从居民买房杠杆率水平看，虽然加杠杆的增速大幅上升，但居民房贷规模并不算大，2016年底余额19.14万亿元，只有美国的1/3，今后加杠杆还有一定空间，前提是房价不出现大幅度下跌。作者曾经测算过，居民房贷余额应该还可以提升15万亿元左右。

2016年9月楼市其实也是结构性牛市，即一二线城市房价上涨，三四线基本不动；2015年是一线城市房价上涨凶猛，2016年则传导至二线城市，今后会否继续向部分没有上涨的三线城市传导呢？

不可低估人性的疯狂

学者研究和预测楼市价格走势及泡沫何时破灭，总是基于一系列宏观指标和经验公式，但中国与其他国家相比，楼市的游戏规则比较独特，有些方面不具有可比性。比如，户籍制度及人口流向的限制政策在大部分国家都不存在；社会公共服务分配的不均衡等。因此，房价租金比或房价收入比可以衡量房价水平，但不能以此来预测房价何时见顶。

2001~2010年，澳门博彩业收入9年增加了10倍，其总额超过美国拉斯维加斯博彩业的3倍以上，这与一个国家或周边国家的人均GDP水平有关吗？如果有，似乎影响也有限，比较中国大陆和美国的人均GDP水平，也相差甚远。这说明，一旦游戏规则切换到赌博模式，参与者收入高低就不再对其投机行为有太大约束力。比如，中国股市2015年的交易额要占全球股市交易额的1/3，尽管中国投资者的资本规模不算大；而且，中国资金实力偏小的散户交易尤为活跃，要占到A股总交易额的85%左右，故人性的疯狂度确实很难预料。同样道理，用房价收入比或房价租金比来判断一个理性市场的拐点或许有效，但去衡量一个不尽理性的市场则意义不大。

在期货市场上，90%的参与者是投机者，另外10%则为套期保值者或风险对冲者，它具有价格发现和套期保值两大基本功能，相对比较单纯。期货市场对金融和实体经济的冲击相对较小，因此，很少听说期货市场的疯狂导致系统性金融风险的爆发。在股市上，参与者中投资者与投机者基本参半。在金融混业化时代，股市暴跌容易导致系统性金融危机的爆发，因为大型金融机构往往也参与其中，如果有几家大机构出现资金链断裂，就会引爆危机。

楼市的参与者，大部分应该是普通消费者，即住房具有消费属性，存在使用价值。除此之外，还有投资者与投机者，投资与投机其实很难区分，但前者应该更注重租金回报率，后者则更注重谋求价差收益。

作为消费者，对住宅既有刚性需求，又有改善性需求，他们在乎的是以相对低的价格买入。在20世纪90年代初，中国出现以商品短缺为特征的高通胀时代，消费者通宵排队买家电，因为预期家电价格会继续上涨，后来的事实证明，家电是最不能抗通胀的了。房地产相比资本市场，又多了一个消费群体，在住宅价格上涨的预期下，这三大群体的购买动力就会比资本市场更大。反之，在价格预期下跌的时候，由于消费需求始终存在，房地产市场的跌幅一般也要小于股市。因此，一般而言，房地产市场的价格波动幅度要低于股市。

这轮房价的上涨，最明显的特征是结构性上涨，反映了中国经济在不同区域间的分化，凡是公共服务相对完备、就业机会多的城市，房价涨幅就大，反之就小。这可以解释经济下行而局部性房价上涨的内在逻辑：随着经济下行，去产能将导致一大批中小城市衰落，人口流向大城市，如过去 15 年来，河南省和安徽省的人口在不断外迁，但其省会郑州和合肥的人口却在不断增加，而作为人口净流入的省份如浙江和江苏，人口也进一步向省会城市杭州和南京集聚。这就比较容易理解郑州、合肥、杭州、南京等二线城市近期房价大涨的原因。

因此，这轮经济下行过程中楼市的结构性牛市，最大的基本面就是经济区域分化下的大城市化进程加快，同时城镇化则步入后期。不仅是人口向一二线城市集聚，资金也向大城市集聚，尤其是一线城市，所谓一线城市房价的上涨，更多体现为货币现象，因为人口流入被严格限制。

楼市的投资者或许是基于利率下行、人民币贬值的预期购买房子，寻求资产的保值增值；而投机者更多基于住宅用地的"稀缺性"、政府不敢严厉打压楼市等的考虑。因为如果现有土地政策不改变，则部分城市的住宅用地将耗尽，房地产的库存也会接近于零。此外，房地产对经济稳增长举足轻重，房地产又与银行信贷紧密挂钩，可以说，房地产绑架了中国经济。投机者正是谙熟于此，才敢在楼市泡沫十分明显的情况下不断加杠杆买入。

当前，楼市成为各路资金流入的投资、投机和消费热点，因此，人性就会在群体动力的作用下体现出疯狂的贪婪和冒险，但究竟这轮房价上涨还能走多远，确实很难度量。从价格低估到价值实现，是容易度量的，但如果考虑"逼空"下的非理性因素，后面的价格就很难估算了，因为越来越多的人会相信"房价不败"的神话，除非政府有像当年关闭国债期货交易市场那样的勇气。

（以上文章发表于 2016 年 9 月，本书对部分数据作了更新）

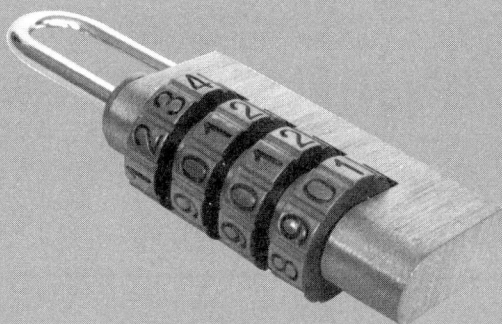

THE WEALTH CODE

附　录

输在起跑线上的赢家

李迅雷出生在中国出生人口最多的 1963 年，当年共出生了 2787 万婴儿，相比 52 年之后的 2015 年，多出了 1232 万人，为何那一年会成为中国历史上人口出生最多的年份呢？因为那时，三年困难时期刚刚过去，人们终于不再挨饿了。

那个时代，人们经历了太多的政治运动。1966 年 5 月，也就是李迅雷未满三岁的时候，中国爆发了影响极为深远的"文化大革命"。就这样，他的幼儿期、小学及初中一年级便在"十年浩劫"的混乱运动中度过。在那个红色的年代，李迅雷沉浸在自己的世界里，收获了一个充实的童年：镇海古镇灵秀的风景里都留下过他的足迹，登山、爬树、采野果、抓鱼……不亦乐乎；如饥似渴的海量课外阅读，使得他的知识储备日益深厚，视野更加开阔；"学以致用"的动手实验，让他加深了对自然界和科技的认知。

人生起跑线上同龄的人数越多，意味着人生路上的一次次竞争也更为激烈。1981 年，18 岁的他参加了录取率仅为 10% 的高考，考入上海财经学院（上海财经大学前身）就读统计学专业。毕业时由于计划分配体制下的名额限制，未能被分配回浙江，被迫留校任职。为人老实的他，再一次因为不会"走后门"，被分配到学校图书馆担任图书管理员，在这个"冷板凳"上一坐就是3年。

就这样，与很多同龄大学生相比，他的职业生涯没有开始就输在了起跑线上。

然而，"纷纷世上潮，谁负谁胜天知晓"，更何况在历史滚滚的浪潮中，成败得失转瞬空，但求坦荡做人，踏实做事，淡然处世，无悔于心。

2012年，他刚掌舵海通证券研究所时，海通证券在《新财富》本土最佳研究团队榜单上排名是第13名。一年后，排名上升到了第7名；两年后，排名跃居第1名。与此同时，他分管的海通证券机构销售业务，作为业绩主要衡量指标的公募基金分仓佣金额，也从全国第8名上升到了第2名。

2015年，52岁的他首次参加了上海马拉松比赛。由于所站位置靠后，加上没有参赛经验，前10公里他一直被浩浩荡荡的大队伍压着速度，无法跑出真实水平，直到选手们因体能差异慢慢拉开了距离，他才得以迈开步伐如常跑步。比赛结果显示，虽然他起跑落后，前一个小时也是磕磕绊绊，但通过不断追赶，最终还是超越了90.6%的男参赛者。

……

他说，人生是一场长跑，可以输在起跑线上，只要不懈努力，终究能够赶上。

他就是李迅雷，中泰证券兼齐鲁资管首席经济学家、中国证券行业卖方研究体系的开创者。他更是一位扎实研究的学者，一位具有创新精神的证券研究泰斗，一位亲历了无数财富奇迹、见证了中国证券发展历程的时代标杆人物。

虽然输在了起跑线上，但他凭智慧、勇气和定力，通过不懈努力最终跑赢了众人，在时代的滚滚洪流中留下了自己的印迹。

非常年代的自由成长

李迅雷生于 1963 年，浙江宁波人。对于自己的出生，他有一番说法："我的出生是一个历史的必然，至少是一个大概率事件。我的父亲姓李，母亲姓张，张和李两个姓氏分别是中国的第一和第二大姓，而1963 年又是中国历史上史无前例的人口生育高峰期，那一年中国有2787 万新增人口，而东南沿海又是中国人口密度最高的地区，因此，在那个年份、那个地区、出生在人口第一和第二大姓的家族里，真是一个大概率事件。"这是典型的基于社会统计学的调侃式说法，他多年来一直密切关注各种经济数据，对每一年的人口数据信手拈来。

他出生在一个典型的知识分子家庭。父亲曾经是宁波港务局的干部，60 年代初的大学生，大学毕业后就做了宁波地委专署（管辖宁波、舟山等地区）一位大领导的秘书。母亲在著名的浙江省重点中学——镇海中学任语文教师。若在平常年代，这样的家庭可谓中产幸福之家。然而"文革"开始后，整个中国陷入动荡之中，周围充斥着"横扫一切牛鬼蛇神""揪出一切反动派""砸烂一切旧事物，打出一个红彤彤的新世界"的口号标语，规模空前的大批判运动和无所不在的家庭出身论，影响着每一个家庭。"知识越多越反动"，这样的知识分子家庭在当时非但不光鲜，而且还举步维艰。

母亲在那样的社会氛围中更为积极的要求进步，她经常带着学生去学农，一去就是很长时间，而父亲在"文革"中的经历也十分艰辛，且因身处外地，无暇顾及家庭。因此，年幼的李迅雷常被寄养在别人的家里。

非理性年代里残酷的政治斗争使得父亲养成了沉默寡言的性格，他常规劝李迅雷：第一，不要参与政治；第二，社会交往的风险太大，故要少和人交往、少说话；第三，不要和钱财打交道。这些话并非没有依据，有时候一句善意、宽慰的话却可能转瞬变成一场"噩梦"。

父亲的经历也影响到李迅雷的专业选择，之所以选择统计学专业，就是因为父母建议他只与数字打交道，避免与人打交道、与政治和钱财接触。

尽管有这些劝诫，父母还是给了他较为宽松的成长环境，因为经历了"文革"的种种磨难后，他的父母认为能够健康、平安地活着便是幸福。不过，李迅雷并不安于这种自然朴素的初级需求。在知识受到禁锢的年代，好奇心驱动着他不断思考各种问题，因此，他竭力地增加课外阅读并发展各种兴趣爱好。当众多书籍或被焚烧或被没收，周围只剩下《毛主席语录》等红色经典时，他最常做的是"看天花板"。

"木板结构的天花板上贴着好多旧报纸剪成的纸条，这是为了防止粉尘落下来。从这些 50～60 年代初的报纸里，我窥探到了另外的世界。"回顾这段岁月时，李迅雷饶有兴致地说。它们就像一扇扇明亮的窗户，开阔着他的视野，让他对事物有了更深层次的认知。

此外，镇海县图书馆和文化站也是他常去的地方。不过，县图书馆里的书都是"革命书籍"。真正有好书的地方，是镇海县文化站，这里不仅有很多幸存下来的旧书，甚至可以借到"禁书"。所谓"禁书"，是根据"文革"时期"四人帮"炮制的关于"毒草小说"的一本辑录——《六十部毒草小说毒在哪里》。事实上，这些"毒草"都是当时的文学精华，虽然现今看来，这些书大多还是带有浓厚的政治色彩，包括：《刘志丹》（李建彤著）、《六十年的变迁》（李六如著）、《保卫延安》

（杜鹏程著）、《青春之歌》（杨沫著）、《朝阳花》（马忆湘著）、《小城春秋》（高云览著）、《红旗谱》（梁斌著）等。求知欲极强的李迅雷以身试"毒"，按照这个书目把 60 本书逐一读了个遍。

1976 年 10 月，"文革"结束了。一年多后，李迅雷初中毕业。虽然初中读的是县体校委托中学办的"少体班"，尽管数学和语文都是体育老师教的，但依靠较高的悟性和不断的努力，中考时数学和语文都取得了优秀的成绩，最后被当地最好的高中——镇海中学录取。这所创建于 1911 年（清宣统三年）的中学，近年来一直是浙江省高考状元最多、一本录取率最高的学校，在近现代一直以文化气息浓厚和名人辈出而闻名。

当时，高中教育刚刚恢复，每一个高中学子对于考大学都有着极大的热情，但也面临着需要投入更多的时间和更大的精力，去弥补"文革"时期荒废学业的情况。李迅雷坦言，高中时代是他学习最为勤奋的时期。难能可贵的是，尽管学习任务非常繁重，他未曾放弃自己的兴趣爱好，如看小说、组装无线电收音机、做化学实验、制作望远镜……了解未知的世界，观察浩繁的星空；同时，他也从未失去独立思考和自由个性。

李迅雷天性爱好自由，喜欢独立思考，不喜欢被说教、被束缚，不像其他孩子那样对老师言听计从。这可能和他生长在教师家庭有关系，从小就对教师没有神秘感、疏离感和畏惧心理。平日里，他常常与父母展开讨论，大到国家政策、社会现象，小到日常琐事。在父母面前，他总是大胆发表自己的观点。

广泛的阅读、独立的思考以及宽松的成长环境，使得李迅雷较早形成了自己的世界观和价值观。在"文革"后期，相较同龄人而言，他算是醒悟得比较早的了。

统计学子的求知之路

1981 年，李迅雷参加了高考。这是"文革"结束恢复高考后的第五次考试，他出生那年有近 2800 万的出生人口，而 1981 年中国高校只招 28 万名学生，真可谓百里挑一。

那时，由于报考大学的人数和录取人数之间存在巨大差距，为了减少高考工作量，全国很多省市实行了高考预选制，如果考生在预选考试中不幸落选，就不再具备参加高考的资格，提前"出局"，可见当时高考竞争之激烈，能考上大学的只是凤毛麟角。那是真正"千军万马过独木桥"的年代，是如今的学生很难想象的。

就在这样残酷的竞争中，李迅雷仍以优异的成绩考取了上海财经学院（上海财经大学的前身）。当时的上海财经学院，是中华人民共和国教育部直属的以经济管理学科为主，经、管、法、文、理等多学科协调发展的全国重点大学。学校源于 1917 年南京高等师范学校开设的商科，它是中国人自主创办的第一所研究商学的高等学府。学校历经"国立东南大学分设上海商科大学""国立中央大学商学院""国立上海商学院""上海财政经济学院""上海财经学院"多个历史阶段，在 1985 年 9 月更名为上海财经大学。

1981 年，上海财经学院在浙江省只招收了五名学生（四名男生和一名女生），李迅雷是其中一名，他的专业是统计学。李迅雷之所以选择统计学，是受家庭的影响，他的父母希望孩子远离政治和社交，做一份无关政治、钱财和人事的纯技术工作。

念大学时，李迅雷的学习成绩并不突出，因为他觉得只要按相关要求完成学业即可，尽量花最少的时间最高效地完成规定课程的学习，虽然考高分是可以实现的，但付出的时间和精力太多，边际成本太高，不如把更多的时间用在自己感兴趣的地方。不过，他的统计学专业课还是学得不错，数学及其他逻辑性强的学科也一直是他的强项。在大多数人的意识中，数学是金融从业者必学的基础学科，要想学好金融，就一定要学好数学。李迅雷却有不同的观点，他认为金融专业对人的智商要求确实很高，但数学不足以成为学金融的门槛，金融学的更高层次是行为金融，它要求对现实世界的复杂性有更深刻的认识和把握，因此，除了数学，也要通晓历史、把握人性特点。

李迅雷喜欢推理，不喜欢死记硬背，对于推理成立的结论，他才能记得住。在回忆自己的学生时代时，他曾自嘲说，自己最大的弱项是记忆力差，不会背教科书。这就导致了他的思想政治、政治经济学等课的考试成绩总是在及格分数线略高一点，是诸多学科中相对较弱的几门课。不过，李迅雷总能保证这些课考试及格，否则一旦补考就亏大了。

由此可见，人的智力也可以分门别类，有强项和弱项，如李迅雷认为，正是由于他对文字的记忆力差，推理能力就被强化了；正是由于青少年时性格偏内向，不善沟通交往，独立思考的能力就提高了；正是由于语言表达能力弱，造就了文字表达能力强。由于注重逻辑思维的训练，李迅雷思考问题的角度和方式，与常人直觉的思维有较大的差异。他解题也总是采用非常规的方法。

大学阶段的李迅雷，阅读发生了重大转向，从文史转向了哲学。一般而言，人们在青少年时期更喜欢读文学和历史书籍，因为文史有具体的故事；随着年龄增长及人生阅历的丰富，开始思考世界本原的问题，追求超验的精神境界。李迅雷阅读兴趣的转移和升级，比同龄人来得早一些。当时的同龄男女要么读武侠或战争小说，要么读琼瑶或三毛，而他的兴趣则在哲学和诗歌。

20 世纪 80 年代，尼采热、萨特热、弗洛伊德热……西方现代哲学如潮水涌入中国，李迅雷原本就有非常强的求知欲，他开始了对存在、真理、价值等哲学命题的深度思考，内心也展开了对善与正当、自由与规则、自然人性与道德理性等价值观的激烈思辨。大学时代历经哲学的洗礼，让他学会了全面、系统地看待世界万物，各种哲学思想的融会贯通，也使得他逐渐形成了自己的思想体系，为将来的宏观研究奠定了思维模式和方法论基础。

在课余生活中，李迅雷培养了很多兴趣爱好，但主要是各种棋弈游戏，而他最热衷的，是被认为最高雅、最考验智力和心性的围棋。起初，是他两位的室友经常下围棋，李迅雷在一旁观战，发现围棋比象棋的规则更简单、自由，但变化却更为复杂，布局和腾挪等技法非常有想象力和创造力。于是，他在图书馆借了本棋谱，掌握了基本定式和常规套路招法后，开始与室友切磋。但毕竟初学者门路不清，最初总是输，而随着实战经验的积累，慢慢琢磨出了一些门道，举一反三，很快由"野路子"变成具有专业素养的棋手。李迅雷的棋艺进步神速，不仅很快超过了室友，甚至在系里都没有对手，所以，经常要跑去复旦大学寻找高人手谈。

围棋对于李迅雷而言，绝不仅仅是游戏和娱乐，更多的是智力的比拼和心性的修行，能培养人的战略大局观和对事物无常的判断、应对及处理能力。李迅雷说，他从围棋中学到的不仅是技术，得到更多的是智慧，这对他今后从事宏观研究和管理工作帮助很大。

李迅雷天生是一个左撇子，左手比右手更灵活，但由于从幼儿园起，老师就要求大家吃饭、写字等要用右手，因此，他用右手吃饭、写字、用剪刀等，也都能灵活自如。就这样，凡是老师要求过的，他就用右手，老师忽视的，或没有教过的，他则用左手，比如乒乓球是体育课上老师要求用右手的，他便熟练地用右手打乒乓，而羽毛球、网球、篮球是业余爱好，但不是老师或教练教的，他自然就用了左手，至今用的仍是左手。左右脑共同开发，使得他的形象思维和逻辑思维都得到了充分的锻炼和发展。

1985 年，上海财经学院更名为"上海财经大学"。也正是这一年，李迅雷大学毕业。

那个年代的中国大学生非常稀缺，是各地政府、机关、企事业单位抢夺的对象。按照当时的情况，回原省工作是最理想的结果，留在上海反而是最差的结局。然而，在当时的计划分配制度下，大学毕业生的工作去向由国家、当地政府和学校三方协调，统一分配。显然，这样的人事分配方案，很多是有违毕业生本人意愿的。

在当届上海财经大学五名浙江籍的学生中，回浙江省只有一个名额，剩下四个留在上海。李迅雷等到的分配结果是留校，而且是做一名图书馆的管理人员。

那个年代，让一个财经院校毕业的大学生做一名普通的图书管理员，显然是大材小用。对于这样的工作安排，李迅雷一开始也很想不通，因为与其他同学形成巨大的反差，同学们纷纷去了国家统计局、煤炭部、铁道部等国家机关，差些的也是到高校做教师，为什么却安排他去这么简单的岗位呢？不过，一向随和恬淡的他很快接受了这一安排，投入到图书馆的资料分类、管理和翻译工作。利用工作上的便利，李迅雷阅读了大量书籍，而这一时期的阅读已不再局限于一两个门类，而是从文学、哲学、历史、思想文化，到政治、经济、金融、商业全方位的涉猎。而利用业余时间，他也酝酿着各种研究。

走出学校　奔向金融证券大潮

在李迅雷看来，学校属于体制内机构，是一个半封闭的环境。在学校的好处是可以静下心来做学术研究，容易出纯粹的学术成果；弊端是与社会经济脱节，尤其是图书管理员的工作与外界接触更少，离经济热潮太远。

由于家中训诫和个人天性，李迅雷对权力和财富没有奢望，但不甘心在图书管理员的岗位上做一辈子，他开始重新思考职业目标。李迅雷认为自己不适合做纯学术的研究，而是更喜欢从事实证研究。他后来的事业历程也证明，李迅雷的研究领域更集中于宏观经济与金融，思维更体现为发散性，他尤其擅长将各个学科领域或学说派别之间的知识融会贯通，在错综复杂的信息网络和瞬息万变的不确定性中，轻松直观的把握事物的真实联系和大概率结果，这种能力尤其适合从事宏观经济分析和金融证券咨询工作。

1988 年，在校图书馆工作三年后，李迅雷考上了上海财经大学硕士研究生，学的是国际贸易专业（世界经济学系）。国际贸易是当时最热门的专业，据说录取率只有 3%，但李迅雷当时考虑的并非专业兴趣，而是通过学习深造改变当初计划分配的职业安排，能够以更自由的身份和更自信的姿态，离开学校、奔向市场经济的广阔天地。

在读研期间，李迅雷开始系统地学习西方经济学、投资学和金融学知识，这是经济学子和金融从业者必备的知识基础。20 世纪 80 年代的大学生普遍有一种历史使命感，尤其是研究生群体。学生们更多关注的是中国的改革进程、经济发展以及实际的社会经济问题。李迅雷在读研期间也关注着中国经济改革形势，但与别人不同的是，他将自己的观察与思考写成了论文，投给报纸和期刊等纸媒发表。

那时还是纸质媒体的黄金时代，不少拥有一定专业知识、具有较强问题分析和观点阐述能力的人，都投入了自由撰稿的大军。李迅雷在写文章方面极为勤奋，状态佳时能达到"每日一短篇，三日一长篇"的产出，而且每一篇均为见解犀利、超出时人的财经佳作。后来进入证券行业工作，他依然保持着这样的写作状态，且社会影响力远甚当时。

李迅雷与证券业结缘是在 1989 年，那时他还在读研究生，常常需要翻译国外的经济文献。一个大学同学找到他说："万国证券总裁管金生想出一本有关证券的书，你有没有兴趣参与编写？"

当时，李迅雷在一些学术刊物上发表文章，稿费每千字 8 元，而万国证券给的是 17 元，不单是这翻倍的价格具有吸引力，编撰书籍这项工作也比写单篇文章更具挑战性，更利于知识快速的扩展及系统的梳理，因此李迅雷接下了这一单。

那时，国内证券业刚刚起步，市场上几乎没有证券相关书籍。李迅雷和其他人根据港台和国外资料，编写了《万国证券实用手册》。也就是在编写这本书的过程中，李迅雷对证券市场产生了浓厚的兴趣。后续，他又编写了多本同类书籍，此类书籍在当时的图书市场上很受欢迎，也促进了金融证券知识的社会普及。李迅雷正是以这样的方式，踏入了证券市场的大门。

1990 年 11 月 26 日，中国第一家证券交易所——上海证券交易所挂牌创立，12 月 19 日正式营业。开市那天，来自上海、山东、江西、安徽、浙江、海南、辽宁等地的 25 家证券经营机构成为交易所会员。同年 12 月 1 日，深圳证券交易所进入试营业，次年 4 月 16 日，深圳证券交易所获中国人民银行批准，7 月 3 日正式开业。两大交易所的营业，开启了中国证券市场的新时代。

1991 年，李迅雷研究生刚毕业，留在上海财经大学研究所工作，因为硕士专业是国际贸易，所以他在研究所的研究方向是跨国公司。此外，因为他编写过证券方面的书，并一直关注着证券领域，也做着相关研究，很多炒股的人都把他视作"专业人士"，经常私下向他请教。

1992 年，一家外贸公司准备拿出 50 万元炒股，便托人找到李迅雷，请他亲自操盘，且不用承担亏损责任。"想练练手"的李迅雷一口答应，坐进了月租 800 元的"大户室"。那段时间，李迅雷每天都要去大户室"上班"。当时的交易大厅挤满了股民，大家争先恐后地填单买股票。在这种情况下，大户室在交易上的快捷优势便显现出来。早期的 A 股市场上，李迅雷从不恋战，涨时小赚，跌时避免大亏，他很快替这家外贸公司赚了 100% 以上的收益。

李迅雷虽在股市里出师告捷，但很快就厌倦了这种赌博式的炒股，"那么多人挤在一个乌烟瘴气的屋子里，我感觉纯粹是在赌博，没有什么意思。"很快地，他退出了大户室。

回到学校后，李迅雷继续从事他的研究工作。那时学校的收入很低，日子过得很艰辛。为了改善生活条件，李迅雷做了不少兼职，或为机构做投资顾问，或在一些证券媒体上开设专栏。

李迅雷深信，中国经济正在高速发展，金融行业拥有广阔的前景，在迅速发展的证券行业中，一定有适合他的位置。

执掌国泰君安证券研究所

"什么叫好的分析师，不被客户骂的分析师就是好的分析师。"

——李迅雷

在如今的 A 股市场上，证券分析师扮演着越来越重要的角色，各机构的不少重仓股都是分析师重点推荐的股票。

中国的证券咨询业与证券市场几乎是同时起步的，又以 1996 年为时间节点分为两个时代，1996 年之前，证券分析主要由股评家主导，他们一般采用技术分析对股票进行评价，在中国股市发展历程中，他们起到了启蒙的作用。在股民的眼里，这些股评家似乎什么股票都懂，也能大胆预测每一只股票的未来走势。

1996 年，券商分析师开始登上历史舞台。这一年，原君安证券、申银万国和原华夏证券，陆续招聘行业研究员，尤以君安证券的招聘规模最大、待遇最高。君安证券采取系统培训、上市公司实地调研等方式，培养了国内第一批颇具实力的证券分析师队伍，他们更多的是从宏观经济、行业及上市公司基本面出发，从深层次、趋势性的角度来分析股票。如今，技术派的股评家们在市场上已被逐渐边缘化，而券商研究员出身的李迅雷则成为社会上有知名度、有影响力的分析大家。

1996 年，位于深圳的君安证券研究所在上海招聘，而且注明研究员享受公司总部业务主管的待遇，工作地点可以在上海、北京和深圳三地任选。对证券分析"熟门熟路"的李迅雷决定辞去学校研究所的工作，加盟君安证券。由于工作表现出色、研究成果突出，李迅雷进入君安后深得董事长和总裁的好评，职位晋升神速，进入研究所不久就担任了宏观部经理，1997 年升任所长助理，1998 年升任研究所副所长。当时，所长由已经升任公司副总裁的上司兼任，故实际上研究所的具体管理工作由李迅雷承担。

初到君安证券时，当时的总裁让李迅雷选择是做研究，还是做资产管理工作。如果是做资产管理，君安证券不仅是当时全国最大的主力，而且业绩最佳，奖金非常丰厚。显然，领导希望李迅雷进入资产管理部，因为李迅雷在 1992~1995 年的国债期货火暴行情中，李迅雷显示出的对国债期货的研究功力，得到了市场上的高度认可。结合当时的市场需求，若李迅雷能接手管理债券投资业务，可以给公司带来显性的收益。李迅雷自称自己属于风险厌恶型，毫不犹豫地选择做研究。

1999 年 8 月 18 日，国泰君安证券股份有限公司成立，这成为 20 世纪末中国资本市场史上最重大的事件之一。这是由证券界一起特殊变故引发的两大券商联姻，其结果是中国的券商航母问世。"国泰君安"在取得证券业内瞩目成就的同时，同样不能忽视的是成立之初两种不同的公司文化带来的冲突。

2000年，李迅雷担任重组后的国泰君安证券研究所所长。摆在他面前的是"国泰"和"君安"两家研究机构的整合难题。两者的薪酬待遇、工作风格和文化理念差异不小，实为一个"烫手山芋"。李迅雷"新官"上任的第一把火，是从研究员的薪酬改革开始。原有的薪酬制度是根据京、沪、深三地的物价指数确定工资。李迅雷一改这样的区域性差别政策，三地办公的研究所所有员工薪酬不再设地区差，而是按统一的业绩考核标准来计算，绩效高、收入高，反之则低。这在当时的国泰君安乃一大创新，好在总裁和人力资源部总经理都支持他的决策。

"坦诚的沟通能够解决很多难题"，对于当年整合两个团队的努力，李迅雷一笑而过。国泰君安证券的研究员们都知道，这位李所长提倡的是"大研究员＋小所长"的宽松开放式管理模式。

从1996年至2001年，券商分析师主要为公司内部服务，即服务于本公司的自营部门、资产管理部门或经纪业务的零售客户，所以，这一阶段的分析师充当的是买方分析师的角色。虽然他们的研究越来越得到市场的认可，但是这种对内提供研究服务的模式严重限制了分析师研究水平的提高。

在当时，证券机构营业部的客户是散户，而研究所的研究员很难对散户进行真正的服务。由于投资者对市场认知的缺乏和短期逐利的狂热，使得第一代的股评家注定失败，因为散户会问：明天市场涨还是跌，明天哪些是黑马？股评家必须给出明确回答，如果刚好蒙对了，你就是神；回答不对，就立即被冷落。

对于研究所而言，研究应保持相对独立性，方能为公司和机构客户提供更客观、专业的咨询服务。然而，当时的买方模式决定了研究所所提供的咨询服务属于没有竞争者的垄断性服务，因此，李迅雷认为这样的模式肯定做不好，也很难做，应当予以改变。

李迅雷心里始终有一本明账，他认为：研究资源是有限的，但对研究的需求是无限的，要把有限的研究资源配置到最能创造价值的地方去。为此，他提倡券商研究部门应更多地向外部客户提供服务。这一富有前瞻性和市场化的理念，最初遭到了不少人的反对。但历史最终证明，李迅雷的看法和决策是正确的，目前主流券商研究机构均采用了他当初提出的服务模式。

2000 年初，李迅雷撰文《让客户改变我们的研究模式》。在文章中，李迅雷提出，研究所要以机构客户为主要服务对象，研究围绕满足客户的答疑解惑需要，根据客户偏好提供个性化的服务。在那样的年代，李迅雷成了业内第一个主张分析师的工作应该以对外部服务为主的管理者。

2000 年，也恰逢一个大好契机——基金行业获得大发展。这些从事二级市场投资的基金公司，正是李迅雷一直期待的外部服务对象。由此，他对研究所的工作提出了新的要求：对基金提供的公司调研分析报告必须连夜完成，第二天一大早必须发布；而在此之前，研究所从事对内服务时，快则两三天，长则一个星期才提供研究报告。现在看来，这个理念非常正确，但在当时不仅得不到支持，还在实施过程中受到了极大的阻力。"公司养了你们，应该多为公司服务！对基金服务，为什么还需要花这么多时间？"在每年公司会议上，李迅雷和研究所都成为公司其他部门批评指责的对象。与此同时，研究所的部分研究人员也不认同，在各种不理解的声音和压力之下，有的研究员抱着"既然基金是上帝，还不如我去做上帝"的心理，跳槽到基金公司工作。

当时，国泰君安内部有一种猜想："研究所是不是办不下去了？是不是很快就要撤了？"甚至有人认定研究所"肯定是不行了"，他们还提出"肢解"研究所，将其分到业务部门去，以便更为紧密地配合公司业务的增长。面对内外交迫的压力，李迅雷坚信：只要把外部研究服务工作做好，最终公司肯定会明白我们在为公司创造价值、树立品牌，所以，他依然坚定方向，鼓励他的研究员专注基金服务，这样也促进了研究员自身研究水平的快速提高，反过来也可以对内提供更优质的服务了。

在李迅雷的带领下，国泰君安的研究水平得以全面和快速的提升，并给公司带来了增量收益和品牌影响力。从 2003 年起，国泰君安证券研究所的研究分仓佣金收入突飞猛进，短短几年收入便超亿元，位居全国同行第一，逐步得到业内的认同。

2003 年，《新财富》杂志首次在国内推出最佳券商分析师评选活动，国泰君安研究所最佳分析师数量第一；研究所还蝉联了 2003 ~ 2005 年三届《新财富》分量最重的奖项"中国本土最佳研究团队"第一名。李迅雷本人也在 2006 年当选《新财富》首届"杰出研究领袖"。国泰君安研究所之所以取得如此辉煌的成就，与李迅雷前瞻性提出"客户导向的卖方研究模式"并坚持到底密切相关，他也因此被认定为中国券商卖方研究模式的创始人。

国泰君安研究所在业内取得的巨大成功，也反过来巩固了研究所在公司内部的地位，研究员的待遇和工作条件得到了很大的改善。一个优秀研究员的收入可以比肩公司总裁。

2001 年，基金公司给他们的佣金加起来大约只有 400 多万元，到 2007 年的时候，变成四个多亿。李迅雷善于根据各个研究员的特点，充分发挥和运用他们的特长，并通过各种机制来调动他们的积极性。至今，老研究员们在谈到李所长时，都满怀尊敬和感激，甚为怀念那些一起奋斗过的日子。

2006 年 5 月，国泰君安证券公司成立销售交易总部，李迅雷兼任该部门的总经理，在一个大公司兼任两个部门的负责人，还是十分少见的。这样一来，李迅雷更忙了。他经常遗憾地表示，管理的事务越来越多，而他能分配到研究上的时间，则越来越少了。

开放式管理，推动卖方研究的繁荣

管理本身就是经济学。做好管理的秘诀，就是把有限的资源进行合理的配置与优化，达到最佳的效用。

——李迅雷

由于研究的独立性和客观性，券商研究员大都非常坚持自己的观念、想法和研究体系，所以较之一般的组织机构，对研究所管理者的管理能力要求更高。

自谓从来不倾心于管理的李迅雷，偏偏却被命运之神推上了大型券商研究所所长的位置，这让他的身份又多了一个标签：他不仅是中国券商第一代证券分析师，同时也是中国第一代证券研究所的领导人物。自此，李迅雷与管理结下了不解之缘。

基于自身性格特点，李迅雷从未想过从事管理工作。从小酷爱读书、勤于思考的他，在社会交往和人际关系处理上也没有显出明显的优势。从小到大，他从未当过班干部，加上父亲"尽量少与人打交道"的训诫，导致他并不喜欢管理工作。入行券商之前，他仅有的"管理经验"是在上海财经大学担任寝室长。

当时寝室住有 8 人，"麻雀虽小，五脏俱全"，人虽不多，但要管理好宿舍并非易事。某次，正值全市举行文明寝室评选活动，这对持"脏乱差方显男儿本性"观点的男生来说，要保持室内整洁并在评选中胜出，实属不易。通过观察，生性聪敏的李迅雷很快意识到，一个寝室的卫生环境是由最不讲卫生的同学决定的。既然如此，就要首先搞定这个最不讲卫生的"典型"室友。于是，他发动其他室友共同督促这位"典型"室友，晓之以理、动之以情。最终，他们的寝室被评选为"上海市文明寝室"。

在多数人看来，这是一件不值一提的小事，但却让李迅雷开始对管理有了深深的触动。擅长研究的他，开始对管理学做系统且深入的研究，形成他独特的管理理念。更难得的是，他本性淡泊超然，正好与"以人为本"的研究团队管理特点相契合，使他在后来担任国泰君安证券研究所所长、海通证券研究所所长的管理工作中取得了佳绩。

作为经济学家的李迅雷，在管理实践中以他一贯勇于创新和善于融合的特点，将研究与管理相互融合。他认为，从某种意义上说，管理学也是一种经济学，管理行为也是一种经济行为。管理就是把有限的资源进行合理的组合与配置，达到最大的效用。李迅雷认为：对管理学和管理行为有了清晰的定位，就好比有了提纲挈领的经，而具体的工作则顺理成章地成了纬。

李迅雷的开放式管理理念，培育出研究员自由开放的研究精神。在国泰君安证券研究所，最令人佩服的事情之一是李迅雷实行"轮值所长"制，即所长职位大家可以轮流来做，这样做有很多积极的意义：首先，每一个人都有当"所长"的机会，这也是"轮值所长"了解"所长"、了解整个研究所以及了解每一位研究员的机会，更是提升自己见识和能力的机会，促使研究员们以主人公的姿态参与工作，创出更好的业绩；其次，研究员轮流当"所长"，对于李迅雷而言也是一种分担和促进，可以让李迅雷和研究所全员一直感受到一种新鲜的管理活力。

李迅雷常感言："到底谁在创造价值？对于棋手而言，每一粒棋子都具有价值"，"作为领导，吃亏是福"，"管理就是自己吃亏，造福别人"。诚如其言，李迅雷自担任所长以来，一直在为自己的研究员争取各种福利，比如推出个人品牌、安排研究员组团出国等等。

在国泰君安进行企业文化建设和品牌战略推广时，李迅雷提出，在公司内刊《国泰君安证券通讯》上采用研究员的照片作封面，每期推出一位研究员，聘请专业人物摄像师为其拍摄特写，制作成国内顶级时尚杂志上明星的效果。此举在全国券商研究所中属于首创，为打造研究员的个人品牌做了良好的宣传和推广，极大地激发了研究员的自我品牌意识和创造力。

无论在国泰君安，还是后来的海通证券，在这种宽松开放的工作环境中，每一位研究员的人格尊严得到了充分的体现和尊重，能力得到充分的展现和发展。

2011年10月，李迅雷从国泰君安证券辞职，加盟海通证券。2012年3月出任海通证券副总裁兼首席经济学家，同时代研究所所长。

海通证券股份有限公司是国内成立最早、综合实力最强的证券公司之一，拥有一体化的业务平台、庞大的营销网络以及雄厚的客户基础，经纪、投行等传统业务位居行业前茅，但研究所在李迅雷接手时，《新财富》的排名仅列第13位。随着李迅雷的加入，海通证券研究异军突起，搅乱了中信证券与国泰君安在券商研究领域分庭抗礼的局面。

2013年，海通证券研究所获得《新财富》"中国本土最佳研究团队"第1名，《新财富》榜单显示，海通证券共在17个行业得到名次，其中，批发零售、电子、传播文化、金融工程、宏观经济5个行业都拿到第 1 名，而在 2012 年时，海通证券仍远离中信证券、国泰君安等第一梯队，只在批发零售、电力、石油化工、钢铁等 4 个领域拿到名次，并且仅在批发零售行业获得了唯一的一个第 1 名。

卓有成效的工作业绩，让业界对李迅雷的研究和管理能力再次给予高度的赞誉。虽然李迅雷本人对此非常谦逊，但业界普遍认为，卖方研究市场有今天这样的繁荣，李迅雷功不可没。作为最早提出转型卖方研究的探路者及实践者，他提出的卖方研究模式至今仍被业内所采用。迄今为止，能够在两家券商研究所任所长，且均拿过"本土最佳研究团队"第 1 名的，唯李迅雷一人。

李迅雷对自己要求非常严格，对同事比较宽容，他主要通过目标管理来把控大方向，在这一点上始终不含糊。李迅雷经常讲的一句话，"做管理要求同存异，做研究则要求异存同"，也许，这就是他把管理和研究都能做得很出彩的核心所在。

国泰君安：寡头垄断市场的赢家

　　李迅雷在 2000 年即提出了"让客户改变我们的研究模式"，这令"国泰君安"至今仍保持着国内证券研究行业的领先地位。李迅雷称，证券研究是一个寡头垄断市场，客户通常只关注排在各行业前三名的分析师的报告，随着证券市场的开放和 QFII 的需求增加，需要在研究方法、研究水平和人员配置的国际化方面有更多应变之举。

关键时期的转变

　　今年是国泰君安证券研究所连续第三年获得《新财富》"最佳分析师"评选的最高奖项"本土最佳研究团队"，也正值研究所成立满十周年。作为国内最早成立的券商研究所，国泰君安研究所和其前身君安证券研究所在中国证券市场创造了多个第一：最早倡导"价值投资"、最早从事购并和海外融资研究、培养了最多的基金经理、基金佣金收入最高……而最让国泰君安证券研究所所长李迅雷骄傲的是，他在 2000 年研究所发展的关键时期及时地提出了"让客户改变我们的研究模式"。

1998 年，由于众所周知的原因，君安证券陨落，君安证券研究所与国泰证券研发中心于 1999 年 8 月 18 日进行了合并，在外界看来，二者风格迥异，人员分居三地，整合难度很大。2000 年初，李迅雷撰文提出"研究所要以机构客户为主要目标，研究要围绕满足客户的研究性需要，根据客户特征提供个性化服务"，"研究创造不了价值，但肯定能创造佣金。"这一观念在当时受到了来自研究所内部和公司各部门很大的阻力。而李迅雷坚信他的理念经得住市场考验。"只有找到了合适的客户群体，研究工作才能取得最大的回报。"在所内，李迅雷有一句名言："研究服务是有限的，客户需求是无限的，要把有限的研究服务投入到最合适的客户需求中去"。如今，这一发展方向已经成为证券研究界的共识。

"大研究员，小所长"

虽然前两届"最佳分析师"公布后，有许多证券研究所和基金公司来"挖墙脚"，但国泰君安证券研究所的人员流动比例并不高。"不会超过 5% 吧"，李迅雷说，"首先，因为我们有一种好的文化氛围和团队合作理念，研究所内一直非常团结，从来没有为争待遇问题出现矛盾；其次，和同行业相比，我们的研究员在所内、公司内地位较高。"但是谈及研究员目前的待遇，他仍然流露出些许遗憾，"公司这几年日子不好过，我们一直在力所能及地为研究员提供更优厚的待遇，我想研究员对这些也能够体谅。"

作为国内从业最久的券商证券研究部门管理者之一，李迅雷一直提倡"大研究员，小所长"。他认为自己所应该做好的是引导方向和提供后方支持工作，"我们尽量不给研究员增加负担，不要求他们提供'优秀论文'，不要那些'虚'的、'假大空'的东西，只要实用就好。"在所里，除了李迅雷和一个副所长，没有任何专职行政管理人员，在行政方面投入也很少。研究所下属的行业公司部、策略研究部等一级子部门的经理都是资深行业或策略研究员，担任部门领导是因为他们在所里、在市场上有很高的认同度和影响力。以最大的部门行业公司部为例，下设 6 个小组，每个组长都是行业骨干，由他们具体对研究员的研究报告把关。"我所做的就是引导他们贴近市场，让研究员不断学习，不断进步，为客户提供更多帮助。"

对手与挑战

对于国内的竞争对手，李迅雷对中金颇为关注："国内目前中金的优势还是比较突出的，其他券商生存环境、生存能力相差不多。"以单个营业部所占市场份额为例，除中金遥遥领先外，国泰君安与其他券商相比还是比较高的。"中金研究的理念、机制在国内领先，比如他们的销售交易部早就成立了，研究人员业绩考评跟佣金收入挂钩，而我们研究所目前还是要靠公司薪酬方面的倾斜来实现。我们有一定差距，也一直在学习。"

李迅雷认为研究所下一步重点要解决的是人员结构问题，目前全所的 70 多人中，"老研究员过多，中间层缺乏"。这次评比，国泰君安研究所共获得了 13 个第一名，4 个第二名，1 个第三名，呈倒金字塔形，"这反映出虽然我们的优秀研究员多，但后备力量较弱。"李迅雷说，他们目前招收研究员的要求是必须具备较强的学习能力，而并不一定要有很强的学习和工作背景，这是因为"所内研究员平均年龄偏大，需要从国内好的高校招收尖子毕业生进行平衡"。在他看来，3～5 年就足以培养出一个优秀的研究员，新引进的研究员在外语表达、工具运用上要与目前队伍有所区别。而在研究方向方面，李迅雷承认，国泰君安研究所在宏观研究方面偏弱。"人才是主要原因。我们在人才配置方面需要时间；只要有好的人才，高价我们也愿意出，但目前还是没有找到合适的人选。"

优势与希望

李迅雷认为，证券研究市场是一个寡头垄断市场，客户通常只关注各个行业前三名分析师的报告，未来整个市场的品牌分析师人数不会超过 100 名。从国际上看，最受关注的研究报告也主要由 "MGM"（摩根士丹利、高盛、美林）的分析师提供。那么，随着证券市场的开放和QFII 的需求增加，国内的证券研究机构是否会像中国台湾本土券商那样，沦为只能专注于为二三流上市公司作分析呢？李迅雷表示他很有信心和这些国际大投行进行竞争。"首先，我们是渐进式开放，已经为我们留足了发展空间，而中国台湾的开放过快，政策有误；其次，中国台湾本身大企业不多，而内地现在就已经有 1300 多家上市公司，其中大型企业很多，我们对大型企业的规范研究至少有 5 年以上历史，2002年我们就推出了蓝筹股分析研究专著——《未来蓝筹：中国行业龙头研究》一书，行业研究更是从 1996 年就开始了，已经有很深的积淀。"李迅雷说，"境外投行对本土企业的理解力还是不如我们，他们至少需要5 年左右的时间赶上来，而这 5 年间我们还会进步，和他们有一拼。"

经过连续三年的《新财富》最佳分析师评比，国泰君安研究所已经确立了国内的权威地位，但李迅雷表示不能满足于眼前的成就，随着金融证券开放的挑战，一方面，研究所需要进一步加强国内市场研究，另一方面，QDII 已经越来越近，研究所也需要走出国门，研究香港和欧美市场，在国际债券市场和境外金融衍生工具研究方面有所突破，走国际化道路，这在研究方法、研究水平、人员配置的国际化方面提出了更高的要求。

（原文发表于 2014 年 12 月 9 日《新财富》，作者：孔鹏）

海通证券：卖方研究的未来

海通证券研究所在李迅雷分管两年之后，在各类分析师评选中异军突起，目前已晋级卖方研究第一梯队。

2014 年 6 月 13 日，海通证券副总裁、首席经济学家李迅雷再次荣获 2014 年第一财经最佳分析师评选"年度杰出研究领袖"奖项。在此次评选中，海通证券是获奖大户，除了李迅雷，该机构的赵晓光还获得了"最受欢迎行业分析师"的奖项。此外，海通证券还获得了三个单项奖。在行业奖项中，海通证券研究小组在 9 个行业中排名第一。

卖方研究缺少差异化

李迅雷自 1998 年开始做研究管理，在对研究员的培养、评价，以及研究体系的构架方面积累了丰富的经验。

李迅雷在接受《陆家嘴》杂志专访时表示，来到海通证券后，主要的工作是引进人才，让考核方面更加接近市场化。对于分析师来说，需要比较清晰的市场化考核，要求、目标都要明确，为客户服务。如果做得不好，就要调整。

在他看来，卖方研究实力如果想要有所进步，首先需要强大的公司实力作为后盾。以海通为例，自借壳上市后，实力在不断增强，目前市值在国内券商中排名第二。而作为综合性的大券商，研究与公司方方面面的业务支持分不开，公司对卖方研究业务比较重视。

李迅雷坦言，目前的卖方研究还是同质化竞争较多，缺少差异化。一方面，基金经理面对海量研究报告，根本来不及看；另一方面，研究员的成本不低，直接导致研究业务成为某些券商的"成本中心"。

在李迅雷看来，研究业务是否重要要看券商的实力以及战略架构。部分中小券商做不好对机构的服务，裁减研究业务也是合理的选择。如果它不愿意放弃机构服务，可以采取差异化的方式，根据社会需求最大化来配置人才，放弃一些冷门板块，将研究实力集中在某些热点行业或者板块里。

对于海通证券这类综合性券商而言，卖方研究除了会直接带来大量的分仓佣金外，研究所还为公司其他部门以及租赁、期货、香港子公司、PE等子公司提供支持，研究品牌的提升对公司其他业务发展也有推动，是宝贵的无形资产。综合性券商在研究方面追求综合的优势，行业、宏观经济策略、固定收益、金融衍生品等方面，都要配置比较强的实力。

从未来发展看，中国的财富管理市场的规模空前，而目前两地交易所的权益类产品及各类公募、私募等产品占比加在一起，不足中国整个财富管理规模的10%，券商研究应该向另外的90%的理财市场延伸。卖方的研究创新、服务创新才刚刚起步。

据李迅雷介绍，未来卖方研究还可以为融资融券等创新业务提供估值服务。此外，在管理咨询领域，可以为很多上市公司提供市值管理服务。

李迅雷认为，卖方研究的最大价值在于给客户提供比较及时的服务。不仅仅停留在推荐股票的层面，还应在基金持仓和重仓的一些行业及股票基本面发生变化时，给予及时的提醒，同时提供必要的资料支持。

在他看来，分析师是基于公开的信息，利用其长期的经验积累来给买方提供服务。整个市场对专业水准高的分析师有需求，尤其当分析师在特定领域建立起口碑后，会有一定的话语权，其报告对买方的投资会产生一定的影响。

（原文发表于 2014 年 7 月 14 日《陆家嘴》，本文为节选，作者：宁鹏）

中泰证券及齐鲁资管：迅雷无须掩耳

前段时间，上海九三金融委聚会，我和李老师碰在一起。那时的我已经到了齐鲁资管一年多，时运共济，小公司经营得还不错。于是有了下面一段对话：

"有没有兴趣一起玩，现在齐鲁资管这个小公司挺好玩的。"

"我能干什么呢？"

"还是做研究吧，宏观研究，产业研究，天马行空地做研究。"

"好吧，可以考虑啊。"

于是很快，李老师就答应到齐鲁资管这个小公司来作首席经济学家了。

我还没仔细问过李老师，也许李老师认为研究就是研究，买方卖方差不多，因为他在卖方证明了自己太多次，换个位置作玩家，应该挺好玩；还有，想必他比较看好券商资管公司未来的发展，想亲身体验参与其中，哪怕平台缩小了很多；当然，我们之间的信任与交情可能是一个至关重要的因素吧。

对我而言，李老师有多种角色——我觉得下面的回忆也是一种对我们未来的合作畅想——将来只是过去的自然延续。说到底，资管管理是一个人本的行业，人与人的相互吸引产生化学反应才是最奇妙的事情，让我们不忘过去的经历从而可以笑看将来。

面试官李老师

那是 1999 年。"519"行情爆发那年，第一部证券法颁行那年。

我是一个 30 岁才硕士毕业的在读博士生。

满怀豪情地去参加一家著名证券公司的面试。

这公司著名到什么程度呢？深圳这个城市所有的出租车司机都知道这个公司地址，宝安机场下了飞机，排队上了出租车，直接说："师傅，去君安证券。"年轻的出租车司机就会自信满满地把你带到春风路 5 号那个七层小楼旁。

办公室是个开间，像一个改造过的大厂房，面貌一致的格子工位挤挤挨挨。面试我的先生坐的是靠近窗子的格子，比一般格子大的主管位。

他坐在桌子的那边，很帅：大高个，白净，儒雅，像一个教书先生。听着大家都叫他李老师，我也叫他李老师，这一叫就叫了快 20 年。

面试谈话是从我的硕士论文股价均线的有效性开始，接着谈数理模型在股市研究中的可能性，还谈到了国内生产总值、国民生产总值、国民收入等一系列统计指标之间的相互关系。然后他告诉我："你可以进这个公司了。"

就这样，我来到了我心目中证券研究的延安——君安研究所，金融工程部有了我这一号。

所长李老师

很快李老师就变成李所长，带领我们"让机构客户改变我们的研究模式"。

李所长领导下的研究所宽容到放纵，自由到过火。北大有个 BBS 叫三角地，研究所有个 BBS 叫自由论坛，市场部的研究员但斌（没错，就是你认识的那个但斌）和张 Sir 在自由论坛上经常吵得不可开交。

其实他们工位是面对面的，中间只隔了一个不到 1 米高的板子，物理距离最远不超两米，但是两位高人从来不用嘴巴吵，都在自由论坛上笔谈。

这种欢喜冤家远不止三对五对，讨论的内容也不只是市场、行业、股票，美粉美黑、时事八卦、军事政治都是讨论标的。

李所长很少参与讨论，但从来也不制止，相反他还很享受这种吃瓜群众角色的妙处。

每天中午，他带头，我们集体下四国军棋、围棋和帝国时代。

我们都有做自己的自由，也都有做自己的胆量。

被"轮值"的李老师

我有时胆量是挺大。

最过分的是一次轮值所长事件——我不知道哪根筋搭错了，向李所长提出来，在研究所内部应该设立一个轮值所长，一来替他分忧，二来辅助他决策，可实际上也是分了他的权，想坐他那个办公室。

……李所长还就答应了，设立一个轮值所长，权力还挺大，我好像还轮到过一次，我当时没有顾及李老师心里怎么想的，反正没有人受到任何打击报复，大家很高兴地在干这个事。

研究员们在李所长的领导下，玩得很尽兴，业绩也很好，在 2003 年新财富评选中，26 个行业，居然有 11 个第一名，得了第二名，第三名都有点不好意思，感觉对不起李所长给予的、完全的自由和放纵。

2004 年、2005 年的新财富评选，我们还是高歌猛进。在 2005 年的评选中，李老师领导的研究所获得了中国本土最佳研究团队；新财富最佳分析师第一名几乎有一半落到我们研究所。

我也有幸参与其中——印象最深刻的画面是奖杯堆满了半个大圆桌，一堆获奖研究员的笑脸在奖杯的后面。

做自己的感觉还不错。

二次创业的李老师

数年前李老师离开了辉煌的国泰君安研究所，到海通证券研究所工作。

对于这个决定，我们很多朋友都是不理解的，因为当时的海通研究所研究水平不是太领先，新财富第一好象只有一个行业，大家都怕李老师去了会受委屈，太累，还有万一干不好，毁了一世英名。

去了以后，李老师干活的拼命劲，超出我们所有人的想象，五十几岁的人看起来跟二十岁的小伙子一样。

记得有一次李老师还跟我抱怨研究员们的工作太没激情，所以想请我去给研究员们讲一堂课，就讲如何有激情地工作，我也真的同意了。

在海通证券的一个大会议室里面，一百几十号人听我一个局外人热情澎湃地讲——如何有激情地工作。大家都挺爽的，想想还有不少听众后来在李老师培养下得到新财富第一名，我现在都还觉得挺爽的。

在李老师的带领下，海通证券研究所几年内就成为了国内证券研究的机构翘楚。

过程没有仔细问过，想必李老师还是为很多人"做自己"提供了大力支持。

首席经济学家李老师

这段要留着以后写了。其实写不写也不打紧，这十七八年我们一直玩得很开心，有胆量"做自己"，把自己做得不错，也逐渐有能力为很多个"自己"提供"做自己"的支持。估计以后仍然如此。

还是有点激动，因为又要一起玩了。

列队欢迎李老师！

迅雷无须掩耳！

（原文发表于 2016 年 12 月 2 日，作者：齐鲁证券（上海）资产管理有限公司董事长章飚）